新媒体营销系列

U0369398

新媒体舆情监测与管理

IMS（天下秀）新媒体商业集团　编著

清华大学出版社
北京

内容简介

互联网已经成为社情民意的重要表达方式，我国进入了网络舆论空前活跃的时代。由于网络传播具有匿名性、速度快、范围大、持续力强、传播渠道多元化、传播效果可检测等特点，网络舆情的效果是正向还是负向，或者是正负反转，在很大程度上取决于网络舆情应对的策略和方法。因此，当网络舆情出现时需要引导舆情的走向，使网络舆情朝着正确的方向发展，促进社会的和谐与稳定。

本书根据网络舆情的发生及发展特点，介绍了网络舆情监测、搜集、预警、评估、引导、应对等手段。本书共分为7章，包括网络时代与网络舆情、网络舆情的监测与搜集、网络舆情预警、网络舆情的评估与引导、网络谣言与负面信息的应对、突发事件网络舆情应对和网络舆情报告等内容。另外，本书还赠送授课大纲和PPT课件，以便读者学习和教师授课。

本书内容清晰，语言简洁通俗，舆情案例丰富，适合各级政府工作人员和舆情相关从业人员阅读，同时对于那些对新媒体时代网络舆情感兴趣的读者，本书也可满足其阅读需求。

图书在版编目（CIP）数据

新媒体舆情监测与管理 / IMS（天下秀）新媒体商业集团编著. —北京：清华大学出版社，2022.7（2024.1重印）

（新媒体营销系列）

ISBN 978-7-302-61062-5

Ⅰ.①新… Ⅱ.①I… Ⅲ.①传播媒介—舆论—研究—中国 Ⅳ.①G219.2

中国版本图书馆CIP数据核字（2022）第099533号

责任编辑：张 敏
封面设计：郭二鹏
责任校对：胡伟民
责任印制：宋 林

出版发行：清华大学出版社
    网   址：https://www.tup.com.cn，https://www.wqxuetang.com
    地   址：北京清华大学学研大厦A座   邮   编：100084
    社 总 机：010-83470000   邮   购：010-62786544
    投稿与读者服务：010-62776969，c-service@tup.tsinghua.edu.cn
    质 量 反 馈：010-62772015，zhiliang@tup.tsinghua.edu.cn
    课 件 下 载：https://www.tup.com.cn，010-83470236
印 装 者：大厂回族自治县彩虹印刷有限公司
经   销：全国新华书店
开   本：170mm×240mm 印   张：13.25   字   数：375千字
版   次：2022年9月第1版 印   次：2024年1月第3次印刷
定   价：69.80元

产品编号：097374-01

编委会名单

编 著 者： IMS（天下秀）新媒体商业集团

编委会成员（排名不分先后）：

前言
PREFACE

随着网络的普及，网络已经改变了人们传递信息的方式，每个网民既是信息的接收者，也可以成为信息的发布者和制造者。因此，网络已经成为最重要的舆论阵地，成为舆论、舆情最重要的"发源地"，以短视频、直播、微博等为代表的新媒体已经成为影响社会舆论的中坚力量。

网络已经重塑了整个社会的舆论生态，对社会生活的冲击力超越了任何一种传统媒体的力量。因此，各级政府工作人员和舆情工作人员应该加强网络舆情工作能力，提升网络舆情引导能力，增强网络舆情工作的主动性。本书是一本关于舆情监测与管理方面的理论与实务参考书，书中汇聚了诸多学者从事舆情监测、分析与管理工作的研究成果和心得体会，结合舆情案例的分析讲解，力求为广大舆情监测分析从业人员提供有益的借鉴和参考。

本书特点

本书从实用的角度出发，全面、系统地讲解了舆情监测与管理的理论知识，通过多个典型舆情案例的分析讲解与理论知识相结合，使读者更加直观地理解所学的知识，让学习更轻松。

本书立足于高校教学，与市场上的同类图书相比，在内容的安排与写作上具有以下几个特点。

（1）结构鲜明，实用性强。

本书立足于舆情监测与管理的实际操作，从网络舆情的监测与搜集、网络舆情预警、网络舆情的评估与引导、网络谣言与负面信息的应对、突发事件网络舆情应对和网络舆情报告等多个方面，全面系统地讲解了舆情监测与管理的各方面内容，结构清晰，具有很强的参考性和实用性。

（2）案例丰富，参考性强。

对于大多数读者来说，过多的理论知识讲解会导致内容晦涩难懂，为了提高读者的学习兴趣和对理论知识的理解，本书在编写过程中特别注重内容的实用性与参考性，在理论知识的讲解过程中穿插着典型舆情案例的分析讲解，帮助读者更好地理解理论知识。

（3）紧扣时代发展。

在新媒体环境下，从社会治理的视角来深入研究网络舆情治理的一般规律，不仅可以解决人们最关心、最直接、最现实的利益问题，维护最广大人民群众的根本利益，还可以处理好政府和多元舆论主体的关系，实现社会治理公共利益最大化的价值取向。

（4）资源丰富。

本书赠送授课大纲和 PPT 课件，以便读者学习和教师授课，读者可根据个人需求扫描下页二维码下载使用。

授课大纲

PPT 课件

  互联网发展日新月异，有很多新情况、新问题亟须深入研究。而人们对于网络社会和网络舆情的研究探索才刚起步，因此需要不断发现问题并丰富理论和实践。希望本书可以引导读者和我们一起思考和研究网络舆情及相关问题，以便更好地了解、应对网络舆情。

  由于时间较为仓促，书中难免有疏漏之处，敬请广大读者朋友批评、指正。

编　者

目录
CONTENTS

第1章　网络时代与网络舆情

互联网时代新的信息产生、发布和传播模式，带来了舆情发生、发展的新变革，也使得网络舆情相比以往口口相传的社会舆情具有更加空前的影响力。本章将介绍网络舆情的相关基础知识，包括网络时代信息传播的特征、什么是网络舆情、网络舆情的产生与发展规律，以及网络舆情的表现途径等内容。

1.1　网络与网络时代

从传播学的角度讲，人类经历了口语传播时代、文字传播时代、印刷传播时代、电子传播时代等多个不同的历史发展阶段。随着计算机的发明及互联网的出现，以及近年来世界各国都在努力推进的"三网融合"，人类社会正式进入了网络时代。

🖋 **课堂讨论：** 简单说说你所理解的网络时代是什么？以及你身边使用到的网络都有哪些？

1.1.1　什么是网络

网络（Network）一词有多种释义，简单地讲，网络是由两台或两台以上相互连接的计算机所组成的交互系统。一旦计算机连接到网络中，人们就可以共享文件、打印机或光盘驱动器等外围设备。不同地理位置的多个网络通过通信服务商提供的服务相连，人们就可以收发电子邮件，共享全球 Internet 的链路，或与其他远程用户举行实时视频会议。

在计算机领域中，网络就是用物理链路将各个孤立的工作站或主机相连在一起，组成数据链路，从而达到资源共享和通信的目的。凡是将地理位置不同并具有独立功能的多个计算机系统，通过通信设备和线路而连接起来，且以功能完善的网络软件（网络协议、信息交换方式及网络操作系统等）实现网络资源共享的系统，一般称为计算机网络。网络是信息传输、接收、共享的虚拟平台，通过它把各个信息联系到一起，从而实现资源共享。网络是人们信息交流、使用的一个工具。

🖋 **小贴士：** 现在经常所说的"三网"是指电信网络、有线电视网络、计算机网络。本书主要讲解计算机网络，即狭义的网络，也就是因特网。

网络是把整个因特网整合成一台巨型的超级计算机，实现各种资源的全面共享。当然，网络并不一定非要这么大，也可以构造区域性的网络，如企事业内部网络、局域网网络，甚至家庭网络和个人网络等。网络的根本特征不是它的规模，而是资源共享，消除资源孤岛。

✎ **小贴士：** 组建网络一般需要具备以下 4 个要素：（1）通信线路和通信设备；（2）有独立功能的计算机；（3）网络软件支持；（4）实现数据通信与资源共享。

按照不同的标准，网络可以做多种分类。一般来说，人们常常根据网络覆盖范围进行分类，可分为以下 3 类：局域网 LAN（作用范围一般为几米到几十千米）；城域网 MAN（介于 WAN 与 LAN 之间）；广域网 WAN（作用范围一般为几十到几千千米）。

1.1.2 网络发展概况

1969 年，美国诞生了世界上第一个计算机网 ARPANET，这是当时冷战的产物，ARPA 即美国国防部高级研究计划局的简称，ARPANET 历经变迁，在 1990 年被它自己派生出来的新网络代替。但 ARPANET 开创了网络先河，功不可没，现代计算机网络的许多概念和方法，如分组交换技术都来自 ARPANET。到了 20 世纪 80 年代，开始有一些小型的网络在学校、科研机构、企业渐渐推广，这些现在被称为局域网（LAN）。随着网络规模的不断扩大，网络已拓展到全球绝大部分国家和地区，这就是人们经常所说的全球网络 Internet。1991 年 6 月，在连通 Internet 的计算机中，商业用户首次超过了学术界用户，这是 Internet 发展史上的一个里程碑，从此，Internet 的成长速度一发不可收。

迄今为止，计算机网络发展主要经历了 4 个阶段，如表 1-1 所示。

表 1-1 计算机网络发展的 4 个阶段

阶　　段	时　　间	网　　络	特　　点
第一代：远程终端连接	20 世纪 60 年代早期	面向终端的计算机网络	主机是网络的中心和控制者，终端分布在各处并与主机相连，用户通过本地的终端使用远程的主机
第二代：计算机网络	20 世纪 60 年代中期	局域网	多个主机互联，实现计算机和计算机之间的通信。终端用户可以访问本地主机和通信子网上所有主机的软硬件资源 电路交换和分组交换技术
第三代：计算机互联	20 世纪 60 年代末期至 20 世纪 80 年代初期	广域网、Internet	实现不同厂家生产的计算机之间的互联 TCP/IP 的诞生
第四代：信息高速公路	20 世纪 80 年代中期至今	宽带综合业务数字网	ATM 技术、ISDN、千兆以太网 高速，多业务，数据量大，交互性，可视化

1.1.3 网络时代

从上述关于网络的认识可以看出，网络以信息技术和通信技术为基础，不断为人们的生产生活提供方便快捷的服务，它总是存在于一定的时空内，这一时空即网络时代。关于网络时代，目前学术界还没有清晰明确、统一的界定，也有人称其为信息时代、网络社会、信息社会、数字化时代等。

总而言之，网络时代是以信息技术为基础，革命性地改变和重塑了人类社会生活的某一时空，然而想要明确地划分这一时空的时间界限却很难，也无须刻意划分，正因如此，有的人说人们已经进入网络时代，有的人说人们正在进入网络时代，也有的人说网络时代正在来临，等等。但是，无论怎么说，信息技术和通信技术已经彻底地、革命性地改变了人们的生产和生活方式，已经影响到了人们的日常生活，这是不争的事实，具有划时代的意义。正是从这个意义上讲，可以说人类已经进入网络时代。

案例　　"7·23"动车追尾事故，微博全方位报道显优势

"7·23"动车追尾事故救援工作稳步推进，互联网平台继续发挥传播优势。事故发生后，以微博为代表的互动平台凸显了全方位报道的优势。腾讯微博通过"记者直击""网友直播"等不同角度第一时间报道了事故现场的最新情况，浙江省部分官员也通过微博通报救援进展，他们与普通网友一道，成为该事故新闻传播的核心力量。

财新传媒记者周某某通过微博第一时间发布了现场情况，针对部分网友关注现场掩埋车体的细节，及时发布了自己的观察结果，声明在现场"很少有随意掩埋的现象"；有网友发布消息称警察以安全为由不允许记者靠近现场，周某某发微博回应，证实记者可以靠近现场，并且"只要出示证件，不妨碍公务，基本都可以进入封锁区"。

除了记者的现场报道，传统媒体也利用微博平台发布即时消息。《都市快报》通过微博直播了事故发布会记者提问实录；《钱江晚报》、浙江在线等媒体则打通了传统媒体和微博，并借助"爱心帮助热线"提供了截至目前最为完整的微博寻亲联系方式。

浙江部分官员也参与到网络互动中来。此外，普通网友为事故报道提供了更为详尽的细节，有网友在微博上发布了大量事故现场的图片，也有网友通过微博发布即时的寻人信息，沟通病人家属。

据观察，腾讯微博上有关此事故的微博数将近20万条，微博平台为事件传播提供了一个便捷快速的渠道。

小贴士：　随着科技的进步，通信技术和网络技术革命性地改变了人们的生活和传统的生活习惯，给党政机关管理社会公共事务带来了诸多便利。同时，也对党政机关的管理方式、行为方式形成了巨大的冲击，而身处技术变革浪潮中的各级党政机关公务员理应积极主动地面对这种冲击，适应这种变化，充分利用新媒体为政务活动服务。

1.2　网络时代信息传播的特点

从信息传播学的角度来说，不同的时代在信息传播方面必然具有不同于其他时代的特点，否则就不能与其他时代区分开，也就不能单独被划分为一个历史阶段。网络时代信息传播的特点，可以从传播内容、传播方式、传播主体和传播受众这4个方面进行分析。

课堂讨论：　你认为网络时代的信息传播都具有哪些特点呢？

1.2.1　信息传播内容的特点

在网络时代，网络媒体所传播的信息内容具有以下几个特点。

1. 丰富多样

从现实来看，网络媒体所传播的信息极为丰富、范围极广，社会生活发生的任何事件，大千世界千奇百怪的事物，其相关信息都可以通过网络进行传播。网络媒体所传播的信息几乎涵盖了人类涉足的所有领域，并随着人类社会生活不断地扩展，具有无限性。

2. 可存储性

网络媒体所传播的信息都是数字化的，可以在计算机终端轻松方便地用多种方式进行保存，以备日后查用。

3. 易检索性

对网络媒体所发布和传播的信息，人们可以通过各种搜索引擎较为容易地检索、查找和筛选。同时，人们也可以根据自身需要，通过搜索引擎查找自己所需要的信息。

4. 易复制性

人们可以根据自己的需要将网络媒体所传播的信息，随时随地复制保存或者复制后再进行修改、编辑、整理和再传播。

5. 多形态性

这里是指信息传播的跨媒体性，网络媒体中的信息可以是文字、图片、声音、视频等。当媒体报道同一新闻事件时，报纸用文字、图片，广播用声音，电视主要用视频图像，而网络媒体则可以兼容报纸、广播、电视等传统媒体之长，不仅有报纸的文字、图片，也有广播媒体的声音，还有电视媒体的视频，甚至融合了计算机、电视机、电话机、传真机、录像机、录音机、打印机等各种现代技术的优点，使之成为人类历史迄今为止最优秀、最具发展潜力的媒体，使人们在网上同时拥有读报纸、听广播、看电视的诸多乐趣，图文声情并茂。

1.2.2 信息传播方式的特点

从网络媒体的信息传播方式看，主要具有以下几个特点。

1. 即时性

即时性主要是指信息传播速度快，并可以根据需要实时更新。可以说对于现今世界任何一个地方发生的重大事件，全球任何一个角落的人在一分钟之内便可知晓并了解事件的相关信息。同时，可以借助网络视频会议等形式，实时向全球同步直播，可以让关心事件的受众了解事件的最新进展，获取相关信息。

2. 交互性

交互性是指信息发送者和信息接受者可以进行双向互动交流，都可以成为信息发送者，也都是信息接受者。例如各种网络平台中的人都可以进行交流，发表评论，可以对信息进行增删、修改、转发，也就是说每个人在网络媒体中都可以是信息制造者、信息加工者，甚至成为信息源，而对于传统的广播、电视、报纸，受众很难与信息发送者进行互动。

3. 综合性

综合性是指多种信息与媒体的综合，正如上文所述，网络媒体所传播的信息综合了广播、电视、报纸等多种传统媒体的信息。同时，网络媒体也综合了各种传统媒体的形式，具有跨媒体性。目前，电台、电视台、报纸、杂志几乎都设有自己的网站，网站内容集合了各种形态的信息，因其图文声情并茂，便于人们浏览阅读，人们普遍认为网络有取代传统媒体，成为"第四媒体"的趋势。

4. 便捷性

人们通过传统的报纸获取信息，需要订阅报纸；通过电台获取信息，需要配备收音机；通过电视台获取信息，需要购买电视机，而这些都受时空的限制。对于网络而言，人们只要拥有联网的计算机，便可不受时空限制地获取需要的资讯，特别是随着便携式计算机的快速发展、手机和移动互联网的普及，人们无论是在什么地方，什么时间，都可以通过网络方便地获取信息。

5. 成本低

由于网络媒体对信息加工、制作和传播所需要的设备要求不高，制作与发布过程十分简单，因此，相对于报刊、广播、电视等需要昂贵的加工与制作设备和复杂的处理过程而言，网络媒体的信息传播成本相对低廉。

1.2.3　信息传播主体的特点

在网络时代，网络媒体的信息传播主体具有以下几个特点。

1. 虚拟性

虚拟性即非现实性，是指人的实践活动转移到以网络为基础的虚拟的电子空间，网络信息传播技术把真实世界和虚拟世界的界限模糊了，它把实体的现实和虚构的现实连接起来，这就从根本上改变了人们认识世界的方式。在网络中人们可以用匿名或虚拟身份传播信息，正因如此，部分用户不考虑自己发表言论、传播信息而造成的实际后果，在网络中发布不实或虚假信息，以至于有时因为人们在网上的讨论，使事件更加恶化或者受到关注。

2. 多元化

传播主体多元化是指网络信息传播者可以是大众传播机构、社会团体、企事业单位或独立个体。网络是一个极其广阔、自由的空间，其传播方式是完全开放的，任何人都可以在网上找到发布自己信息的空间。传统的传播者有着固定的地点和活动空间，受到一定的法律和规则约束，具有公开性和可管理性。但网络信息传播者则不同，它可以是群体，也可以是个体；可以公开合法地存在，也可以隐蔽、游动式地存在；可以是负责任的，也可以是不负责任的；可以是专业的，也可以是非专业的。这种开放性和传播者的多元化在打破新闻垄断的同时，也给新闻信息的真实性和舆论的管理、控制带来了新的问题。

3. 主体性

在网络信息的传播过程中，信息传播主体处于主体地位或主导地位。在网络中，人们都可以成为信息的制造者、发布者，当然同时也是信息传播的接受者，而在传统媒体中，人们大部分时间是被动地接受信息。现在，人们可以随时通过博客、微博、论坛、短视频平台发布和传播信息。

4. 自由性

网络信息传播是在一种相对自由、平等、随意的氛围中进行的交流方式。网络信息收发没有特别的时间、空间限制，使得人们的思想感情交流更加自由、轻松。网络信息写作有时可能源于内心的冲动，追求信息和情感的瞬间释放。

5. 自主性

所谓自主性，首先是指信息选择的自主化，由于网络媒体是集数据、文本、声音及各种图像于一体的数字化媒介，人们可以借助技术自主地选择信息内容、信息形式、信息的发送时间和排列顺序，这种个性化的服务使得人们的选择权得到提升，人们可以按照自己的价值观，遵循"选择性心理",有效而主动地建立起个性化的信息传播环境。其次,这种自主性还体现在信息发送者对发送对象、发送时间、发送内容、发送方式等都可以自主选择,人人都能成为信息的发布者和接受者。

1.2.4　信息传播受众的特点

在网络时代,网络媒体的信息传播受众具有以下几个特点。

1. 群体性

群体性是指网络信息的传播并非一对一,而是一对多,针对一个群体进行传播。博客、微博、论坛、短视频都会有很多人来观看,甚至引起人们的争论。一个网页也会有很多人来浏览,所以一般网站都会有浏览次数统计。对电子邮件人们可以选择群发,对手机短信人们也可以选择群发,大部分即时聊天工具也具有群发功能。当然,这也是造成垃圾信息、垃圾邮件、信息泛滥的重要原因。

2. 个体性

个体性是指网络媒介的传播是一种真正个性化的服务,人们可以定制更有针对性、更具个性化的信息服务。就信息接受者而言,人们不再是简单地被动接受,或者等待媒体将信息推到自己面前,而是可以随时随地进行信息点播,可以按需从新闻数据库中索取信息,可以定制个性化服务,自主性更强。对个体而言,无论是信息的选择和消费,还是信息的制作与传播,都展现出浓厚的个性色彩。

3. 自由性

自由性是指人们接受信息不受时空限制,可以随时随地接受,可以以后查阅,也可以选择不接受。当然,目前对于一些垃圾邮件和垃圾手机短信,人们还很难完全选择不接受。

📌 **小贴士:**　网络时代信息传播的特点决定了它与传统媒体截然不同,它继承了传统媒体的某些特质,也扩展出了一些新功能。这样,就不可避免地带来了一系列新的问题,如意识形态和文化渗透、假新闻、色情泛滥、隐私泄露、侵犯知识产权、信息安全、网络犯罪等。

案例　云南巍山古城楼"城门改名"引争议

2019年10月,云南省级文物保护单位云南大理巍山古城拱辰楼"拱辰门"牌匾被改为"巍山",引发争议。10月3日,巍山文旅局通过"名城巍山"官方微博发布声明称,改名经过县政府同意,"拱辰门"字样非文物本体、助力巍山经济社会发展等说法未能得到认同。9日,大理文旅局称并未收到改名报批,已责令其改正。同日,巍山文旅局再度回应,承认工作不够细致,决定即日起恢复"拱辰门"字样原貌。

该事件中,巍山文旅局较快做出回应,但"拱辰门非文物本体"的说法未能服众,"助力巍山社会经济大发展"的理由也被指牵强,回应显得草率、敷衍。在大理文旅局发声后,该局又进行二次回应,反思工作失当之处,并决定恢复"拱辰门"字样原貌,认错态度较为坦诚,且给出承诺,平复争议。可见,舆情回应的速度、态度及信息准确性,均十分重要;同时,相关方在制定决策前,还应充分考虑社情民意、遵守相关程序、全面评估风险。

1.3　理解舆情和网络舆情

舆情在《辞源》(修订本) 中被解释为"民众的意愿"，在《现代汉语词典》(第 5 版) 中则被解释为"公众的意见和态度"。由此可见，"舆情"的基本含义应为民众的情绪、意愿、态度和意见等，因此网络舆情的基本含义就是网民的情绪。

课堂讨论：　简单说说你对网络舆情的理解是什么？并列举一个最近发生的网络舆情案例？

1.3.1　什么是舆情

所谓舆情，根据美国报业巨子、舆情学奠基人沃尔特·李普曼在其著作《舆情学》中写道的，"舆情基本上就是对一些事实从道义上加以解释和经过整理的一种看法"。网络舆情是互联网发展到一定阶段的产物，有学者对网络舆情的概念已做如下归纳总结，即通过互联网表达和传播的，公众对自己关心或与自身利益紧密相关的各种公共事务所持有的多种情绪、态度和意见交错的总和。

对于舆情的内涵，国内的研究者们有着不同的认识。有学者指出："所谓'舆情'，实际上就是大众密切关心的热门话题或反映了某些社会心理的观点与看法，其较高层次是'思潮'，基本层次是'情绪'。大众传媒对此应有足够的敏感，并以恰当的方式进行舆论引导，减少社会震荡。"另有学者认为："舆情即民意情况，涉及公众对社会生活中各个方面的问题尤其是热点问题的公开意见 (外露的部分) 或情绪反应 (既可能外露又可能不外露的部分)。"更多的学者对舆情概念的认识，有狭义和广义之分。在狭义上，舆情是指作为主体的民众对作为客体的国家管理者产生和持有的社会政治态度。而网络舆情，则主要是指使用网络的用户或俗称"网民"的社会政治态度。在广义上，舆情通俗地讲就是社情民意，是指社会各阶层民众对社会存在和发展所持有的情绪、态度、看法、意见和行为倾向。

小贴士：　舆情引导是指舆情爆发后，根据舆情的性质、趋势和走向判断，相关部门为了化解矛盾冲突、避免事态扩大，针对舆情所采取的措施和策略，如信息公开、事实澄清、舆论引导，以及查处舆情所反映的社会问题等。

1.3.2　什么是网络舆情

网络舆情是社会公众 (网民) 在网络这一公共空间对公共事务、社会热点、焦点问题，某些组织或个人带有公共性的问题，以及政治问题等方面的具体事件而产生或发表的情绪、意见、看法、态度、诉求的交汇与综合。本书对于网络舆情的界定主要想强调或表达以下几层含义。

1. 网络舆情具有公共性质

网络舆情针对的事件是比较广泛的，但始终是带有公共性的，或者涉及公共事务，针对单个人的私人事务很难引起大家的注意或讨论。举个简单的例子，"郭某某炫富事件"起因在于其在网络炫富，而引起网络广泛关注还在于其涉及中国红十字会，而中国红十字会这种非营利组织是很重要的公共事务管理主体之一，显然网民质疑的不是其个人年轻而又极其奢华的生活，而是质疑其奢侈是否与中国红十字会有关，触动的是公众的慈善和公益之心，最后，也可以看到该事件给中国红十字会造成了极大的负面影响。

2. 网络舆情针对的是具体、特定的事件

例如，人们在网络上讨论交通拥挤问题，这是较为普遍的，这属于网络舆论而不是网络舆情，就像茶余饭后的谈论一样。"郭某某炫富事件"引发网民的广泛关注和讨论，即属于网络舆情。

3. 网民与网络也是比较宽泛的

网民主要是指上网的公众个人，但政府、企事业单位、其他组织也可以是网民的一部分，例如政府组织通过微博参与讨论，也就成为网络舆情的参与者了，而现在很多组织，包括政府、非营利组织等公共组织及企业等都开通了相应的微博或博客。但是政府等公共组织更多的是承担引导作用，引导网络舆情向正面、理性的方向发展。

同时本书强调网络舆情产生于"网络这一公共空间"是为了与社会舆情相区别，而现代社会生活中，社会上的舆论、谣言几乎是不可能完全与网络隔离的，所以讨论网络舆情必然会涉及社会舆情。

4. 网络舆情没有绝对的界限

随着传统媒体和现代媒体的融合，网络舆情既可以指最开始通过网络而引发讨论的事件，也可以指最开始通过非网络进行传播，而最后通过网络进行发酵使事件讨论扩大升级的情况。

5. 网络舆情涉及情绪、意见、看法、态度、诉求的交汇与综合

这里强调"交汇与综合"，也就是说网民之间的观点看法会相互碰撞，相互影响，产生新的观点，这是由网络的交互性决定的，尤其体现在新闻与事件的评论、跟帖、QQ 等即时聊天软件的群内多人讨论等，部分网民的情绪甚至会被左右，产生"群情激愤"的情况或者所谓的"网络暴民"。也正因如此，在涉及政治方面的问题、群体事件或暴力事件时，境外敌对势力会利用网络来达到其不可告人的目的，而从公共管理的角度来说，这是需要政府及时、有效加以研判，采取有效措施进行应对的。可以看出，这种"交汇与综合"效应是传统媒体所不具备的，这正是网络舆情研判和应对的复杂性所在。

🔨 **小贴士：** 大多数情况下，讨论和研究网络舆情有一个预设前提：即该网络舆情涉及的具体事件，对政府、企业或某个组织造成了极大的负面影响，对政府、企业或组织的形象或实质利益造成威胁。这一方面是由事件的公共性决定的，另一方面在于，如果事件产生了巨大的正面影响，其主要的评价大部分是正面的，则无须政府或事件主体进行太多甄别或引导。

1.3.3　社会舆情

社会舆情与网络舆情都是舆情的一种，都是对公共事务、社会热点问题所表达的意见和看法。网络舆情和社会舆情会相互影响，相互交织，难以截然分开。

社会舆情与网络舆情的主要区别如图 1-1 所示。

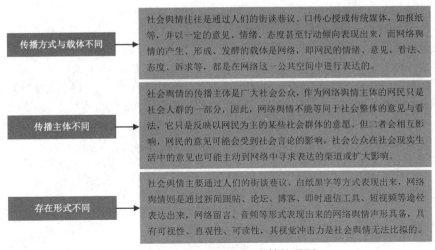

传播方式与载体不同	社会舆情往往是通过人们的街谈巷议、口传心授或传统媒体，如报纸等，并以一定的意见、情绪、态度甚至行动倾向表现出来，而网络舆情的产生、形成、发酵的载体是网络，即网民的情绪，意见，看法、态度、诉求等，都是在网络这一公共空间中进行表达的。
传播主体不同	社会舆情的传播主体是广大社会公众，作为网络舆情主体的网民只是社会人群的一部分，因此，网络舆情不能等同于社会整体的意见与看法，它只是反映以网民为主的某些社会群体的意愿。但二者会相互影响，网民的意见可能会受到社会言论的影响，社会公众在社会现实生活中的意见也可能主动到网络中寻求表达的渠道或扩大影响。
存在形式不同	社会舆情主要通过人们的街谈巷议、白纸黑字等方式表现出来，网络舆情则是通过新闻跟帖、论坛、博客、即时通信工具、短视频等途径表达出来，网络留言、音频等形式表现出来的网络舆情声形具备，具有可视性、直观性、可读性，其视觉冲击力是社会舆情无法比拟的。

图 1-1　社会舆情与网络舆情的区别

1.4　网络舆情的产生与发展规律

　　网络舆情的空前影响必然会带动相应的对网络舆情加以利用、导控的业务发展，于是网络舆情监测与管理这一新兴信息服务业务，伴随着网络舆情信息的持续迅猛传播及一件件舆情事件的接踵而至迅速走红。

1.4.1　网络舆情产生的原因

　　网络舆情是社会发展到一定阶段的必然产物。从宏观方面来说，网络舆情产生的根源有社会、政治、经济、文化、法律、制度、技术等各个方面的原因。从实践来看，网络舆情的"导火索"和直接触发因素主要在如表 1-2 所示的几个方面。

表 1-2　引发网络舆情的因素

引发网络舆情的因素	案　　例
突发事件	汶川地震、青岛市中石化东黄输油管道泄漏爆炸、西非国家埃博拉疫情、成都市公交车燃烧事件
负面报道	某某大学博导诱奸女生、海南部分救灾面包发霉
不当言论	"我爸是李刚"
不当举止	陕西延安市一车祸后官员微笑、汉中市房管副局长被曝笑对业主下跪求助
视听材料	雷某某艳照门事件
反常理事件	佛山小悦悦事件、红十字会三伏天向琼粤桂台风灾区送棉被
传闻、谣言	蛆橘事件、皮革奶粉、山西地震谣言
政府丑闻	武汉经适房六连号事件
人为因素	纸馅包子事件、"秦某某"等制造谣言
不（当）作为	警察未及时制止歹徒、城管围殴花店夫妇

1. 突发事件引发网络舆情

一般将突发事件分为自然灾害、事故灾难、公共卫生事件、社会安全事件四大类。一旦发生突发事件，媒体会进行大量报道，必然引发社会各界广泛关注，各个门户网站也会竞相进行报道或转载。由于网络的方便快捷性，网民会通过网络了解突发事件相关信息，并进行转发、评论、跟帖等，从而引发网络舆情，此外，突发事件处置不当也会引发网络舆情。突发事件引发网络舆情是最常见也是最重要的因素之一，这方面的案例如汶川地震、青岛市中石化东黄输油管道泄漏爆炸、西非国家埃博拉疫情、成都市公交车燃烧事件等。

2. 负面报道引发网络舆情

广播电台、电视台、报纸、网络媒体等媒体针对政府或有关组织所进行的负面报道，往往是引发网络舆情较为普遍的原因，是目前引发网络舆情最主要的因素之一。这方面的案例如某某大学博导诱奸女生、海南部分救灾面包发霉等。

案例 海南部分救灾面包发霉

2014年7月20日，网友"刚峰"在博客里发表文章说，20日下午4点，他们一行人带着爱心企业的救援物资进入遭受超强台风重创的海南省文昌市翁田镇茂山村委会宝宵村时，该村村民告诉他们，下午1点，全村200多位村民接到通知去镇政府领取了7箱矿泉水和2箱面包的救灾物资，但打开一看发现是发霉食品，包装袋上的生产日期写着2014年7月1日，保质期半年，厂家为福建漳州龙海市某食品公司。"刚峰"表示，保质期半年的食品为何不到20天就发霉？谁是政府救援物资的采购方？

网友"咕吱咕吱妮儿"20日也在微博上晒出变质食品图片，称翁田镇的一个姐妹家中收到救灾物资，并质问"这些发霉的面包就是赏给灾民的食物吗？"

在21日下午1点召开的海南省政府抗风救灾新闻发布会上，民政厅厅长表示，对于网友和村民反映的民政厅向文昌市发放的救灾食品有发霉情况，经核查属实。"这是我们民政厅的责任，因为这批物资是由民政厅送去的。"

7月20日上午10时许，民政厅救灾处接到翁田镇民政助理反映，群众在食用过程中发现部分食物发霉。20日14时，民政厅救灾处2名工作人员抵达翁田镇就此事进行初步调查，发现民政助理反映情况属实。21日，民政厅已派出工作组，到翁田镇就此事做进一步调查，目前，290箱问题食物已全部封存。虽然同一批救灾物资未发现过期问题，但也已暂时封存，等待食品安全部门检验。

省民政厅厅长同时表示，在查清责任后，将启动问责机制，追究相关责任人责任，并把调查结果公之于众。下一步，省监察部门将介入调查此事。如果涉及官员采购腐败，将严惩不贷，绝不姑息。省民政厅厅长说，"此次事件实在令人痛心，责任在民政厅，我们向受灾群众表示歉意。"

3. 不当言论引发网络舆情

党政机关公务人员的不当言论往往是引发网络舆情的重要因素之一。这些言论既包括针对下属的，也包括针对人民群众的，或者针对社会不特定对象的，还包括不是公务人员说的但与党政机关或公务人员有关的，例如轰动全国的"我爸是李刚"事件。不当言论被媒体称为雷人雷语，语不惊人死不休，必然直接引发网民的关注，甚至是攻击，触发网络舆情。

案例　郑州市城市规划局副局长不当言论引发舆情

2009 年，河南郑州市须水镇西岗村原本被划拨为建设经济适用房的土地上，竟然被开发商建起了 12 幢联体别墅和两幢楼中楼。郑州市规划局副局长逯某面对记者的采访，在抱怨"你们广播电台管这闲事干什么？"之后，向记者问了这样一个问题："你是准备替党说话，还是准备替老百姓说话？"

此言一出，马上雷到中国网民，网络评论铺天盖地，很明显，那位副局长把党和老百姓对立起来是缺乏常识的表现。逯某副局长把自身的小部门利益跟全党利益挂钩，自以为自己就是党的代表，还把人民的利益对立起来，这个问题非常严重，弄不好就俨然成了"敌对势力"了。

事件发生后，中国网民随即纷纷谴责副局长的说话，认为其言论是极不负责任的。最终，郑州市规划局副局长逯某被郑州市纪委责令停止工作，接受郑州市纪委的调查。

4. 不当举止引发网络舆情

举止、手势等可能包含一定的文化内涵。行为举止也能真实地表达人的内心想法和感受。行为举止必须符合一定的场合，否则可能引发言论攻击，甚至冲突。篮球场、足球场都严格禁止"竖中指"，原因即在于此。党政机关公务人员尤其要注意自己在公共场合的行为举止，不仅要符合行政礼仪的基本要求，而且要符合现场的氛围，否则极易引发网络舆情。

案例　陕西省延安市车祸后官员微笑引发网络舆情

2012 年 8 月 26 日凌晨，陕西延安境内发生 36 人遇难的特大交通事故后，省安监局长杨某某的一张事故现场面带微笑的照片，引起网民的极大不满，并很快被网友人肉出数张杨某某在不同场合佩戴各不相同的名表的照片，由此引发了网友的众多质疑。

8 月 29 日晚间，杨某某在新浪微博上针对网友的提问进行了挑选性回答，称之所以微笑是因为"现场气氛其实很压抑"，"我让他们放松些，可能一不留神，神情上有些放松。"在手表问题上，称"我确实买过 5 块手表"，购买手表的钱"是用我自己的合法收入购买的"，显然这些回答是难以令网友满意的，继续人肉搜索的网友发现，杨局长不止只有 5 块表，且将搜来的图片贴在网上，并标清顺序，共 11 块表。

8 月 30 日，杨某某的各种"戴表照"在网上曝光后，陕西省纪委立即回应称，将本着实事求是的态度，对事件所涉及的问题进行认真深入的调查，如确有违纪或腐败问题，将依照有关规定严肃处理。

9 月 21 日，陕西省纪委在其官方网站秦风网上发布了杨某某因存在严重违纪问题被撤职的消息。

因为在事故现场露出不合时宜的"微笑"，被网民围观，继而被扒出佩戴多款价值不菲的名表，又因回应言辞欠妥陷入诚信危机，再因眼镜、皮带等昂贵饰物被接力曝光催生腐败疑云，直至因涉嫌严重违纪被撤职——短短 27 天，陕西省安监局原局长杨某某的落马让社会各界再次目睹了网络反腐的威力。

5. 视听材料引发网络舆情

随着技术的发展，人们对各种言行、事件等可以全程录音、拍照、摄像，可以长久保存，还可以复制、传播，而且录音、摄像可以在毫不知情的情况进行，可以录拍到极为真实的场景，也可以录拍到极为私密的场景。正因为这些视听资料的真实性和私密性，一旦被曝光，就会使舆论哗然，引发网络舆情。近年来爆出了多起录音门、艳照门事件，就是典型案例。

案例　雷某某艳照门事件

2012 年 11 月 20 日，有微博发布疑似重庆市北碚区区委书记雷某某不雅视频截图。

11 月 21 日，大量新闻媒体开始调查报道此事，有媒体记者电话采访了雷某某本人，他本人的回答是那些是造假的，不要信。同日，重庆市人民政府新闻办的官方微博发布一条消息，称已注意到相关内容，正在了解核实。

11 月 22 日，有关部门确认相关视频并非 PS（图像处理），继续核实当事人身份。

11 月 23 日上午 11 点左右，重庆市纪委确认不雅视频主角为雷某某本人，宣布免去其书记职务，并立案调查。

从雷某某的不雅视频曝光到雷某某本人被免去职务，期间总共 63 个小时。如今，雷某某被判处有期徒刑 13 年，事件前因后果已大白于天下。

6. 反常理事件引发网络舆情

违反常理的事件往往成为触发网络舆情的重要因素。这里的反常理是指违反了人们的正常思维逻辑，违反既定社会规范，挑战了传统道德伦理底线的事件，如殴打辱骂老师违背了尊师重教的传统道德规范，若情节严重，就可能引发网络舆情。

案例　佛山小悦悦事件

2011 年 10 月 13 日下午 5 时 30 分许，一出惨剧发生在佛山南海黄岐广佛五金城：年仅两岁的女童小悦悦走在巷子里，被一辆面包车两次碾压，几分钟后又被一辆小型货柜车碾过。而让人难以理解的是，之后的 7 分钟内，在女童身边经过的 18 个路人，竟然对此置若罔闻，不闻不问。最后，是一位捡垃圾的阿婆陈贤妹把小悦悦抱到路边并找到她的妈妈。2011 年 10 月 21 日，经医院全力抢救无效，小悦悦于 0 时 32 分离世。

愤怒、谴责、质问……一面倒的情绪狂澜几乎席卷了整个坊间、网络，舆论哗然。一连串的追问与反思也随即而来。闻知惨剧的人们一下子蒙了：是什么让人变得如此冷漠？

佛山小悦悦事件之所以会引发网络舆情，在于见死不救的冷漠背离了人们认可的救死扶伤的道德底线。

7. 传闻或谣言引发网络舆情

随着网络的普及，近年来谣言时有发生。有时，谣言、传闻、小道消息不胫而走，成为触发网络舆情的重要因素。突发事件爆发后，往往谣言四起，反过来，谣言的传播往往引发群体性事件等突发事件。因此，近年来如何应对谣言成为网络舆情工作的重要内容之一。

案例　地震谣言令山西数百万人"避难"

2010 年 2 月 20 日至 21 日，关于山西一些地区将要发生地震的消息通过短信、网络等渠道疯狂传播，由于听信"地震"传言，山西太原、晋中、长治、晋城、吕梁、阳泉六地几十个县市数百万群众 2 月 20 日凌晨开始走上街头"躲避地震"，山西地震官网一度瘫痪。21 日上午，山西省地震局发出公告辟谣。

山西省公安机关立即对谣言来源展开调查，后查明造谣者共 5 人。

35 岁的打工者李某某最先将道听途说的消息编写成："你好，二十一号下午六点以前有六级地震注意"的手机短信息发送传播，被晋中市公安局榆次区分局行政拘留 7 日。

20 岁的在校大学生傅某某在网上看到有关地震的帖文后，便在百度贴吧发布《要命的进来》帖文："我爸的一个朋友，国家地震观测站的，也是打电话来，说地震的概率很大！大约是 90% 的概率，愿大家好运！这绝对权威！"被行政拘留 5 日。

在太原打工的韩某某出于玩笑，以"10086"名义发送"地震局公告：今晚 8 时太原要地震，请大家不要传阅，做好预防工作，尽量减少人员伤亡"的信息，被行政拘留 10 日。

在北京打工的张某为了提高网上点击率，先后在百度贴吧等多地发布《最新山西地震消息》："山西 2010 年 2 月 21 日地震消息，据官方报道，山西吕梁地区死亡 36 人，伤亡人数正在统计中。晋中、太原、大同等地未来 72 小时可能发生不下 30 次余震，余震范围包括山西晋中、晋南地区、山东西部、河南北部，大家及时防范。"被行政拘留 10 日并处罚款 500 元。

24 岁的工人朱某某为了起哄，在百度贴吧发帖称"山西太原、左权、晋中、大同、长治地震死亡 100 万人。"被行政拘留 10 日并处罚款 500 元。

8. 政府丑闻引发网络舆情

政府丑闻是指涉及党政机关及其公务人员的不道德、不合法、不光彩的行为或事件。政府丑闻势必成为媒体和公众关注的焦点，是近年来引发网络舆情的重要因素之一。例如武汉经适房六连号事件，在 2009 年下半年一直是人们关注和热议的话题，引发网民广泛讨论。

9. 人为因素引发网络舆情

某些人主观、人为、故意制造新闻，从而引发网络舆情，主要包括一些网站炮制新闻、网络大 V 制造谣言等，从而引发网络舆情。

案例　纸馅包子事件

2007 年 7 月 8 日，北京电视台生活频道"透明度"栏目播出了《纸做的包子》报道。该栏目编导通过暗访，发现在朝阳区东四环附近的早点铺中出售用废纸箱和肥猪肉做馅的小笼包。

北京工商、食品安全部门甚至警方全力核查，最后发现该报道系"透明度"编导炮制的新闻。北京电视台也承认报道虚假。真相是，编导訾某某为了完成任务，以喂狗为由，要求卫某等人将浸泡后的纸箱板剁碎掺入肉馅，制作了二十余个"纸馅包子"。与此同时，訾某某秘拍了卫某等人制作"纸馅包子"的过程。在节目后期制作中，訾某某采用剪辑画面、虚假配音等方法，编辑制作了电视专题片《纸做的包子》播出带。

訾某某被公诉后，法院认定，其捏造事实编制虚假新闻，并隐瞒事实真相，使虚假节目得以播出，造成恶劣影响，做出有罪判决，判后无上诉。

纸馅包子事件（人为制造的虚假新闻）不仅刺激了食品安全脆弱的神经，也引发了网民的广泛议论和关注。

10. 不当作为、不作为引发网络舆情

政府部门不作为或不当作为，往往会引发舆情，成为媒体和公众言论攻击的焦点。2013年 8 月 18 日（周日）下午，安徽省蚌埠市两名警察面对歹徒持刀捅少女，没有及时出面制止，

导致少女身亡，引发了广泛的质疑。2014年10月13日媒体报道江西城管收缴鲜花引发冲突，十余人围殴花店夫妇，在很短时间内，其网络评论就达到了14余万条，就是一个典型的案例。

本节讲述了网络舆情的主要触发因素，引发网络舆情的因素是复杂多样的，并不仅仅限于上述因素。正是网络舆情产生原因的复杂多样性，促使各级政府部门越来越重视网络舆情工作，也警示公务人员要注意自己的日常言行举止。

1.4.2　网络舆情的发展规律

对于网民舆情发展，从不同的角度可以总结出不同的规律和特点。有统计分析认为：70%以上的重大新闻事件在报道后的第2天至第4天网络关注度最大；约80%的重大新闻事件中，网民意见对网络媒体增加报道量有推动作用；网民对较重大新闻事件的网络舆情的贡献率为60%；网络主帖、博文回复与浏览比在8%以下。从上述统计可以得出以下结论：重大新闻事件报道后应及时进行舆情引导；网民意见对重大新闻事件的网络舆情影响较大；网民对重要新闻的关注主要是点击浏览，回复不多。

从有助于认识网络舆情和开展舆情工作的角度来看，网络舆情的发展有以下几个特点。

1. 网络舆情发展具有一定的阶段性

对网络舆情的发展阶段，不同的学者做了不同的划分，这里将网络舆情大致分为隐藏、触发、发展、爆发和消退几个阶段。这样划分，主要是为了开展舆情引导工作。图1-2所示为网络舆情发展不同阶段的主要工作说明。

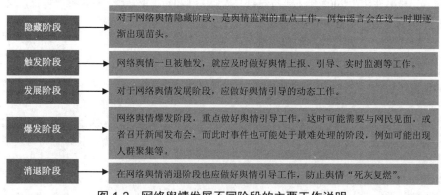

图 1-2　网络舆情发展不同阶段的主要工作说明

📌 **小贴士：** 并非所有的网络舆情都会经历上述阶段，例如突发事件或重大负面报道引发的网络舆情，事件一旦被报道，立即引发网民关注，爆发网络舆情，短短数分钟内即会达到成千上万的浏览量或评论次数。

2. 网络舆情发展具有较强的突变性

这是指网络舆情发展具有一定的突然性，以及网络舆情方向和走势也可能突然发生改变。这就要求各级党政机关建立常态化舆情工作机制，以应对突然爆发的网络舆情或突然转向的网络舆情。

3. 网络舆情发展具有极强的聚焦性

网络舆情的发展将公众和媒体的关注集中到一个特定的问题或特定的点上，这个问题可能是一个人，可能是事件的原因，可能是一句话，也可能是一个物体。在聚焦后，媒体和网民又会将这个聚焦点放大，甚至是无限放大，继续"深挖"下去。网络舆情发展的聚集性，提醒舆情工作人员应及时回答或回应网民、媒体最关心的焦点问题，否则事件的发展或舆情的走势可能会难以把控。

小悦悦事件的聚焦点就在于：为什么那么多人见死不救？进而引发人们对基本伦理道德的讨论。"我爸是李刚"事件的聚焦点在于：李刚是一个具有什么背景的人？他的儿子竟然如此蛮横。此事件甚至引起国外媒体关注，"我爸是李刚"一词荣获 2010 十大网络流行语之一，2011 年出现了各种版本的歌曲《我爸是李刚》。陕西省延安市车祸后官员微笑的网络舆情焦点在于：官员为何戴那么多名表？是否与其收入相匹配？发展到后来，三峡大学学生刘某某要求陕西省财政厅和陕西省安监局公布杨某某的工资，遭到拒绝后，刘某某又到北京聘请代理律师，状告上述两个政府机关。网络舆情发展的聚焦性最后表现就是对某人或有关人员的情况进行人肉搜索，这同时也是网民愤怒情绪的极端表现形式。

4. 网络舆情发展具有明显的叠加性

网络舆情发展的叠加性是指网络舆情是各个方面、多个因素共同作用的结果，形成了共振、叠加效应。在物理学上，当发生共振时，便会产出更大的振动和振幅。因此，随着网络舆情的发展，多种因素的共振叠加，网民的观点和情绪可能产生共鸣，将会使网络舆情恶化或升级，爆发出更大的能量，甚至引发群体性事件。网络舆情的叠加性，警示各级地方政府公务人员要尽早化解舆情、解决群众难题，不要等到各种因素叠加到一起，事件更加错综复杂时再去处理，那样可能为时已晚。

5. 网络舆情发展具有极大的盲从性

个人在群体行为中会产生从众心理，即群体决策往往倾向于一致，而在虚拟网络空间，这种现象会被强化。例如在仇官、仇富思想的影响下，当某人在网络攻击、谩骂另外一人时，网民就可能一致攻击、谩骂。这种一致言行可以将正确的说成错误的，将错误的说成正确的，如果有人煽动，危害更大，会出现所谓的网络暴力现象，加之网民的非理性，往往会伤害到某些无辜的人。

网络舆情发展的盲从性，提醒各级党政机关及其公务人员应及时开展舆情引导工作，正确引导舆论，及时澄清错误、公开事实，以正视听，避免被错误的舆论所左右。

案例　北京市老外撞人事件

2013 年 12 月 3 日，一条"有图有真相"的"扶起摔倒中年大妈，外国小伙疑遭讹诈"的网络新闻被各大门户网站放在首页醒目位置，引起网民一致攻击事件中的李阿姨。

后来，北京市公安局官方微博"平安北京"公布了事发当时的路口监控。"平安北京"在情况通报中称，经调查，一中年女子经过人行横道时，被一外籍男子驾驶摩托车撞倒。在现场处理过程中，倒地女子称身体不适，民警拨打 120 将其送往附近医院。经医院检查，该中年女子伤情轻微。双方在医院自行协商解决了赔偿事宜。

警方经现场调查，并调取了监控录像初步查明，该当事外籍男子存在未取得机动车驾驶证驾驶二轮轻便摩托车、车辆无号牌、二轮轻便摩托车载人、逆向行驶等交通违法行为。依据《道路交通安全法》及相关法律法规，已合并给予其行政拘留 7 日并处罚款 1500 元。后来，据查该外籍男子还存在非法就业的问题，将被遣送出境。该事件也被评为 2013 十大逆转新闻第一条。

1.5 网络舆情的表现途径

网络舆情的表现途径也被称为网络舆情的信息源或网络舆情的传播途径。不同的表现途径通常会带来不同的传播效果。因此，对于网络舆情工作者而言，不仅要熟悉和了解各种可能的网络舆情发布、传播平台，更要掌握这些平台在传播模式、受众范围、权威性等方面的特点，从而为更全面、准确的网络舆情监测与应用提供依据。

课堂讨论：你平时会关注网络舆情吗？通常都是通过哪些渠道和途径来了解网络舆情的？

1.5.1 网络新闻

网络新闻是一种新的新闻生产模式，而并非传统新闻在网络上的简单重复。相比传统新闻而言，网络新闻具有快速、多面化、多渠道、多媒体、互动等特点。在时效性上，从最初定时的新闻发布，到后来将"及时性"界定为新闻发布的时效标准，到各媒体间争相开展"实时"报道，再到如今"及时、实时、全时"三时合一的巅峰竞争，网络新闻的时间观发生了革命性的转变。图 1-3 所示为网络新闻对网络舆情的形成与演变所产生的影响。

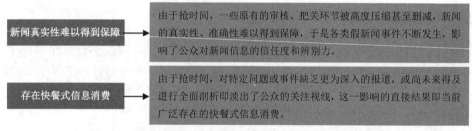

图 1-3　网络新闻对网络舆情的形成与演变所产生的影响

针对网络新闻的"瞬时化"和"碎片化"，网络新闻专题应运而生。所谓网络新闻专题，是指以聚合的方式围绕某个特定的新闻事件或事实，在一定的时间跨度内综合运用各种题材及背景材料，以文字、图片、声音、视频等多种表现形式进行连续的、全方位的、深入的报道，展示出相关主题或话题的前因后果、来龙去脉，并提供与受众的互动渠道。通常，一个网络新闻专题的构成要素包括新闻报道、背景材料、新闻分析和综述、新闻评论、花絮、新闻图片等。

网络新闻是事实性信息与意见性信息的集合。网络新闻报道的热点往往反映了社会的焦点，而此网络新闻评论更是与网络舆论热点产生直接互动。因此，网络新闻专题是网络舆情的重要表现途径之一，也是网络舆情监测的重要信息源。

1.5.2 新闻跟帖

新闻跟帖是网络新闻附带的评论形式，是网友就网络新闻发表自己观点看法的地方。每篇新闻报道或评论都设置了完整的新闻跟帖功能，网民可以用文字、表情等符号形式对这条新闻进行评论，同时也可以阅读或回复其他网民的跟帖，与之形成观点互动。

新闻跟帖的参与群体广泛，价值含量高，是网络舆情监测的重要抽样对象。同时，新闻跟帖也是最"接地气"的网络舆论。一般而言，人民网、新华网等体制内网络媒体的网友以公务员或文教系统的人员居多，近年来的回帖量正逐步攀升；而相比较而言，四大门户网站（腾讯、网易、搜狐、新浪）拥有众多基层网友，积极发言者不在少数。

小贴士： 新闻跟帖通常是一事一设，讨论的主题明确，集中反映了网民对于某个事件的意见，并由此传达了对于某一类社会现象或问题的网络舆论。因此，对新闻跟帖的监测有助于了解基层网民对特定事件或主题的舆情状态。

1.5.3　论坛帖文

论坛简称 BBS，是 Internet 上的一种交互性强、内容丰富且及时的互联网电子信息服务系统，每个用户都可以在上面发布信息或提出看法。综合性门户网站或功能性专题网站也青睐于开设自己的论坛，以促进网友之间的交流，增加互动性，丰富网站的内容。

综合类的论坛包含的信息比较丰富、广泛，能够吸引几乎全部的网民来到论坛，但是由于面广，这类论坛往往做不到精细和面面俱到。而小型规模的网络公司建立的论坛网站，就倾向于选择专题性的论坛来做到精致。这类论坛通常能够吸引真正志同道合的人一起来交流探讨，有利于信息的分类整合和搜集。专题性论坛对于舆情监测工作有时具有更大的参考价值，如购物类论坛、军事类论坛、情感倾诉类论坛等，这些专题性论坛能够在单一领域内进行版块的划分设置，甚至把专题性直接做到最细化，这样往往能够帮助人们更便捷地获取相关类别的舆情信息。

此外，地方性论坛是论坛中娱乐性与互动性最强的论坛之一。地方性论坛能够更大限度地拉近人与人之间的距离，更可能影响到所涉地方的人心稳定。因此，在监测地方舆情时，要特别关注各省市级地方地域性论坛，地方网友的观点往往更具有代表性。

小贴士： 对于地方舆情事件、现象和话题，要首先监测分析地方网友言论，深入群众，抽取有价值的言论样本。而对于政府机构和大型企事业单位而言，舆情监测的对象在涵盖全国性与地方性、综合类网络论坛版块的同时，要特别关注相关行业、单位、企业的官方网站及其论坛、留言板等。

总之，网上论坛大都是相对稳定的，大多数论坛也由相对固定的网民群体组成。这些论坛中的帖文虽然话题较为分散，但它们从各个侧面反映了网民的思想动向与意见倾向。在某些重大事件发生时，许多论坛的讨论也会集中在这些焦点上，并与其他网络舆论渠道形成互动。

1.5.4　博客

博客也被称为"网络日志"，通常用于记载日常发生的事情和作者的兴趣爱好，目的在于把自己的思想和知识与他人分享、交流，对有关的社会热点和新闻事件、热点话题和现象发表个人评论等。

对于网络舆情监测工作者而言，对名人博客等具有较大影响力的博客的关注是舆情工作的一个重要内容。此外，就境外舆情工作而言，一些国外的博客用户也应成为关注的焦点。

1.5.5　微博

微博是微博客的简称，是一个基于用户关系的信息分享、传播及获取的平台，用户可以通过 Web 等各种客户端组建个人社区，以 140 字左右的文字更新信息，并实现即时分享。微博作为一种分享和交流平台，相对于更偏重梳理一段时间内的见闻、感受的博客而言，其更注重时效性和随意性。一方面，其即时通信功能强大，尤其是在面对一些突发性事件或引起全球关注的事件时，微博在实时性、现场感及快捷性上甚至超过了所有媒体；另一方面，微博重在表达发布者每时每刻的思想和最新动态，使得一些原本"沉默的大多数"网民找到了展示自我的舞台。

🔨 **小贴士：** 微博是典型的社交型媒体，其关注机制分为单向和双向两种：一方面，用户可以根据自己的兴趣偏好与对方发布内容的类别和质量来选择是否"关注"，并可以对已"关注"的用户群进行分类；另一方面，用户发布的信息越有吸引力、新闻性越强，关注者就越多，被"关注"数量是衡量微博影响力的重要因素。

微博曾一度成为我国网民获取新闻时事、人际交往、自我表达、社会分享及社会参与的重要媒介，成为社会公共舆论、企业品牌和产品推广的重要平台，成为政府和企业舆情应对的重要渠道。然而，自 2014 年 7 月开始，一种新的变化正在悄然发生。伴随着微信等即时通信工具的诞生，腾讯、网易等相继退出微博服务，微博逐渐开始衰落，在网络舆情中的影响力也相对降低，但由于其随意、快捷的多向互动模式，其并不会在短时间内淡出网络舆情的影响圈。

1.5.6　微信

微信是腾讯公司于 2011 年 1 月 21 日推出的一个为智能终端提供即时通信服务的免费应用程序。它支持跨通信运营商、跨操作系统平台，通过网络快速发送免费语音、视频、图片和文字信息等。微信具备公众平台、朋友圈、消息推送等功能。用户可以通过多种方式添加好友和关注公众平台，同时支持将内容分享给好友，以及将用户看到的精彩内容分享到微信朋友圈、微信群、微信好友等。

🔨 **小贴士：** 微信已成为我国国内最大的移动流量平台之一。众多网友已开始从微博的公众意见平台，转向更为私人化的微信朋友圈。微信用户的迅速增长使得移动互联网开始成为社会舆论的新信源。

目前微信的注册号主要分为两种：一种是普通网民个人账号；另一种是个人或企业认证的公众号。普通个人用户通过朋友圈的用户数量增长可以使微信变成小众甚至大众媒体，而一些公众微信号通过订阅和服务用户数量的增加，在影响力上更是具备了大众传播的属性。这一新的舆情传播平台的诞生，也带来了网络舆情传播的一些新特点。图 1-4 所示为微信舆情传播的特点。

随着微信舆论影响力的不断增加，这种影响力还在朝更加深入的方向发展。种种迹象表明，被认为信息传递私密但社会动员功能更强、用户数量也更为庞大的微信，已成为舆论引导和舆情监测的新阵地。

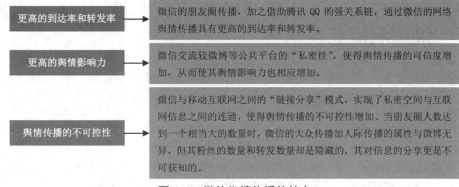

图 1-4　微信舆情传播的特点

1.5.7　视频平台

视频平台是指在完善的技术平台支持下，让互联网用户在线流畅发布、浏览和分享视频作品的网络媒体。视频平台在信息传播方面的主要特点如图 1-5 所示。

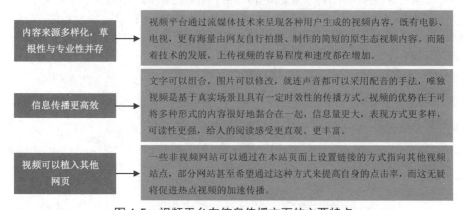

图 1-5　视频平台在信息传播方面的主要特点

实际上，随着智能手机拍摄录制功能的增强和普及，以多媒体形式存在的网络舆情信息越来越呈上升趋势。不仅上述视频平台，其余支持以多媒体形式传递网络舆情信息的网站同样应该引起网络舆情监测工作者的重点关注。

1.6　本章小结

网络舆情是网络信息化时代社会舆情的一种日益占据主导地位的、新的表现形式，它具有传统的社会舆情所不具备的特点。这些特点影响甚至决定了当前及未来舆情应用的方式、手段。本章对网络舆情的相关基础知识进行了讲解，完成本章内容的学习后，需要能够理解什么是网络舆情，以及网络舆情的特点和表现途径等相关内容。

1.7 案例分析——大学生哈尔滨打车被"宰"，当地快速响应获得认可

2019 年 12 月 14 日，6 名到哈尔滨旅游的广州大学生乘坐出租车花费 1100 元。根据路程估价，两辆车总费用应不足 300 元。15 日 15 时许，@哈尔滨发布通报称，市旅游部门致电表达歉意，并对几人先行赔付。同日，@哈尔滨发布表示，市交通运输局协同道里区交通局经调查核实，决定吊销涉事出租车经营权及驾驶员从业资格。17 日再次通报表示，将加大监管的执法力度，的哥发生重大服务治理事故将吊销从业资格。

从回应时效上来看，事件曝光次日，有关部门快速发布处置通报，有效稳定社会情绪，其后又接连发布两则续报，阶段性公开处置进展，有力压缩舆情发酵空间。从回应内容上来看，在通报中详细说明调查、赔偿、问责等工作情况，充分回应关切，满足了公众的知情权。从应对态度上来看，有关部门电话致歉当事人、启动先行赔机制，并由此举一反三，加大行业执法力度，展现维护消费者权益的诚意，也体现出维护当地旅游市场环境和形象的决心，总体获得认可。

哈尔滨市旅游部门反应迅速，在实际处置过程中兼顾线下线上。线下，安抚涉事主体情绪，并对财产损失进行先行赔付，有效避免舆情扩大；同时，追责相关人员，对同类行为予以震慑。线上，及时回应网络质疑，充分通报事件处置情况。市旅游部门致歉、先行赔付，一定程度上减少了该事件对当地旅游的负面影响。同时，有关部门快速、到位的追责给舆论留下了严管的正面印象。本次事件中，当地各部门处置及时、得当。

第2章 网络舆情的监测与搜集

网络舆情监测是对互联网上公众的言论和观点进行监视和预测的行为，这些言论主要为对现实生活中某些热点、焦点问题所持的有较强影响力、倾向性的言论和观点。通过网络舆情的监测与搜集，全面掌握公众思想动态，做出正确舆论引导，提供分析依据。本章将介绍有关网络舆情监测和搜集的相关知识，包括网络舆情监测的基本要素、网络舆情信息采集、网络舆情监测方法与工作流程、监测系统、监测机制等内容。

2.1 网络舆情监测的基本要素

网络舆情监测是网络时代的舆情监测活动，它以网络环境下的舆情作为监视和检测对象，借助专业的网络数据挖掘平台，以科学的方法采集舆情信息，搜集舆情数据，作为分析研判舆情的依据，进而及时发现网络上相关舆情的发生、发展、变化情况，服务于各类舆情需求主体。

📌 **课堂讨论：** 你认为网络舆情监测主要包含哪些内容？网络舆情监测的需求主体有哪些？

2.1.1 网络舆情监测的特点

网络舆情监测已经成为各类机构探知相关舆情的主要方式，网络舆情监测主要具有以下几个特点。

1. 信息存续性相对稳定

传统的舆情靠人际传播，口说耳听，辅以传统的文字、声音、图像形式，不方便保留，存续性较差。而网络舆情的存续性却相对稳定，人们发布在网络上的文字、图片和视频信息，能被较长时间地保留在服务器上，持续存在。

2. 信息可检索性强

借助专业的网络信息采集、分析平台，可以准确地检索到专题网络舆情信息，并进行以大数据为基础的分析研究。而传统舆情由于信息介质的局限性，很容易消失，无法进行大数据检索与分析。

3. 可信度高

网络舆情搜集的信息量大，可以直接作为分析的数据基础，舆情分析的科学性更强、准确度更高。而传统舆情的信息数据量有限，只能对数据抽样并结合典型个案进行分析。

2.1.2　网络舆情监测的优势

与传统的舆情监测方式相比，网络舆情监测显示了更多的优势，主要表现在如图 2-1 所示的 3 个方面。

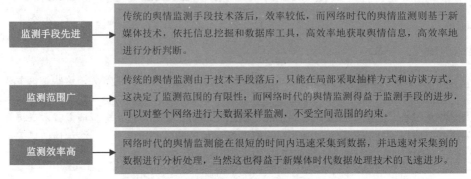

监测手段先进	传统的舆情监测手段技术落后，效率较低，而网络时代的舆情监测则基于新媒体技术，依托信息挖掘和数据库工具，高效率地获取舆情信息，高效率地进行分析判断。
监测范围广	传统的舆情监测由于技术手段落后，只能在局部采取抽样方式和访谈方式，这决定了监测范围的有限性；而网络时代的舆情监测得益于监测手段的进步，可以对整个网络进行大数据采样监测，不受空间范围的约束。
监测效率高	网络时代的舆情监测能在很短的时间内迅速采集到数据，并迅速对采集到的数据进行分析处理，当然这也得益于新媒体时代数据处理技术的飞速进步。

图 2-1　网络舆情监测的优势

2.1.3　网络舆情的需求主体

1. 党政机构

在我国，党政机关是掌管公共权力、具有公共事务管理职能的各类机构。作为网络媒体的应用者、受益者，党政机关已经普遍地把网络作为发布信息、塑造形象、开展工作的平台。

2. 企业单位

企业对舆情服务的需求来自多个方面：一是企业随时需要了解自己的产品或者服务在市场上的反应；二是企业随时需要知道竞争对手的市场表现；三是当有相关的突发事件发生时，企业希望掌握各方反应和评论情况，以便有的放矢地做好危机公关。

3. 社会组织

社会组织是指在民政部门正式注册登记的社会团体、民办非企业单位和基金会等组织的总称。

社会团体是指中国公民自愿组成，为实现会员共同意愿，按照其章程开展活动的非营利性社会组织。

民办非企业单位是指企业事业单位、社会团体和其他社会力量及公民个人利用非国有资产举办的，从事非营利性社会服务活动的社会组织。

基金会是指利用自然人、法人或者其他组织捐赠的财产，以从事公益事业为目的，按照《基金管理条例》的规定成立的非营利性法人。

4. 社会名流

网络舆情服务对个人来说也是十分重要的，尤其是政界要员，企业界、演艺界、体育界的明星大腕，凡是那些把公众影响力作为自己事业基础的知名人士，都十分注意自己公众形象的塑造。他们会在公关公司、经纪公司、专业舆情监测机构帮助下，获取公众舆论状况，一方面营造、扩大正面影响，另一方面则忙于对那些由负面舆情造成的形象损毁进行修复和再造。

2.1.4　网络舆情监测的不同要求

1. 侧重媒体热度

有的舆情需求主体想获知的是媒体对其所开展活动的报道热度。为这部分舆情需求主体提供的舆情监测服务，要全面反映媒体对其重要事项报道的数量，列出代表性媒体的报道在网络上形成二次传播的热度情况等。

2. 侧重负面信息

正面信息的传播与评论情况、负面信息的传播与评论情况都是网络舆情的组成部分。但有的舆情需求主体更侧重于对负面舆情的掌握和了解。多数情况下，人们都把舆情等同于负面信息和负面议论。

3. 侧重具体评价

有的舆情需求主体希望掌握的是网络上人们对某一事件的具体评论观点是什么。如果是肯定性评价，那么具体肯定了哪些方面、哪些环节，为什么会持肯定意见；如果是否定性评价，那么具体否定了哪些方面、哪些环节，为什么会持否定意见。

4. 侧重公众情绪

一起引发公众舆情爆发的事件发生后，公众主流情绪是怎样的？是高兴还是愤怒？是平静还是激动？是赞成还是反对？是喜欢还是厌恶？舆情需求主体在第一时间迫切想知道的是公众的情绪状态，以便判断社会公众的总体舆情态势，作为决策的参考。

5. 侧重具体案例

有时候，人们并不需要了解常规的、经常发生的舆情信息，而是希望着重对具有典型意义的舆情事件加以深入剖析，获知舆情发生、发展、变化的特点和规律，作为未来工作的参考。

6. 侧重舆情数据

当一个机构需要对某个时期的相关舆情做总体分析时，舆情数据就是一项重要信息。多角度、多维度的舆情数据搜集和整理，可以科学地呈现媒体和公众对某项工作阶段性的传播和评论的状况，间接反映出该项工作的进展程度，有助于舆情需求主体的总体把握。

7. 综合舆情需求

在多数情况下，舆情需求主体对舆情信息的需要是综合性的，希望了解的网络舆情信息涵盖了上述舆情类型的多个方面。当前，综合性舆情信息需求正逐渐成为舆情需求的主流。

2.1.5　网络舆情的监测范围

本书认为，对自然灾害、事故灾难、公共卫生事件、社会安全事件四大类突发事件都应该立即进行网络舆情监测。具体来说，对违背传统伦理道德的事件、重大治安刑事案件、突发公共事件、激进言论、集体上访、集体罢工、游行示威、群体斗殴事件、恶性社会事件、政治集会、民族冲突、宗教冲突、动乱等，相关部门及舆情工作人员都应该及时开展舆情监测工作。

案例　**司机性侵直播，非法直播乱象亟待重拳整治**

2020 年 6 月 11 日，微博网民"@ 巧克力翠翠杀"爆料称，6 月 10 日凌晨，一名为"besafe2020june"的网民在某地下直播 App 公开直播滴滴司机性侵女乘客的过程，视频时长21 分钟，包括与"受害人"搭讪、朝其喷"香水"（迷药）等。这一劲爆信息刺激舆情骤然升温，不少网民关联此前滴滴司机性侵、杀人等恶性犯罪，猜测涉事者"早有前科"，并呼吁警方介入，还有网民查出事发地位于河南郑州。当日 21 时，"滴滴出行"官微发布公告称已就此事报警。《新京报》调查发现，该直播平台疑为地下色情直播平台"某某直播"，记者已向国家网信办进行举报。

随着舆情继续发酵，更多媒体报道此事。在知乎、微博等社交平台上，多个医学博主、法医学者等从"迷药"喷射液体量、发挥起效时间等角度进行科普分析，质疑视频内容的真实性，不少网民猜测该事件系"自导自演"。

6 月 12 日 21 时 46 分，郑州市公安局官微发布案情通报，称此案系"夫妻二人以网约车司机迷奸女乘客为噱头公开进行的色情表演"，2 名犯罪嫌疑人已被警方抓获，均非滴滴司机。这条官方通报短短 1 小时内转发破万。网民直呼剧情"太荒唐、无下限"，呼吁"必须严惩""直播平台和打赏者也不能放过"。爆料者"@巧克力翠翠杀"向滴滴公司道歉，表示自己"好心办了坏事，愿承担法律责任"。

全国"扫黄打非"办公室也于 12 日通报调查结果，称此事件暴露出非法网络直播平台和网络主播为牟取非法利益，不断突破法律和道德底线，行为极其恶劣，必须坚决打击。此后，媒体关注转向该案背后的非法地下直播平台乱象。据封面新闻、中新经纬等媒体报道，"某某直播"被叫停，但平台主播已转战他处，涉黄直播仍在继续；这类地下涉黄直播平台极为泛滥，部分直播网站服务器地址还在境外，成为了法律的漏网之鱼。央视新闻"热评"表示，要依法全面查清涉案犯罪链条，并清理涉黄直播存在的温床。

6 月 15 日，据多家媒体报道，滴滴公司已向北京互联网法院递交起诉材料，追究涉黄直播平台和直播制作者、表演参与者的法律责任，账户"@巧克力翠翠杀"则因传播不实信息被新浪封号。截至 6 月 18 日 12 时，与本事件有关的媒体报道近 3 万篇，微博 35.1 万条，微信公众号文章 5437 篇。

舆情点评

近两年来，由滴滴司机实施的恶性犯罪案件时有曝光，不断加剧公众对滴滴平台和网约车司机群体的负面印象，以致一有类似事件冒头，舆论情绪就被唤起，进而群情激愤、同声挞伐。面对舆情，郑州警方火速出击、落地查人，仅用了短短一天时间就完成了破案抓捕、案情通报两步关键操作，让原本喧嚣的舆论场快速回归平稳有序，办案速度与力度获得网民称赞，因个案产生的舆情热度随后快速回落。

不过，本案的警示意义并非仅仅如此。据媒体调查发现，此类非法地下直播软件还有很多，其伤风败俗的色情表演严重冲击了社会公序良俗和道德底线。6 月 8 日起，国家网信办、全国"扫黄打非"办会同最高法、公安部等 8 部门启动为期半年的网络直播行业专项整治和规范管理行动。该案中的犯罪链条引发舆论探究，这也提醒政法机关，需加大执法司法力度、一查到底、严惩犯罪。一方面，针对滴滴公司已经起诉涉黄平台及直播相关责任人，法院在审理时可将案件社会影响、个案风向标性质等角度纳入参考，统筹做好案件审理和舆论引导工作，以此重塑社会良好风气；另一方面，对于网络传播淫秽色情信息等违法犯罪活动，公安机关还需持续严厉打击，并做好典型案例总结和案件普法，净化网络空间。

2.2 网络舆情信息采集

所谓网络舆情信息采集，即以舆情监测选题为牵引，通过各种渠道广泛查找、获取、存储舆情信息的过程。作为网络舆情监测的基础性环节，它主要涉及从哪里搜集、搜集什么、怎么搜集等问题，上述问题的解决在很大程度上决定着后续网络舆情分析研判的效果。

课堂讨论： 说说你所了解的网络舆情信息采集方法都有哪些？

2.2.1 网络舆情信息采集原则

茫茫的网络信息海洋中充斥着各式各样的舆情言论，真假混杂、新旧交替，那么在开展网络舆情信息搜集的过程中，到底应遵循什么样的原则，才能更好地满足后续网络舆情分析研判乃至处置应对的需求呢？

1. 快速反应原则

网络舆情信息是以网络为载体的网民心理意识，其产生、传播、消退的周期显著缩短，造成的影响却更加快速，具有时效性。如果未及时获取、掌握有关事态进展的最新舆情状况，则无疑会使后续的处置应对陷入被动当中。因此，同一般意义上的信息工作相比，网络舆情信息的搜集更追求时效性，要求搜集启动的速度要快、效率要高，能在较短时间内实施搜集和采集任务。

一般来说，舆情信息发表和公开传播之间的时间差越短，舆情信息的价值就越大；内容越新鲜，舆情价值就越大。在影响舆情事态发展的各种复杂因素尚处于量变而非质变阶段的情况下，应以搜集反映最新事态发展的舆情信息为主；而当社会环境、政策、资源、人物、地域等因素出现变化之后，则应根据需要分阶段搜集，以获取有关舆情事态发展的最全面、最完整的信息。因此，在舆情信息搜集的时间范围确定后，所有媒体和网络言论的采集都要注意其发表时间。快速反应原则对于舆情的处置应对至关重要。

2. 准确获取原则

准确获取是指采集到的信息是与选题高度相关的，是任务所需的，而不是不反映任何舆情或不具备任何参考价值的信息，更不是垃圾信息、广告信息。

网络舆情监测的目的主要服务于用户的需求，最终落脚点是能为用户的决策提供参考。这种决策既包括对事态的准确判断，也包括对事态应对策略、举措的制定。因此，在开展网络舆情信息搜集的过程中，必须重视所采集信息的准确性。这种准确性一方面体现在与用户关注点（利益、业务、所在地域等）的相关性上，不相关的信息即使再具有时效性和丰富性，也是无价值的；另一方面，这种准确性也体现在舆情信息的内容性上，需要尽可能搜集一些文字类的，能更准确、更具体反映参与主体情绪或态度的舆情信息。

3. 广泛覆盖原则

在论述网络舆情的主要特点时，前面曾提及网络舆情具有参与广泛性的特点，任何人只要使用网络，都可以参与到网络舆情的生产中来。网络舆情的这一特性同样要求网络舆情信息的搜集应注重样本的丰富性和信息来源的广泛性，也就是说，不仅要在数量上达到一定的要求，更要在观点的多样化上达到最大化。

一方面，不应仅局限于某一个网络平台，而应尽可能采集新闻跟帖、论坛、微博等多个渠道的舆情信息。因为不同的信息源往往拥有不同的固定用户群，不同的用户群的言论诉求又各有不同，因此注重网络舆情信息搜集来源的广泛性有助于提高舆情对策建议的全局性和可行性。

另一方面，对于同一个舆情问题，不仅要采集点击率、支持率高的舆情信息，一些少数派的网友观点也不应遗漏，更不能依照搜集者的个人喜好来开展筛选。广泛的覆盖度既有助于还原舆情态势的整体面貌，也有助于减少统计抽样与实际意见构成间的误差，从而提高舆情工作的现实参考价值。

因此，广泛覆盖性原则对于网络舆情的分析研判至关重要，以少充多必然会影响分析结果的准确性和客观性。

2.2.2 网络舆情信息抽样方法

所谓抽样，就是通过研究总体有代表性的部分（即样本）来获取该总体的某些特性信息。对媒体评论和网络言论的抽样质量和准确度，直接关系到舆情分析结论的可靠性。

统计学中的抽样方法种类很多，概率抽样类别中包括简单随机抽样、系统抽样、分层抽样、整群抽样和多阶抽样；非概率抽样中包括偶遇抽样、判断抽样、配额抽样和滚雪球抽样。

网络舆情监测对统计学中相关抽样方法的借鉴带有很强的选择性。一般情况下，网络舆情抽样中使用率最高的统计抽样方法包括概率抽样中的整群抽样和多阶抽样，还包括非概率抽样中的偶遇抽样和配额抽样，而其他抽样方式或由于实施条件无法保障，或由于使用范围窄，因而较少在网络舆情监测中使用。

网络舆情信息统计抽样方法的使用情况如表 2-1 所示。

表 2-1　网络舆情信息统计抽样方法的使用情况

类　型	抽样方法	网络抽样特点	使用率	备　注
概率抽样	简单随机抽样	等概率原则	低	常用于机构、地区监测
	系统抽样	确定抽样距离，等距抽样或机械抽样	低	常用于机构、地区监测
	分层抽样	按照职业年龄等划分层次，再分别简单随机抽样	中	注意分层标准
	整群抽样	化整为零，随机抽取部分小群体	高	精选权威人气论坛热帖
	多阶抽样	按照时间、隶属和地域关系划分层次，分阶段抽样	高	分时段抽样，时效性
非概率抽样	偶遇抽样	设有条件，概率不等，简单抽样	高	有条件抽样
	判断抽样	调查者主观选择	中	立意抽样，客观立场
	配额抽样	根据影响研究变量的各种因素来对总体分层后抽样	高	身份抽样，如意见领袖
	滚雪球抽样	言论样本少，全部抽样	中	言论少，全部收录

网络舆情抽样中使用率较高的抽样方法介绍如下。

1. 整群抽样

整群抽样又称聚类抽样、整体抽样、集团抽样，就是将总体按照某种标准划分为一些子群体，每个子群体作为一个抽样单位，用随机的方法从中抽取若干子群，再将抽出的子群中的所有个体合在一起作为总体的样本。

网络舆情的抽样统计中所使用的整群抽样方法是通常意义上的整群抽样方法的改良，因为子群的选取并不是完全随机的，通常会选取有一定代表性和影响力的子群作为研究对象。

例如，如果希望了解网友对某个社会热点案情的舆情，可能会选择新闻跟帖、论坛等媒体类型作为子群。我们显然无法对所有新闻跟帖、论坛进行样本统计，因而又会从这两个子群中选取具有代表性的新闻和论坛热门帖进行样本统计。

小贴士：　代表性主要考虑可供观察的数据是否丰富和充足，具体就是指回帖量、点击量是否达到一定的规模。

2. 多阶抽样

多阶抽样是根据实际情况将整个抽样程序分成若干个阶段，子阶段又分为若干次子阶段，以此类推进行抽样，从而完成整个抽样过程。其中，从总体中随机抽取一部分一阶单元，然后再从被抽中的一阶单元内随机抽取部分二阶单元并对它们进行全面调查的方法，称为二阶抽样。如果在被抽中的二阶单元中，再抽取部分三阶单元组成样本，并对抽中的三阶单元进行全面调查，就是三阶抽样。以此类推，就是四阶、五阶抽样，或者更多阶抽样。

小贴士：　当所面对的总体单元数很庞大，且分布范围很广时，采用多阶抽样方法能较好地缓解工作量大的问题，但同时也不难发现，抽样的阶数越多，抽样的误差也会越大。如何平衡精确度和工作量大小之间的矛盾，是在实际操作过程中应该注重把握的。

3. 偶遇抽样

偶遇抽样又称方便抽样或自然抽样，是研究者根据现实情况，以一定时间内、一定环境里所能遇到的或接触到的样本作为调查对象。简单而言，就是碰到什么就抽取什么。偶遇抽样的基本理论依据是，认为被调查总体的每个单位都是相同的，因此把哪些选为样本调查，其调查结果都是一样的。

在网络舆情抽样中，这种偶遇抽样方法被附加了一些条件，因此实际上是一种有条件的抽样方法。而这种条件依然有影响力和代表性，也就是偶遇到的样本是否是意见领袖的、是否是有一定点赞量、转载或评论的。因而，在网络舆情信息的抽样采集中，偶遇抽样方法实际上是建立在整群抽样或多阶抽样基础之上的一种次抽样方法。

4. 配额抽样

配额抽样又称定额抽样，是指研究者尽可能依据那些有可能影响研究变量的各种因素来对总体分层，并找出具有各种不同特征的成员在总体中所占的比例，然后依据这种划分及各类成员的比例选择调查对象。配额抽样的操作步骤如图 2-2 所示。

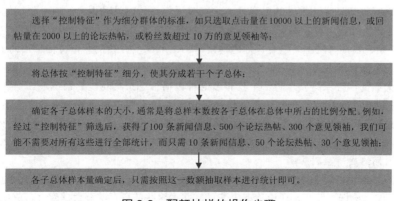

图 2-2　配额抽样的操作步骤

小贴士： 配额抽样适用于调查者对总体的有关特征有一定了解且样本数较多的情况，易于实施，且能满足总体比例的要求，但缺点在于容易掩盖不可忽略的偏差。

2.2.3 网络舆情信息的自动采集

目前，我国典型的网络舆情信息自动采集系统包括：谷尼互联网舆情监控系统、中科天玑网络舆情监测系统、军犬舆情监控系统、拓尔思网络信息雷达系统、红麦舆情监测系统、西盈网络舆情监测系统等。对于这些系统来说，网络舆情信息采集系统是其不可缺少的一个子部分。

1. 谷尼互联网舆情监控系统

谷尼互联网舆情监控系统以信息采集技术为核心，可实现互联网信息实时监测、采集、内容提取及排重。谷尼互联网舆情监控系统支持通过主题、关键词设定等方式的定题采集，也支持通过特定站点进行 URL 爬行和信息抓取的定点采集。

2. 中科天玑网络舆情监测系统

中科天玑网络舆情监测系统的网络舆情信息采集子系统也可实现实时、定向采集互联网新闻、论坛、博客、微博等通道的信息。对于采集源，系统提供媒体分类、舆情分类、通道分类等分类方式，用户也可以自行设定，或选择默认值（即全部采集源）进行全网全源采集。而对于主题对应的关键词，该系统支持多重设定，并通过逻辑语法实现组合关系。另外，因为是自动化采集系统，因而用户可以通过监控周期来限定自动采集的时间，在监控周期内系统将不间断自动采集相关信息，一旦超过监控周期的截止时间则会停止自动采集工作。

3. 军犬舆情监控系统

军犬舆情监控系统与中科天玑网络舆情监测系统都是中科院旗下公司开发的产品。军犬舆情监控系统采用的是"内置站点＋元搜索"的采集方式，该系统内部内置有 1.8 万个站点，另外包括 10 多个主流搜索引擎，其中就包括一部分境外涉敏网站和境外搜索引擎。

小贴士： 军犬舆情监控系统具有多语种舆情信息的监测功能，所监测的语种包括中、英、法、西、俄、朝、日和各种少数民族语言（包括藏文、维文、蒙文、彝文、朝鲜文等）。因此，军犬舆情监控系统在有效监测境外网络舆情信息上具有一定的优势。

4. 拓尔思网络信息雷达系统

拓尔思网络信息雷达系统的主要功能是实时采集目标网站的内容，对采集到的信息进行过滤和自动分类处理，最终将最新内容及时发布出来，实现统一的信息导航功能，同时提供包括全文检索、日期（范围）检索、标题检索、URL 检索等在内的全方位信息查询手段。

5. 红麦舆情监测系统

除军犬舆情监控系统外，另一个具有多语种舆情信息采集功能的系统是红麦舆情监测系统，该系统的一个突出优势是网络舆情信息采集子系统采用自主研发的网络爬虫系统与内置站点、元搜索引擎相结合的方式，内置站点和搜索引擎数量多，且可实现网站（包括外媒网站）改版的自动更新，但它所支持的语种数量比军犬舆情监控系统少。

6. 西盈网络舆情监测系统

西盈网络舆情监测系统的网络信息雷达系统通过定向采集与全网搜索相结合的方式从互联网采集新闻、论坛、博客、评论等舆情信息，并将这些信息存储至数据库中。该系统采用爬虫抓取和抽取入库异步运行的模式，因而比较合理地利用了系统资源，可实现分布式平行扩展。同时，由于内嵌了国内各大搜索引擎，不仅能实现简单的新闻、网页的采集，还包括论坛、贴吧、社区、微博等个性化采集，具备采集论坛跟帖、翻页采集和实时更新等功能。

2.2.4　网络舆情信息的预处理

无论是人工的网络舆情信息搜集还是自动化的网络舆情信息采集，所搜集到的信息最终都要经过一定的预处理，才能应用于后续的分析和研判。这些预处理工作主要包括筛选、分类和汇总。

1. 网络舆情信息筛选

舆情信息筛选工作一方面包括遵循舆情信息搜集原则进行再次筛查，看是否有过时、不相关的情况；另一方面，采集过程中关键词的设定及搜索范围的设定，可能导致文不对题、重复采集、歧义采集等情况，这些内容均应进行删除处理。

2. 网络舆情信息分类

通常，如果是同时针对多个舆情选题开展信息搜集，则需要在预处理阶段对所采集到的舆情信息按照主题（选题）进行分类存储，以便开展专题分析。此外，如果是针对单个选题开展信息搜集，则根据分析需求可进行各种次分类整理，如按照信息源分类、时间段分类、地域分类等，以便进行分类统计与分析。

3. 网络舆情信息汇总

网络舆情信息汇总即把经过初步筛选和分类的信息进行存储和归档。根据后续舆情分析的需求，这些舆情信息通常以 .txt 的格式储存。此外，还包括对所存储的信息进行适当的标签设置，所设置的标签越细致具体，越方便检索和归档管理。

2.2.5　网络舆情信息选取的技巧

在选取网络舆情信息的过程中，如果能掌握一些基本的方法和技巧，则可以更快、更准地发现重要舆情，起到事半功倍的效果。

1. 围绕重点、抓新时机

党和政府在每一段时期都会有一定的工作重点。作为从事网络舆情分析工作的人员，需要具备较高的政策理论水平，熟悉党和国家的各项方针、政策，紧密跟踪国家、社会、公众等各个层面发生的焦点事件，在此基础上才能准确把握领导关心的重点内容，抓住报送信息的最佳时机。

2. 聚焦热点、持续跟进

一些影响较大的热点事件，往往会引起社会舆论的持续关注。这种情况下，也需要持续跟进，密切关注事件的后续发展，发现新问题、新情况后要及时向上级部门报送。例如，2012年9月11日日本"购买"钓鱼岛事件发生后，中日关系话题成为舆论持续关注的焦点。再如，较长一段时间以来，网络信息安全问题一直是国际舆论关注的焦点话题之一，网络安全早已不是技术问题那么简单，它不仅关系到个人隐私和财产安全，更关系到国际网络空间话语权的争夺，关系到国家安全和民族命运。

3. 延伸思考、举一反三

网络舆情分析工作不能局限于已经发生的事件、已经暴露出来的表面现象，还要善于透过现象看本质，善于深入思考，对事件可能的发展方向、随着事态发展可能出现的问题做出合理预判，这对我们有方向、有重点地搜集舆情信息具有重要的指导意义。

例如，在地震灾害发生后，不能仅是泛泛地关注网上的报道评论情况，还可以对情况做出预判，重点搜集以下几方面的信息：①灾情信息，如人员伤亡情况、房屋倒塌情况、交通、通信、电力等基础设施受损情况等；②救援情况，如被困人员和伤员的救助、救援存在的困难、物资供应及发放、遇难者家属的心理治疗等；③次生灾害，如山体滑坡、泥石流、爆炸、毒气泄漏、放射性物质扩散、卫生防疫等；④其他舆情，如对官方和民间救援情况的评价、舆论对媒体宣传报道情况的议论、对地震原因的分析、对地震预测工作的讨论、对慈善捐款及相关组织的议论、有关地震的谣言等；⑤灾后恢复重建情况等。

对事件发展态势的预判，可以为舆情搜集工作提供明确的方向。当然，这需要我们在工作和生活中做个有心人，遇到事情时能够勤于思考，不断积累经验，分析问题时要做到思路开阔，举一反三，才能不断提高舆情研判能力。

4. 善于总结、挖掘关联

做好网络舆情分析工作，需要较强的综合研判能力，要善于从零散的个案中发现本质问题，挖掘事物之间的内在联系。如果在短时间内接连发生同类事件，其影响往往不会是每个独立事件影响的简单叠加，极有可能成为一种现象、反映一类问题，影响力也随之被放大。对于这种情况，则应该汇总相关情况，深入分析各个事件之间的共性与差异，把零散的个案上升到一种现象、一类问题的高度去加以研究，上报综合性、研究类的舆情信息。

5. 敢于创新、突出亮点

网络舆情分析工作不是简单地搜集整理网络信息进行上报，而是一项创造性的劳动，需要具有较强的钻研精神和创新能力。主要体现在以下两个方面。

一要勤于思考、思路开阔，选题要新颖。这需要我们具有敏锐的观察力和独特的视角，善于发现个别事件背后的深层次原因、可能产生的深远影响，能够及时地发现政治、经济、社会、文化等各个领域的新现象、新变化、新趋势，并找到恰当的切入点展开深入研究。

二要善于重新审视信息，从中挖掘亮点。正如苏轼用"横看成岭侧成峰，远近高低各不同"描述庐山变化多姿的面貌，事实上，大多数事务都有其多面性。具体到舆情监测工作中，表现为对于同一篇报道、同一个事件，可以从多个角度进行解读。这就要求我们思路开阔、敢于创新，从信息中发现最有价值的亮点。

案例 **"城管殴打配送员"短视频惹众怒，网络舆情迅速发酵**

2020年3月2日上午，一则"城管殴打配送员"的短视频在抖音、微博等平台流传，引发网民关注。视频显示，多名身穿制式服装的城管人员正在围着一名黄衣男子进行殴打。同日，据红星新闻报道，上传该视频的网民称，被打男子是其朋友，由于公司与当地社区有供菜合作，该男子在武汉市江汉区一小区外门店分拣配菜，但城管看到后"认为这是违法经营，也不听解释，上来就要收东西"。该报道还称，江汉区城市管理执法局一名工作人员回应视频内容属实，目前正在调查此事，有结果会及时公布。涉事城管被指暴力执法，网络舆情迅速发酵。

3月3日9时许，江汉区政府办官微"@两江交汇"发通报称，公安部门正在调查处置；汉兴街工委和纪工委对发生冲突的吕某某等3名城管人员予以辞退，对负有管理责任的汉兴街公共管理科相关负责人立案调查，如图2-3所示。当日，《新京报》采访被打的蔬菜配送员，其回忆称城管以"影响市容市貌"为由发生冲突，"我问特殊时期不能理解一下吗？他们说理解不了"。接警的派出所工作人员表示，被打者并未受伤，警方已介入调查。舆情在当日触顶后回落。

【关于"城管队员与经营户发生肢体冲突"事件的回应】3月2日，有网民在抖音和微博上发布视频和博文，称城管队员殴打配送店员。经核实，汉兴街疫情防控综合执法过程中，城管人员与正在营业的新湾路"阿拉家鲜生"果蔬店员发生肢体冲突。目前公安部门正在调查处置，待结果出来后及时向社会公布。汉兴街工委和纪工委对发生冲突的城管人员吕某某、蒋某某、李某某予以辞退，对负有管理责任的汉兴街公共管理科相关负责人予以立案调查。区纪委监委将依纪依规对街道相关负责人追责问责，绝不姑息。江汉区新型肺炎疫情防控指挥部要求各街道部门以此为鉴，举一反三，落实好疫情防控相关规定。

江汉区新型肺炎疫情防控指挥部
2020年3月3日

图 2-3　官方微博通报

红星新闻评论批评称，"这就是典型的没有执法温度，不问事由，不由分辨，不容转圜"；光明网评论指出，抬手就打、抬脚就踢的"执法手段"，即便亮出"防疫"旗号也解释不通。网民观点中，除了"城管暴力执法"这一高频词被反复提及外，武汉城管的"黑历史"再次被翻出，"前有锁建火神山施工车的蔡甸城管，后有打配菜员的江汉城管，武汉的城管这么牛的吗"等评论获得大量网民"点赞"。还有网民将城管群体"标签化"，评论称"城管连黑社会都不如""城管人员大多数是临时工，素质差"。另外，部分网民关联此前武汉市青山区小区居民反映社区物业造假等事件，直指武汉当地官僚主义、形式主义严重，亟需整改。还有少数网民不满官方处理，猜测"想甩锅临时工"。

截至 3 月 6 日 12 时，网络中与事件有关的媒体报道约 1800 篇，微信文章近 700 篇，微博中"# 城管殴打配菜员 #""# 武汉城管殴打配菜员 3 人被辞退 #"等微话题超过 3 亿次。

舆情点评

在武汉全市住宅小区实行封闭管理的特殊时期，一名保障市民生活的配菜员遭遇"暴力执法"，理由还是"影响市容"这种小问题，难怪有网民调侃称"执法制造舆情这种事，城管部门从不缺席"。此次舆情快速升温，归根结底在于执法者违法，滥用权力必然会引来舆论追打。面对舆论怒火，当地政府部门的处置工作十分迅速：事发当日下午，涉事单位通过媒体先行表态"会调查，及时公布结果"，表现出较高的舆情意识；距离舆情爆发不到 24 小时，江汉区政府兑现承诺，通报了相关责任人处分结果，推动舆情快速回落。总体来看，尽管还有"临时工背锅""处理偏轻"等猜测和不满，但官方处置基本上受到了认可。

2.3　网络舆情监测方法与工作流程

网络舆情监测是指依据重大突发事件的性质，对舆情进行直观判断，对现实社会舆情和网络舆情进行监控、监视和预测的行为，并对舆情的影响、走势做出判断。

✒ **课堂讨论：** 你认为网络舆情监测系统应该具备哪些功能呢？

2.3.1 什么是网络舆情监测系统

网络舆情监测可以使用系统软件来实现。"网络舆情监测系统"是针对在一定的社会空间内，围绕中介性社会事件的发生、发展和变化，民众对社会管理者产生和持有的政治态度在网络上表达出来的意愿集合，而进行的计算机监测的系统统称。

舆情监控系统通过对热点问题和重点领域比较集中的信息，如网页、论坛、微博、视频平台等，进行 24 小时监控，随时下载最新的消息和意见。下载后完成对数据格式的转换及元数据的标引。对热点问题进行智能分析，首先是对抓取的内容做分类、聚类和摘要分析，对信息完成初步的再组织；然后在监控知识库的指导下进行基于舆情的语义分析，使管理者看到的民情民意更有效，更符合现实；最后将监控的结果分别推送到不同的职能部门，供制定对策使用。

2.3.2 网络舆情监测系统的功能

网络舆情监控系统是利用搜索引擎技术和网络信息挖掘技术，通过对网络信息的自动采集处理、敏感词过滤、智能聚类分类、主题检测、专题聚焦、统计分析，实现各单位对自己相关网络舆情监督管理的需要，最终形成舆情简报、舆情专报、分析报告、舆情快报，为决策层全面掌握舆情动态，做出正确舆论引导，提供分析依据。

网络舆情监控系统的功能如表 2-2 所示。

表 2-2　网络舆情监控系统的功能

功　　能	说　　明
热点识别能力	可以根据转载量、评论数量、回复量、危机程度等参数，识别出指定时间段内的热门话题
倾向性分析与统计	对信息阐述的观点、主旨进行倾向性分析，以提供参考分析依据。分析的依据可根据信息的转载量、评论的时间密集度来判别信息的发展倾向
主题跟踪	是指针对热点话题进行信息跟踪，并对其进行倾向性与趋势分析。跟踪的具体内容包括信息来源、转载量、转载地址、地域分布、信息发布者等相关信息元素。主题跟踪是建立在倾向性与趋势分析的基础上的
信息自动摘要	能够根据文章内容自动抽取摘要信息，这些摘要能够准确代表文章内容主题和中心思想。用户无须查看全部文章内容，通过该智能摘要即可快速了解文章大意与核心内容，提高用户的信息利用效率。而且该智能摘要可以根据用户需求调整长度，满足不同的需求。信息自动摘要主要包括文本信息摘要与网页信息摘要两个方面
趋势分析	通过图表展示监控词汇和时间的分布关系及趋势分析，以提供阶段性的分析
突发事件分析	突发事件分为以下几种：自然灾害、社会灾难、战争、动乱和偶发事件等。互联网信息监控分析系统主要是针对互联网信息进行突发事件监测与分析，对热点信息的倾向分析与趋势分析，以监听信息的突发性

（续）

功　　能	说　　明
报警系统	报警系统主要是针对舆情分析引擎系统的热点信息与突发事件进行监听分析，然后根据信息的词语库与报警监控信息库进行分析，以确保信息的舆论健康发展
统计报告	根据舆情分析引擎处理后的结果库生成报告，用户可以通过浏览器浏览，提供信息检索功能，根据指定条件对热点话题、倾向性进行查询，并浏览信息的具体内容，提供决策支持

2.3.3　网络舆情监测的基本工作流程

网络舆情监测系统的基本工作流程如图 2-4 所示。

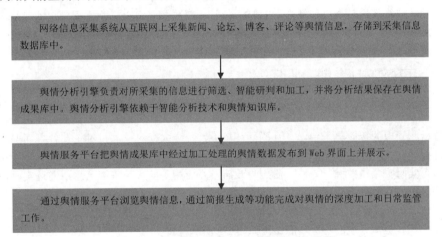

图 2-4　网络舆情监测系统的基本工作流程

案例　某网红直播间售假燕窝事件

2020 年 11 月初，有网友爆料"某网红直播间买到的燕窝全是糖水"，随后该网红在直播间回应称，燕窝没有问题，并现场打开燕窝进行固形物含量证实。同时表示，这是恶意诋毁和敲诈，将走法律程序以正视听。一时间，认为该网红售假及支持该网红的舆论声音形成激烈交锋。

11 月 19 日，职业打假人王某发微博称检测该网红所售燕窝为糖水，表示欢迎起诉。短时间内网红"糖水燕窝"的网络热度迅速提高，一方面舆论围绕着燕窝真假持续发酵，另一方面，燕窝营养价值、直播带货主播的宣传与选品责任界定也受到热议。

11 月 20 日，该网红方回应称已将产品送检，27 日，该网红回应燕窝事件并道歉：召回产品，退一赔三。加强直播带货监管的呼吁在舆论场中形成共鸣。

12 月 8 日，广州立案调查某网红带货假燕窝事件，23 日，广州市监局表示：带货方拟被罚 90 万。

舆情点评

在此事件中，网络舆论监督围绕假燕窝事件背后的直播带货下各种负面问题，在网络空间内引发不小的舆论风暴，网络舆论促使事件进一步发展，真相得到揭露，对于直播带货的行业发展和规范也提出一定的推动意见。

互联网聚集了庞大的监督主体，网民会将自己所看到、听到、接触到的不法行为通过微博、贴吧、网络论坛、朋友圈、短视频等互联网社交平台曝光、分享出来，并鼓励其他网友去补充、跟进和印证，这些多元的信息往往会还原出一个完整的事件真相，参与相关社会事件中的个体意见表达、线索搜集、信息揭露等行为，引起广大网民的关注和舆论声援，增加了信息的公开性，使得事件难以被掩盖和隐瞒，从而引起相关部门的重视，促使相关部门重视，继而采取相关的措施和手段对之加以调查取证惩处，有效地回应公众关切。另一方面，由于处理结果等信息也会在第一时间被公开，减少了事件被拖延的可能，提升了监督的效率。

网络传播的开放、交互、匿名等特点，决定了网络必然成为各种意见相互作用进而生成舆论的理想场所。然而，网络舆论是一把双刃剑，正面舆论会释放出积极能量；负面舆论会造成混乱。网络舆论"暴力化倾向""网络审判""群体极化"等现象都成为影响网络舆论监督的隐患。

2.4　网络舆情监测系统

网络舆情监测系统是政府机构、企事业等单位和个人在互联网和大数据时代进行舆情监测、分析和管理的智能化平台。在互联网环境下，社会大众对政府、对企业各方面的言论随时随地都在发生，舆情管理系统可以扮演政府和企业的"千里眼"和"顺风耳"。利用舆情监测系统可实时收集、挖掘、分析、研判与政府及企业相关的各种舆情信息，通过实时监测、舆情预警等方式提供给政府和企业领导做决策参考，帮助企业做到对网络舆情进行实时的监控和管理，真正做到知己知彼、游刃有余。

网络舆情监测系统的基本功能结构如图 2-5 所示。

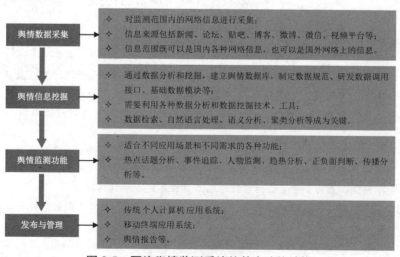

图 2-5　网络舆情监测系统的基本功能结构

2.4.1　互联网信息采集系统

互联网信息采集系统是舆情监测系统的基础功能子系统，该系统的主要目标是实现对各种互联网信息的抓取和简单抽拣。这是一个利用互联网搜索引擎技术实现有针对性、行业性、精准性的数据抓取，并按照一定规则和筛选标准进行数据归类，形成数据库文件的一个过程。

目前互联网数据采集采用的技术基本上是利用垂直搜索引擎技术的网络爬虫（或数据采集机器人）、分词系统、任务与索引系统等技术进行综合运用而完成。人们一般通过以上技术将海量信息和数据采集回来后，进行分拣和二次加工，实现网络数据价值与利益更大化、更专业化的应用。

小贴士： 网络爬虫是通过网页链接地址来寻找网页，即从网站的某一页面开始，读取网页内容并找到在网页中的其他链接地址，然后通过这些链接地址寻找下一个网页，这样一直循环下去，直到把这个网站所有的网页都抓取完为止。如果把整个互联网当成一个网站，那么网络爬虫就可以利用这个原理把互联网上的所有网页都抓取下来，从而实现国内外各种互联网信息的采集。

在网络爬虫基础上，互联网信息采集系统应该能够根据互联网发展情况做到功能扩充，适应对不同网络平台和不同网络内容的获取。比如支持大规模、分布式的数据采集，对不断变化的网站、新媒体网络信息进行采集，支持对文本、图片、音频和视频多类型内容的采集，能对"垃圾信息"（与舆情无关的信息）进行基本的过滤等。

2.4.2　舆情数据存储系统

舆情数据存储系统负责对各种舆情数据进行存储，包括存储互联网采集系统所采集到的各种原始数据、舆情分析和挖掘的中间过程数据、舆情发布和运营管理过程数据、用户使用行为数据等。

小贴士： 大数据时代，数据规模从 GB 级发展到 TB 级，甚至是 PB 级之后，传统的关系型数据存储方案难以很好地解决海量数据存储问题。为了解决这个问题，一些新的数据管理系统开始涌现，如并行数据库、NoSQL 数据管理系统、NewSQL 数据管理系统、云平台等。

新技术和新的数据存储方式，为网络舆情监测系统的数据存储提供了更好的解决方法，云数据管理是其中优良的解决方案之一。舆情监测系统的云数据管理是指享受舆情监测服务的客户无须在自己的计算机上，或者自己的公司安装舆情数据库管理软件，也不需要花钱建设自己的舆情数据管理集群，只需要利用舆情服务提供商提供的舆情数据库进行舆情数据的检索和应用。

之所以使用舆情监测云服务数据库，是因为云数据管理系统的优势是服务提供商可以弹性地分配存储资源，享受舆情监测服务的客户不需要自己创建整套的数据采集、存储系统，只需根据自己的实际需要定制并支付相应资源费用。这使得服务提供商可以根据数据体量和客户需求进行动态扩展或者缩减。

云数据管理系统的主要优势如图 2-6 所示。

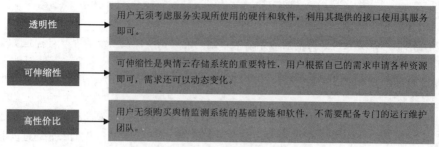

图 2-6　云数据管理系统的主要优势

2.4.3　舆情信息挖掘系统

数据挖掘一般是指从大量的数据中通过算法搜索隐藏于其中的信息的过程。数据挖掘通常与计算机科学有关，并通过统计、在线分析处理、情报检索、机器学习、专家系统（依靠过去的经验法则）和模式识别等诸多方法来实现上述目标。

舆情数据挖掘，简单理解就是从海量的舆情数据中找到政府机构、企事业单位等需要的价值信息，进行舆情分析、追踪和研判。

1. 聚类分析

聚类分析是用来在海量的数据中找到相似信息的一种数据分析方法。聚类分析的用途很广泛，例如在商业上，聚类可以帮助市场分析人员从消费者数据库中区分出不同的消费群体，并且概括出每一类消费者的消费模式或者习惯等。

在网络舆情监测系统中，利用聚类分析可以对相似和相关的舆情信息类别进行判断。比如网民当前讨论的话题都有哪些类别？在这些类别中，哪些是属于领导人不廉政的信息、哪些是属于客户投诉的信息、哪些是属于客户建议的信息？关于这些问题的各条信息之间有多强的相关性，各种报道信息的相似程度有多高等。

2. 分类分析

分类分析是在已确定分类的情况下，对各类信息进行分析，这里的类别是预先定义好的。分类分析是一种有监督的学习过程，事先知道训练样本的标签特征，通过挖掘将属于不同类别标签的样本分开，利用得到的分类模型，预测目标样本属于哪个类别。

小贴士： 分类分析常用的算法包括贝叶斯分类算法和决策树算法。其中贝叶斯分类算法是统计学分类方法，它是一类利用概率统计知识进行分类的算法。贝叶斯分类算法在很多场合下能被运用到大型数据库中，且方法简单、分类准确率高、速度快。

分类分析方法有助于在舆情监测系统中对舆情信息进行不同维度的分析，通过不同指标分析某个维度舆情对企业或政府或个人的影响，比如舆情正负面分类、舆情不同预警级别的分类、舆情排行榜分类等。

3. 关联规则

关联规则是另外一种机器学习方法，主要用于发现数据之间的联系。在舆情监测系统中，典型的应用场景是对舆情发展趋势分析和舆情的影响性判断：有哪些舆情危机会同时出现？喜欢发布和传播这种舆情信息的网民还会发布哪些相关信息？关联规则挖掘的目标就是寻找出数据之间的相互关联。

关联规则挖掘过程主要包含两个阶段：第一阶段必须先从海量数据中找出所有的高频信息组，高频的意思是指某一信息组出现的频率相对于所有记录而言必须达到某一水平；第二阶段再由这些高频信息组中产生关联规则，从而进行关联性分析和判断。

数据挖掘能力不仅是网络舆情监测系统的核心能力之一，同时也是对舆情监测系统可用性与可扩展能力的检验。

2.4.4　网络舆情系统的功能与管理

好的网络舆情监测系统不仅包括监测系统研发方在对舆情应用和管理深刻理解基础上开发的功能，也包括根据客户实现需求定制的功能。通过不同功能实现对互联网上海量舆情信息的监测、预警、处置和管理。

网络舆情系统的管理是指对监测系统的日常运行和维护、系统的配置和操作、系统数据的备份和管理、系统的应用培训等，这些都需要有专门的负责人和专业的人员支持。当然，良好的系统设计是提升网络舆情监测系统管理能力的重要前提，因此使用专业的网络舆情监测系统，是提高舆情管理能力的必要条件。

案例　　四川监狱掌握时机主动策划，助力抖音短视频火爆"出圈"

2021 年 8 月 4 日，四川省监狱管理局官方抖音账号"四川监狱"发布了一条 30 秒短视频，以"监狱官方 30 秒带你了解罪犯改造生活"为题，用镜头记录罪犯在监狱民警的组织下进行队列训练、法治教育、日常行为培养、劳动改造等服刑日常。图 2-7 所示为抖音账号"四川监狱"所发布的短视频。

图 2-7　抖音账号"四川监狱"所发布的短视频

该视频获新华社 B 站账号转发，"@四川日报"助力微话题"#30 秒体验监狱生活#"登上微博热搜，"@中国新闻网"等中央媒体官微接力传播，带动视频走红"出圈"。截至目前，话题"监狱官方揭秘罪犯改造生活"一度登上抖音热榜榜首，视频播放量破 2 亿次，点赞、转发及评论量累计达 1383 万次。另外，"@人民视频""@侠客岛""@小央视频"等主流媒体旗下账号自带话题助力传播，其中"@中国新闻网"主持的"#监狱拍视频介绍高墙内的世界#"单个话题阅读量超 8 亿次。

四川新闻网、人民法治网等评论称，该视频展现了监狱的真实一面，"标准化"已成为四川监狱的亮丽名片；微信公众号"大墙小警""狱警那些事"等自媒体发文点赞视频制作精良，宣传方式可圈可点，堪称"现象级事件"。大量网民关联吴某凡事件展开讨论，其中多数网民称该视频显示监狱"环境整洁""作息规律""生活充实"，颠覆其固有印象。

舆情点评

四川监狱此波宣传恰到时机，凝聚合力，迅速引爆全网。具体来看，一是"平台＋时机"吸引流量。四川省监狱管理局利用抖音短视频"短平快"的特点进行推送，借助平台进行流量引流，吸引受众第一波关注；官方微信利用图文优势对信息进行再加工，解读四川监狱不断提升监狱标准化、规范化、法治化建设的先进经验，微博、自媒体号紧随其后，"短视频"与"两微一端"形成合力，构建全网立体化传播框架。另外，吴某凡涉嫌强奸罪被刑拘事件，使不少网民对监狱生活产生好奇心理，官方巧借"热点"推出短视频作品，多角度展示罪犯改造生活，恰好契合受众需求，顺势"出圈"。二是热点再策划助推话题持续。四川监狱以热点话题为宣传导向，创作新品"15秒带你看监狱罪犯一周食谱"，常规栏目"莫富贵的高墙日记"也推出"带你看高墙内的世界"原创系列视频，同一主题内容话题叠加，持续吸人眼球，既达到普法效果，又提升了四川监狱的美誉度。三是良性互动把握正确导向。针对网民评论"好想体验"等"走歪"心理，"@四川监狱"实时留言强调"敬畏法律"，引导公众做守法公民。同时，设置专栏"张警官说狱事儿"，对网民关心的"曾经身为明星的罪犯在监狱里有特殊照顾吗？""罪犯在监狱不听话怎么办？""监狱的罪犯有双休吗？"等问题一一作答，在互动中传递出遵纪守法、公正廉洁的价值导向。

一直以来，监狱因为职能特殊、场地封闭等原因，显得相对"神秘""低调"，再加上个别影视作品和负面案件的渲染，导致监狱场所被"污名化"。这要求监狱部门既要积极发声，坚守"客观、真实"的"生命线"，占据舆论传播阵地，又要与公众建立网络对话机制，通过解答疑惑、以案示警等方式引导舆论。此外，流量只能维持一时，扎实的内容输出才是王道。监狱部门还需认真研究传播规律和受众心理，深耕内容创作，坚持守正创新，在寓教于乐中拉近与公众的距离，持续不断做好监狱形象宣传工作。

2.5　网络舆情监测的操作流程

互联网的快速发展，给人们带来便利的同时也带来不少负面舆情信息，这时网络舆情监测工作就发挥着它的作用，快速处理这些负面信息所带来的舆情危机，特别是企业或政府部门，影响极大。那么网络舆情监测的操作流程有哪些呢？

课堂讨论：说说你所了解的网络舆情监测的操作流程都有哪些？

2.5.1　设置关键词

开展网络舆情监测活动比较核心的一环是设置关键词。网络舆情信息的特征需要用关键词来描述，为了将符合某种特征的舆情信息集中提取出来，要通过数据库软件平台，对该信息的特征进行描述和限定。

关键词的设定和管理就成了舆情监测工作的一个关键。如果关键词设定准确，配置科学，那么所提取的数据准确率就高，舆情分析的结论就更接近真实状况；反之，所提取的数据准确率就低，舆情分析得出的结论与真实情况之间的差距就大。

用关键词描述网络信息的特征，就是要描述某类信息的标题特征和正文特征，即通过关键词设置，标示出含有某些关键词的标题和含有某些关键词的正文。

设置关键词需要注意以下两个方面。

第一，要设置好关键词汇，做到搜集全面，分类清晰，便于取用。

应注意对关键词的动态管理，当有新的事件发生时，或者当某类业务在实践中有了新发展、在政策层面有了新规定时，一般都会增加相关关键词。对于这些新增词汇，要及时归纳到关键词序列中去。

第二，要时刻做好关键词组合搭配的训练。

标示标题和正文的特征应分别使用什么关键词，标题特征与正文特征是"或者"关系还是"并立"关系，标题或正文中的关键词相互之间的逻辑关系究竟怎样设定，这些既有规律可循，又是灵活变化的。只有机动把握，融会贯通，才能把所需的舆情信息描述准确，尽可能多地命中有价值的信息，尽可能大地提高有效信息所占比例。

2.5.2　设置系统栏目

在舆情监测分析系统平台中，对于日常舆情信息的监督检测是以栏目形式呈现的。以栏目形式呈现，查看起来很方便。即便是舆情需求机构的非专业人员，也能很方便地通过栏目查看舆情变化。

设置系统栏目，是通过适当的关键词组合设置，把某一类别的信息集中呈现出来。系统平台栏目的设置需要遵循如图 2-8 所示的原则。

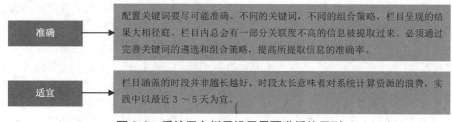

准确　配置关键词要尽可能准确。不同的关键词，不同的组合策略，栏目呈现的结果大相径庭。栏目内总会有一部分关联度不高的信息被提取过来。必须通过完善关键词的遴选和组合策略，提高所提取信息的准确率。

适宜　栏目涵盖的时段并非越长越好，时段太长意味着对系统计算资源的浪费，实践中以最近 3～5 天为宜。

图 2-8　系统平台栏目设置需要遵循的原则

2.5.3　设置专项事件

当一起比较重要的舆情事件发生后，人们往往希望对该事件的舆情最新发展状况和总体走势进行连续追踪，监测该事件舆情酝酿、扩散、平息的全程面貌，此时就需要在舆情系统平台中进行专项事件设置。

所谓专项事件设置，实质是在网络舆情监测系统中对某一事件进行的专题式舆情信息集中呈现，目的是方便舆情监测人员实时了解围绕该事件而在互联网上新增加的新闻报道、媒体评论、博客文章、论坛网帖、微博博文等网络信息。

2.5.4　发现网络热点

微博用户数量庞大，有数亿之多，网络舆情监测系统难以将所有微博账户均纳入监测范围。事实上，微博用户总数虽然庞大，但活跃用户一般只占一定比例。

因此，舆情信息数据推送机构采取的微博信息采集策略是，将活跃用户中最有代表性的那部分用户作为大数据样本，列为舆情监测对象。监测样本的数量一般为 1000～3000 万，这个数量足以反映微博平台的舆情动态。

2.5.5 敏感信息预警

舆情需求方一般会要求，对于那些关系重大的舆情信息，要在监测到之后尽快让其知晓。因此，一般的舆情监测活动都设置了"敏感信息预警"环节。

比较优秀的网络舆情监测系统一般都会有舆情预警功能模块。首先，用能够覆盖负面信息特征的关键词组合对"敏感信息"进行规定，网络舆情监测系统会将符合敏感信息特征的网络信息集中起来，并计算每条信息的转发频率。其次，网络舆情监测系统的预警功能模块与短信系统、电子邮件系统对接，当符合条件的敏感信息转发频率达到规定的数值时，该条信息便被通过短信、电邮的形式发送给信息接收者。

案例 "商丘学院学生虐狗"短视频引发舆情，警方积极处置获赞

2021 年 8 月 17 日，有网民发现有用户在小红书 App 上发布"小狗遭虐待后扔洗衣机"等视频，视频中一只柯基狗被放入洗衣机里搅动，还有人向镜头比耶炫耀，配文称"柯基的牙被拔了，眼睛及全身被打流血，又往它身上浇了很多热水"。有网民根据该账号此前的信息，扒出该用户疑为河南商丘学院的一名学生，该用户还曾发布多条虐狗视频。虐狗者的行为很快引起网民声讨。"@ 中国小动物保护志愿者""@ 为动保而战"等萌宠博主对视频相关信息进行转发，呼吁尽快找到视频中的柯基进行救助，同时希望通过"人肉搜索"的方式揪出虐狗者，并喊话商丘学院尽快调查给出答复。

8 月 18 日，"@ 极目视频"对此事进行报道并致电商丘市委网信办，对方表示已记录该情况。8 月 19 日，商丘学院一名工作人员向九派新闻回应称，根据图片、定位位置等各类信息判断，不能确定虐狗者是本校学生，校方已第一时间报警配合警方侦查，并认为虐狗者试图将公众注意力转移到商丘学院身上，目的在于掩护自己。当晚，虐狗视频开始更多地在微信、微博等社交媒体中广泛传播，中间还夹杂着一些呼吁动物保护立法的声音，舆论持续发酵。

8 月 20 日，多位知名演员为此事发声，舆论热度再一次攀升。有网民在微博发起"# 数万网友为洗衣机柯基应援发声 #""# 寻找洗衣机柯基 #"等话题，还制作了"寻找商丘遇难小柯基，民间在行动！"指南，有计划地组织网民在各个平台为事件增加热度。当晚，商丘市梁园区派出所一名工作人员在接受《新京报》采访时称已接到学校报警，但因缺乏准确信息，警方暂时无法立案。

8 月 24 日 20 时许，"@ 平安商丘"就此事发布情况通报。通报称，视频中的柯基主人为雷某某，由于当日其被柯基咬伤，遂气恼将狗放到洗衣机内搅洗 1 分钟后取出，其朋友李某某将过程录成视频并配文发布。两人均未实施网上所说的虐狗行为，小狗目前安好。警方已对雷某某进行批评教育，并对李某某依法做出行政拘留 5 日的处罚。针对警方的通告，多数网民表示认可，也有部分网民认为警方对一些细节问题交代不清，对当事人的处罚不足以儆效尤。截至 9 月 9 日 12 时，相关报道 481 篇，客户端文章 607 篇，相关微博信息 1.6 万余条。

舆情点评

动物保护类舆情是近年来比较常见的一种舆情类型，基本遵循"社交媒体曝光—公众集

体抵制—相关部门介入"的发酵路径，舆论情绪多呈现大众化、非理性化等特点，本事件也如此。舆情曝光后，包括动物保护人士在内的网民一致谴责施虐者，汹涌舆情很快对学校和当地政府形成倒逼之势。学校出面回应后，商丘警方随即做出积极处置，并多次回应媒体采访。在情况通报中，商丘警方不仅就施虐者的个人情况和整个事件过程及最终处罚结果做出说明，还表示涉事犬只安全，对网民情绪做出安抚，使得这起绵延数日的舆情事件最终平息。

随着社交媒体的发展，通过网络途径发布、散播虐待动物行为的事件也呈现增多趋势，仅 2020 年就曝出山东理工大学范某某、浙江警察学院教师王某某等虐待动物事件，严重冲击公序良俗，引出"人肉搜索"、人身攻击等网络乱象。另外，个别极端动物保护人士在获悉虐待动物相关线索后往往反应迅速，网络中的口诛笔伐很可能升级为现实生活中的暴力对抗事件，蕴藏较大的社会稳定潜在风险。政法机关需要掌握舆情应对的主导权，针对矛盾焦点进行回应处置，对此类事件中衍生的侵扰网络秩序等违法犯罪行为及时惩处，以降低舆情深度发酵风险，维护网络清朗秩序。

2.6　网络舆情信息的搜集

互联网信息的内容极其丰富，涵盖了政治、经济、社会、文化等方方面面。信息的来源也是多种多样的，包括新闻网站、论坛、贴吧、博客、微博、微信、社交网站等各种互联网应用。信息的质量良莠不齐，既有媒体、专家、网民等关于某一事件、问题的客观论述、真知灼见，也不乏一些虚假、恐怖、色情、暴力等不良信息。在海量的互联网信息中甄别出有价值的内容是网络舆情分析工作的起点。

✎ **课堂讨论：**　你认为应该从哪些方面进行网络舆情信息的搜集？

2.6.1　舆情案例的搜集

舆情案例是舆情需求主体以典型案例方式了解舆情特点、探究舆情规律的重要舆情信息形态。通过舆情监测系统平台中的"按热度排列"功能，能够发现某时段内传播热度相对较高的热点舆情事件，以此确定案例信息搜集的基本线索。

确定案例线索后，可以分别设置专项舆情事件，将数据库中有关该事件的信息集中呈现，然后搜集相关数据信息，包括舆情走势、信源结构、热点信息、舆情观点等。

2.6.2　舆情观点的搜集

可以通过以下几个方面进行舆情观点的搜集。

1. 到容易形成网友聚集热议的新闻网站搜集

新浪、网易、搜狐、腾讯、凤凰等主流商业网站，新闻页面和论坛无缝衔接，点击量大，因此，一些关注度较高的新闻信息往往在这些网站的新闻跟帖评论页面形成网友热议。在舆情监测系统平台中，利用"来源检索"功能，可以集中列出上述网站的相关报道，轻松找到发生网友热议的新闻。

这些网站通常列出获得支持（网友以"赞""顶""支持"等方式参与）较多的热帖，记录热帖观点和支持数量可以作为判断主流观点的重要依据。

2. 到具有代表性的微博账号下搜集记录网友观点的信息

在通过"专项事件"功能模块进行案例信息集中呈现时，与该案例相关的微博热点信息也相应呈现。借此可以选择那些有较大影响力的媒体微博、政务微博和知名人士微博，打开博文原始链接，从而搜集具有代表性的微博用户观点。

3. 论坛观点搜集

一些知名网站和一些地方论坛也是搜集网友观点的信息来源。尤其是一些举报性质的网帖通常会选择在这样的论坛网站发布，吸引论坛内的一些网友点击、转发和评论，形成相对集中的网友观点。这类观点的数量不一定那么大，但却能反映出举报信息发布之后舆情观点的初步状况。

4. 媒体观点搜集

对于内容比较重要、公众关注度较高的舆情事件，媒体经常会发布一些代表本机构立场的评论文章，形成各具特色的媒体观点。在搜集媒体观点时需要注意如图2-9所示的3个要素。

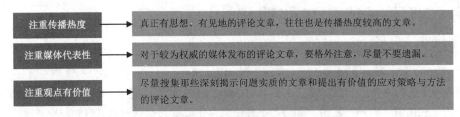

注重传播热度	➡	真正有思想、有见地的评论文章，往往也是传播热度较高的文章。
注重媒体代表性	➡	对于较为权威的媒体发布的评论文章，要格外注意，尽量不要遗漏。
注重观点有价值	➡	尽量搜集那些深刻揭示问题实质的文章和提出有价值的应对策略与方法的评论文章。

图 2-9　搜集媒体观点时需要注意的 3 个要素

5. 在线调查搜集公众观点

在线调查是迅速搜集网友观点的有效渠道。舆情监测机构既可以建设自己的在线调查网络工具，也可以利用第三方在线调查工具，甚至可以与影响力较大的网站合作开展在线调查。无论采用哪种办法，做好调查活动信息的推广扩散都是至关重要的，因为只有尽量广泛地宣传这个调查，并强调这项调查的价值，吸引足够多的人注意并踊跃参与，才能搜集到足够多的公众观点数据。

2.6.3　热词词频的统计

词频是指一个或多个重要词汇在一则或在一组信息中重复出现的次数。分析人员经常用词频统计数据来说明某文献对某问题重视的程度。在舆情监测与分析工作中，也经常用词频来呈现舆情的某方面特征。

热词词频在舆情分析工作中的基本意义是，能直观地表现媒体对某个词汇所代表的内容关注的热度。对与某项工作、某项业务、某个活动密切相关的词汇的词频进行对比分析，可以分析出该项工作、业务或活动的各个方面被媒体和公众关注程度的不同。

计算热词词频有两种思路：既可以统计网络信息标题中的热词词频，也可以统计正文中的热词词频。对两种思路统计出的词频数据进行对比分析，可以得出更准确的结论。

2.6.4　一般信息数量的搜集

一是搜集舆情监测分析系统平台中的相关数据。例如，每天的舆情信息总量，每天来自新闻网站、博客、论坛、微博的信息数量，各网站的相关信息数量，所涉及的机构列表，以及所涉及的人名列表等。这些数据在舆情监测系统平台中已经呈现，需要做的工作只是以适当的形式做好搜集和记录工作。

二是对偶发性数据的搜集。例如，在监测某舆情事件时发现，在某些新闻网站、论坛网站或者在微博平台上形成了热度较高的网友聚集热议，这就需要对网友参与人数、发帖数量、热帖支持热度等信息数量进行搜集整理，并以此作为重要的分析数据。

2.6.5　其他信息的搜集

根据实际需要，还有其他一些信息搜集工作。例如，有的舆情需求主体提出，要搜集国内各平面媒体对其某项工作的媒体报道情况。此时就要通过对舆情监测分析系统采集站点进行设计，专门针对国内各报纸杂志的数字版进行舆情信息统计。也有的舆情需求主体希望监测来自英文网站的相关舆情信息，进行信息数量的统计。类似的新需求是不确定的，但作为舆情监测分析服务机构，在技术平台、团队建设等方面要保持一种成长型的服务能力，以满足各种类型的网络舆情信息监测与搜集的需要。

2.7　网络舆情监测的工作机制

网络舆情形成迅速，对社会影响巨大，加强互联网信息监管的同时，组织力量开展信息汇集整理和分析，对于及时应对网络突发的公共事件和全面掌握社情民意具有重要意义。

课堂讨论： 你认为如何才能做好网络舆情的监测？应该采用哪些舆情监测工作机制？

2.7.1　日常值班机制

舆情监测工作具有连续性、不间断性的特点。网络舆情的发生是随时随刻的，在时间上没有固定规律。舆情监测工作为了适应迅速、及时的要求，必须建立日常值班机制，无论工作日还是节假日，应确保随时有人值班，随时了解最新网络舆情。

值班机制的基本要求是，排出值班表，明确值班者的责任，包括责任时间段、查看舆情监测系统平台的频率、了解相关舆情信息的操作流程等。为了督促和鼓励值班人员的责任心，应制定必要的检查、奖励、惩罚办法。

2.7.2　舆情预警机制

舆情预警主要是指舆情监测机构在侦测到比较重要的网络舆情信息后，及时报告给舆情需求主体，提示其相关情况，并建议应对的原则和策略等。

为了使舆情预警环节做得流畅、及时、有效，舆情监测机构应建立专门的舆情预警工作机制。该项机制的基本内容包括：一是全员强化预警意识；二是设置预警专员，专门负责；三是预警信息审核。

2.7.3　团结协作机制

舆情信息的搜集和整合特别需要团队协作，这是由网络舆情信息的复杂性决定的。从横向上看，舆情的发生是多线程的，舆情监测团队要在同一时间面临多个领域的不同舆情，而每个领域又可能同时有多个舆情事件发生；从纵向上看，每个具体的舆情事件都是在一个阶段持续酝酿、发展的，并在其进程中的每一个节点上涉及多个角度、多个方面的复杂信息；从信源上看，舆情信息分别来自新闻网站、论坛网站、博客、微博、微信等多种网络形态。

2.7.4　舆情会商机制

舆情会商有两种基本形式：一是常规会商，就是集中召开会议，会诊相关问题，研究解决办法；二是偶发性会商，就是根据实际需要，临时召集会议进行会商，所研究的问题一般是突然发生的，需要尽快提出应对方案。

舆情会商主要解决下列问题：完善监测系统平台功能、优化关键词、预估舆情发展趋势。

2.7.5　数据管理机制

在舆情监测工作中搜集到的各种舆情信息，统称为舆情数据。舆情数据具体表现为文字资料（如对事件、观点、人物、地点、机构等的描述信息，既可以是段落，也可以是目录索引）和统计数据（如用以呈现数量多少、比例大小、幅度增减、动态变化的数字类信息，根据实际情况，既可以是简单的列表形式，也可以是形象直观的图表形式，如柱状图、曲线图、饼状图等）两大类。

作为舆情监测和舆情信息搜集活动的成果，舆情数据是开展舆情分析的依据。所有舆情分析报告、舆情研判结论都是对舆情数据进行梳理、比对、判断、研究的结果。因此，舆情数据管理既是舆情监测活动的最后一个环节，同时也是非常重要的一个环节。

案例　从热点事件看短视频对网络舆情的影响

从目前发展趋势来看，短视频在以下3个方面的特征比较凸显，对互联网生态的影响更为直接。

1. 各类主流平台掀起跨界布局短视频热潮

随着媒介技术从4G向5G迈进，云计算、大数据、人脸识别等新技术与产业发展的紧密贴合，融合了文字、图片、音频、视频等多种元素的短视频已经逐渐成为当前信息传播的主要载体，越来越多的受众开始参与到短视频的制作和传播中来。据中国互联网络信息中心（CNNIC）4月底发布的《第45次中国互联网络发展状况统计报告》显示，截至2020年3月，我国短视频用户规模为7.73亿，占网民整体的85.6%。短视频发展一路高歌猛进，活力日益彰显，吸引社交媒体、电商平台和主流媒体入局。其中，短视频与社交媒体有着天然的融合属性，一边是以抖音为代表的短视频巨头试水做社交，一边是以微信为代表的社交巨头跨界短视频。主流媒体方面，典型代表如人民日报社、中央广播电视总台分别推出短视频平台"人民日报+""央视频"App，以及上海广播电视台的"看看新闻Knews"、《新京报》的"我们视频"等。

2. "10亿+日活"基本盘奠定流量基础

目前，国内居于头部阵营的短视频平台主要有微博、微信、今日头条、一点资讯等资讯类客户端;抖音、快手、微视、西瓜视频、梨视频等短视频直播应用,以及 B 站等二次元弹幕网站。其中,经过激烈的市场竞争后,抖音、快手已然占据头部的"双峰"地位。短视频总日活已经超过 10 亿,成为重塑媒体格局和舆论生态的重要力量。

3. 主流用户群体向青少年和农村倾斜

一是青少年群体。伴随网民的年轻化,短视频从一开始出现就受到青少年的青睐。目前,青少年用户已经成为各大短视频平台上数量最庞大的主流群体,由此衍生出用户沉迷、不良内容等影响青少年成长的问题日益引起社会关注。二是农村群体。随着短视频用户不断下沉,抖音、快手、西瓜视频等应用在农村的覆盖面较广。

风险研判

与图文信息相比,短视频更加深度嵌入社会生活,在各种平台巨大用户群体的加持下,给网络舆情带来新的表现形式。但是,短视频本身的碎片化、不完整、低门槛等缺陷,一旦叠加了自媒体过度娱乐化、流量至上、内容色情低俗等乱象,也会诱发舆情风险和隐患。

1. 舆情发酵的新"策源地"

在"随手拍""行走拍"十分普遍的移动端时代,短视频的现场感、即时性及连续性,使得网络信息的可信度得到有力"背书",因此,短视频成为网民表达关注和诉求的主要方式,网络舆情由此爆发。例如广西某视频博主发布视频称容县一精神病男子"锁妻"十余年,在微博舆论场引起轩然大波,公安、民政等部门即使介入处置也难免网民的"口水"围攻;抖音用户曝光江苏连云港某法院贴错执行人地址,面对当事人电话投诉,工作人员态度蛮横、拒绝道歉,惹来网民追打。

不容忽视的是,个别短视频用户通过编造、嫁接等手段制造"假新闻""假舆情"。典型如贵州咸宁的"虎啸龙吟"闹剧,7 月 2 日,抖音、快手等平台有人发布短视频称,咸宁县秀水镇大山里出现"龙叫",经过一些短视频平台的炒作,该消息由线上蔓延到线下,引发了省内外每天有数千人去凑热闹,当地政府为此不得不设卡劝返。经当地公安机关调查发现,4 名违法者将事发地视频添加类似所谓"虎叫""狼嚎"等恐怖音效,同时附带"秀水鬼叫""听鬼叫黑死人""叫了我都不敢听了"等文字内容在多个短视频平台传播。此外,如抖音上一段"女孩考上清华后跪谢父母"的短视频引发争议,各类短视频平台上层出不穷的"摆拍视频""假监控视频"问题也亟待进入平台管理者和监管部门的视线。

2. 舆情传播扩散的"主渠道"和"助推器"

短视频平台对舆情的传播、扩散、放大作用主要体现为 3 种情况。一种情况是指舆情事件在某个短视频平台出现爆炸式传播。这与信息传播权利下移有关,网络的去中心化意味着更多网民都是潜在的信息扩散出口,而短视频平台巨大的用户数量恰好能够为网络信息的"爆炸式"传播提供基础。一旦出现突发的、影响力大的事件,网民对信息获取的渴望变得尤为迫切,导致短视频平台上的信息出现井喷式增长。另一种情况是跨平台传播,舆情热点的传播路径更多的是跨平台、多平台的,既有传统媒体在短视频平台上的剪辑加工,也有社交媒体与短视频平台的联动传播,其结果就是一个热点事件同时成为多个平台上的热门话题,舆情也愈加复杂、充满变数。如江西曾某某落网的消息引爆全网,有关"政府门口举红旗庆功、家属愤愤不平"的短视频在抖音刷屏,警方遭到较多批评;而在微博舆论场上,现场视频中曾某某裤子被扒掉、被抓时面带笑容等细节引发网民关注,甚至衍生出警方故意羞辱嫌疑人、曾某某嘲讽警方等不良讨论倾向。在多平台信息聚合的压力下,警方不得不对这些舆论疑问做出回应。

第三种情况是,舆情由短视频平台发酵,在其他平台扩散后升级。典型如黑龙江初中生"钟某某"在抖音上模仿老师走红网络后，疑似其被约谈、视频被下架的消息在微博、微信、知乎、豆瓣等社交媒体上传播，不但刺激了模仿视频的进一步传播，也将"钟某某"系列话题推上微博热搜，引发舆论热议如何对待孩子使用短视频问题。

舆情建议

近期发生的一系列网络热点事件表明，短视频已经成为舆情发酵与传播的"标配"，将总体舆情的传播速度、热度及复杂程度都提升了好几个量级。对于舆情处置部门而言，这既是挑战，也是机遇。挑战在于，短视频的介入为新媒体生态内的网络舆情规律带来更多不确定性，想要及时发现、对冲敏感信息，相关部门必须尽可能多地进驻各大短视频平台，这在实践中具有较高难度。机遇在于，对于覆盖如此庞大的群体来说，政法机关或政务部门做好传播引导将会取得事半功倍的效果。如2020年6月份，湖南浏阳一名街道干部宣传禁毒工作，经过"浏阳日报"抖音号剪辑发布后，短短30秒内禁毒短视频播放量达1.4亿次，成为禁毒宣传的"现象级"产品。面对由短视频引发的负面网络舆情，下面提出3点建议，为相关部门处置应对提供参考。

1. 提高舆情敏感意识，迅速响应妥善应对

在新媒体时代，网络舆情爆发速度在加快，涉事部门的响应速度也必须跟上步伐，甚至要与谣言传信进行赛跑，官方只有快速提供有效信息，才能尽可能地压缩负面情绪发酵与传播的空间。因此，在短视频舆情大面积发酵之前，相关部门需迅速响应、妥善应对，防止信息向其他平台扩散，造成舆情升级恶化。此外，从源头管理角度来说，各地政府部门需在日常工作中加大对短视频平台的关注，增强自身对网络敏感信息的感知和发现能力，为后续工作争取主动权。

2. 联动公安网信部门，及时阻断有害视频传播

记录事发现场的短视频在网上热传，不但能够激起围观者的共情心理，凝聚谴责违法犯罪的共识，同时它像一把"双刃剑"，也会给受害方带来二次伤害，甚至影响办案机关工作。在广东老人被狗绳绊倒后死亡事件中，多数短视频传播者均未将老人被绊倒的画面打上马赛克，甚至还有个别视频制作者对画面进行了多次回放。在各种突发恶性刑事案件中，现场视频或监控视频的广泛传播则更为常见，特别是一些针对女性的恶性刑事案件发生后，个别短视频自媒体对受害者评头论足，导致"受害者有罪论"论调泛滥。近期，已有部分地方公安机关在警情通报中专门提醒网民不要传播与案件有关的血腥暴力视频，获得了舆论的支持和认可。这种做法值得推广和借鉴，官方部门有责任引导短视频平台和用户对敏感事件保持适宜的参与度，尤其是正在侦办调查的刑事案件，需要及时联系公安网信部门，查删有害信息，确保司法工作不受干扰。

3. 压实平台责任，加强对主流用户群体的宣传引导

在舆论环境日趋复杂的当下，热点舆情总会伴生舆论极化现象，非理性的情绪性的宣泄裹挟着更多群体的态度，影响更多用户的表达。短视频与其他社交媒体一样，基于算法与推荐引起信息茧房效应，能够触发舆论极化和舆论撕裂。如前文提及的，短视频正在席卷农村地区，深度影响青少年群体，而这两类群体法治素养和新闻素养较低，在辨识不良信息、虚假信息及违法信息方面具有一定的难度，容易被短视频"构建"的偏离主流价值观的极端情绪误导，可能会催生出线下的极端行为，给社会稳定带来威胁。特别是这两个群体的重合部分，即农村地区的未成年人，他们由于家长疏于管教，过早地接触甚至沉迷短视频。从这个角度来说，治理短视频平台上的虚假、违法信息，首先需压实平台责任，明确新闻事实和虚构创作的界限，如多数舆论在讨论虚假短视频时建议平台修改视频生产发布规则，加注视

频标签提醒；其次，官方需针对短视频平台内容生态进行深入研究，有针对性地开展宣传引导，培养公众的法治素养和理性心态，呵护未成年人健康成长。

2.8 本章小结

网络舆情分析工作的主要任务是"监测舆情动态、反映社情民意、吸取民间智慧"，为各级领导提供信息支撑和决策参考。完成本章内容的学习后，需要能够理解网络舆情监测的特点与原则，并掌握网络舆情信息的搜集方法，能够做好网络舆情监测工作。

2.9 案例分析——直播带货乱象频出，消费者需谨防"入坑"

近年来，直播营销成为一种新风尚，在活跃经济的同时，也给消费者带来极大便捷。尤其在新冠肺炎疫情发生后，消费者足不出户就能选择心仪的产品，从最初的食品、日用品，发展到汽车、房产，直播平台通过全方位营销理念，取得了巨大的效益。

然而，直播平台火爆的背后，行业的一些乱象逐渐暴露。从中国消费者协会发布的"双11"消费维权舆情分析报告看出，直播平台观看人数吹牛、销售数据"注水"和"影响力"指标造假等现象，已形成一条产业链。

同时，直播平台的恶意刷单、花式踢馆、虚假宣传、假冒伪劣产品也成为消费者投诉的重点，严重侵害了直播生态及消费者的合法权益。记者注意到，近期的多起明星带货"翻车"事件，让直播营销陷入信任危机。如何规范网络直播带货行为，防止消费者掉入直播营销陷阱，成为普遍关注的问题。

1. 直播带货维权舆情有哪些？

此次疫情给消费市场造成了较大冲击，同时也催生出了新的营销方式，直播带货就是其中之一。直播平台通过直观的推广模式，高效地拉近了商家与消费者的距离，也给从业者带来了巨大红利。然而，根据中消协发布的消费者维权舆情分析报告可以看出：

直播带货的"槽点"主要集中在 5 个方面：直播带货商家未能充分履行证照信息公示义务；部分主播特别是"明星主播"在直播带货过程中，涉嫌存在宣传产品功效或使用极限词等违规宣传问题；产品质量货不对板，平台主播向网民兜售"三无"产品、假冒伪劣商品等；直播刷粉丝数据、销售量刷单造假"杀雏"；售后服务难保障等。

分析报告显示，在 10 月 20 日至 11 月 15 日总共 27 天内，互联网舆情监测系统共收集"双11"相关"消费维权"类信息超过 1400 多万条，信息的内容也主要集中在直播带货、不合理规则两大方面。

中消协工作人员介绍说："恶意刷单、花式踢馆、虚假举报等同业竞争，也污染了直播生态。直播带货虽然火爆，但相当一部分只顾着聚流量、扩销量的商家，其实并没有相应的售后服务体系；商家、主播之间责任界定不清晰，遇到售后问题时互相'踢皮球'，进而引发消费者围观吐槽。"

此外，中消协指出，有的电商平台选择性推送优惠券精准杀熟，利用算法技术给不同类型的消费者数据"画像"，并量身定制更"懂你"的商品和服务，老用户看到的价格比新用户更贵，或搜索到的结果比新用户更少。中消协工作人员表示："不合并付尾款不能使用满减优惠券、不付尾款不能退款、付尾款必须熬到凌晨、'双11'当天不能退款等'硬规则'引发的无奈'吐槽'热度持续较长。"

从以上维权舆情可以看出，直播销售乱象五花八门，其中虚假宣传仍是问题高发地。在多起案例中，直播平台工作人员对产品的质量或者服务做出与实际内容不相符的虚假信息，导致消费者"入坑"，其通常表现为图文不符或者夸大宣传产品的功效。

值得注意的是，在庞大红利的环境下，许多明星纷纷入驻直播平台，在对产品质量或服务知之甚少时，大肆宣传，甚至运用"第一""限量秒杀"，以博人眼球，提高销量。针对明星带货，消费者往往出于信任选择购买其推介的商品，由此产生了系列问题。近期被中消协点名的明星"翻车"事件，已为从业者敲响了警钟。

其次，消费者购买劣质产品，遭遇退货难也是舆情关注的重点。现实中，一些商家并没有相应的售后服务体系，在遇到消费者退货时，不遵守规定，以各种理由拒绝售后、限制退货、拒绝退货等，导致消费纠纷频发。而根据消费者权益保护法相关规定，直播带货作为新型网络购物方式，应提供七天无理由退换服务。

业内人士提醒，直播营销仍是市场营销行为，应坚持诚信、合法经营的原则，提供全面真实的产品信息，依法依约兑现直播产品售后服务等承诺。而消费者在购买产品时，也应提高甄别能力，对于看似热销的产品不要盲目跟风，对于主播也不要盲目崇拜，理性地选择所需产品。

2. 监管部门重拳出击，规范直播行业

针对直播带货业态的发展状况，早在2020年6月，北京市消费者协会就发布调查结果，其认为该行业存在部分证照资质公示不到位、虚假宣传产品功效等问题。为此，法学学者及司法、市场监管等部门、协会的有关领导、专家，针对直播带货体验调查案例及有关问题进行深入研讨后，提出建议。

建议通过立法或制定行业标准等方式，进一步明确直播带货相关平台、商家与主播之间的责任划分，加大对平台、商家和主播等各方主体的监管和处罚力度。同时，建议进一步强化直播平台对直播带货行为的监督管理责任、对平台内经营者的审核义务及对消费者的安全保障义务。

同时，要强化监管责任划分与协同共治，监管部门以及平台与平台之间，也应该加强协作，共享信息。平台方面应积极配合监管部门工作，及时报送相关数据，协助监管部门及时制止违法行为。

值得注意的是，2020年11月6日，国家市场监督管理总局出台了《关于加强网络直播营销活动监管的指导意见》（以下称《意见》），明确网络直播营销活动中相关主体的法律责任，特别是明确直播营销活动中网络平台和网络直播者的法律责任和义务。

该《意见》分为3部分，首先要压实有关主体的法律责任，提出对网络直播营销活动中的网络平台、商品经营者、网络直播者的责任进行梳理和责任划分。一是明确直播平台要按照电子商务法规定履行电子商务平台经营者的责任和义务；二是针对网络平台应履行广告发布者或广告经营者的责任和义务；三是明确直播者应按照反不正当竞争法履行经营者的责任和义务。

其次是严格规范行为，保障消费者权益。该《意见》提出建立并执行检查验收制度，禁止发布未经审查的医疗、药品、医疗器械或特殊医学用途的广告。针对保障消费者选择权和知情权，对公示方面提出商品经营者通过网络直播销售商品或者服务的，应当在其网店首页显著位置持续公示营业执照信息、与其经营业务有关的行政许可信息，并向消费者提供经营地址、联系方式、售后服务等信息。网络平台应当为公示上述信息提供技术支持等便利条件。

第三部分，明确严格依法查处违法行为。其主要针对电子商务违法行为、产品质量违法行为、侵犯消费者合法权益、侵犯知识产权、不正当竞争、食品安全违法、广告违法、价格违法等八大重点违法行为。

该《意见》还提出加强与地方网信办等部门合作配合，对辖区网络平台、平台内经营者实行动态监测监管，及时发现虚假或者引起误解的欺骗、误导消费者的"直播带货"行为，提高网络直播带货专项整治的有效性。

第3章 网络舆情预警

网络舆情预警是通过对舆情信息进行挖掘、收集、分析、整理，对舆情的性质和走向做出判断，并对舆情是否需要采取有效的引导措施做出判断，提前进行预测、预警的行为。作为网络舆情分析人员，有必要提高信息预警能力，从而做好预警类舆情信息的报送工作。本章将介绍有关网络舆情预警的相关基础知识，并且对网络舆情预警的原则、要求，以及如何做好网络舆情预警的相关内容进行介绍。

3.1　网络舆情信息预警概述

体制深刻变革、社会结构深刻变动、利益格局深刻调整、思想观念深刻变化，各种社会矛盾碰头叠加，不确定、不稳定因素增多，各级政府维护社会稳定的压力依然很大。当前各级领导都高度重视维稳保障工作，突出体现在更加重视舆情信息特别是预警类舆情信息的报送工作。作为网络舆情分析师，有必要提高信息预警能力，从而做好预警类舆情信息的报送工作。

课堂讨论： 简单说说你所理解的网络舆情预警是什么？网络舆情预警都需要做哪些工作？

3.1.1　舆情预警的概念

在《辞海》中，预警中的"预"有"预先、事先"之意，而预警中的"警"则有"戒备"之意，舆情预警从字面上理解就是说，我们要在危机事件或潜在危险发生之前，充分收集危机相关信息，以提高警觉、做出预测、发出警报、预先戒备。联合国则把预警正式定义为：通过识别环境，为面临潜在风险的个体采取行动避免或者减少风险，以及为应对准备提供及时有效的信息。

舆情预警是指通过搜集相关的信息，运用逻辑推理和科学预测的方法、技术，对危机带来的影响和发展趋势做出估计与推断，并随时进行舆情监测，向社会和管理者发出确切的危机警示信号，使政府、企业和公众能够提前了解舆情发展的状态，以便及时采取相应的措施和策略，将舆情造成的损失降到最低。从概念内涵来看，舆情预警是以一系列的信息活动为基础的危机管理工作流程；从概念外延来看，舆情预警体现了政府或企业应对公共危机的各项具体职能。

就网络舆情分析工作来说，舆情预警的概念更狭义一些。具体来说，是指通过广泛搜集整理互联网上的相关信息，对信息做出推理与研判，向有关部门报送涉及国家安全和社会稳定的预警信息，使政府部门和公众能够提前采取相应的措施进行应对，从而将危险造成的损失降到最低。

　　根据网络舆情分析人员目前的工作需求，舆情预警工作搜集报送的涉及国家安全和社会稳定的信息主要包括如下几方面内容。

　　（1）涉及暴力恐怖袭击，严重危害国家安全和人民生命财产安全的信息；

　　（2）敌对势力进行的或者煽动内地民众进行的以颠覆国家政权为目的的活动类信息；

　　（3）易引起群体性维权上访的各类社会风险点信息，特别是特定利益群体的苗头性情况；

　　（4）易向社会蔓延的重大群体性事件预警性信息，特别是涉及重大公共安全事件、紧急突发事件、涉及民族、领土问题等的群体性动向；

　　（5）易消蚀党和政府公信力的社会性事件的动向性信息，特别是涉官、涉法、涉警、涉富、涉法、"官二代"、"富二代"等的信息；

　　（6）易引起社会动荡和不安的谣言类信息；

　　（7）涉及重大自然灾害、生产事故、公共卫生事件的信息。

案例　水氢汽车曝光引群嘲 政府人员甩锅媒体报道被指卸责

　　2019 年 5 月 23 日，河南当地媒体《南阳日报》报道称，水氢发动机在南阳下线，意味着车载水可以实时制取氢气，车辆只需加水即可行驶，市委书记考察后点赞。这一消息引发舆论围观，多数网民认为是此前"水变油""巴铁"等骗局的重演，还有不少人调侃"这么多年化学白学了"。有专家接受媒体采访时指出，"加水即可行驶"的说法有违能量守恒定律，系噱头，实际为氢能源电池提供动力，但技术尚未成熟。

　　5 月 24 日，舆情全面发酵。上游新闻进一步报道称，南阳市政府 2018 年与涉事企业青年汽车签订合作协议，青年汽车的南阳项目总投资 83.16 亿元，其中南阳市政府平台出资 40 亿元。"政府注资 40 亿"刺激舆论神经，媒体转载中突出"40 亿"相关字眼，网民纷纷指责政府"愚蠢"，被山寨公司"骗财"。部分媒体挖出青年汽车涉及多起债务纠纷、曾因骗补被工信部处罚，以及董事长庞青年被列为"老赖"等"黑历史"，涉事企业及南阳市政府被推向舆论风口浪尖。

　　当日，《新京报》等媒体记者就此事采访南阳市有关部门，相关人员先是语焉不详，市委宣传部工作人员表示"事件不清楚，正在了解中"，市交通局则称"（水氢汽车）是公交车，具体没开过"。之后，南阳市工信局相关负责人做出正面回应称，项目仍处于研发阶段，系报道用词不当，信息发布不准确导致误解。这一回应引发吐槽，舆论批评政府遇事卸责，"岂能让记者背锅？"

　　据澎湃新闻等挖掘，2019 年，南阳市公交公司曾向南阳市政府与青年汽车共同投资的南阳洛特斯新能源汽车有限公司采购了 72 辆氢能源公交车，单价为 120 万元，成交总金额达8640 万元。但公交公司工作人员却表示，南阳市没有氢气站，这些所谓的氢能源公交车平常充电后使用。此后，舆情进一步扩大，水氢汽车是否真实可用，南阳市政府与青年汽车之间又存在怎样的利益勾连？舆论质疑的矛头再次指向当地政府部门。

　　5 月 25 日，新华社发文"三问"水氢汽车："车载水解制氢"技术是否可以实现？政府是否投入巨资？企业是否存在严重失信问题？并发布调查报道《"水氢发动机"来了？当地企业政府这样说》，南阳市工信局、发改委等相关负责人接受采访，对事件进行说明，并解释称水氢汽车仅为"样车"，政府未投入 40 亿元。

　　5 月 26 日，南阳市高新区管委会就高新区与青年汽车项目合作相关情况进了正式说明。关于"车载水解即时制氢氢能源汽车"技术情况，管委会表示相关技术已取得相关专利，但定型量产还需要进一步改进完善。说明还简述了高新区与青年汽车的合作情况，并再次否认

40亿元投资，称项目尚未立项、没有实质性启动。27日，工信部回应称，"未收到相关公司该车型的产品准入申请，该车型未获得产品公告。按照相关法律规定，这款车型不能生产销售和上路行驶、不能申请新能源汽车补贴"，为这场沸沸扬扬的闹剧做出定论。截至5月30日12时，相关媒体、网站文章约5万篇，微博近15万条，微信公众号文章1万篇。

舆情点评

官方一系列回应在一定程度上消解了公众疑虑，舆论开始跳出个案，反思该事件暴露出来的深层问题。

3.1.2　舆情预警的意义

当前，伴随着以物联网、云计算、智能终端等为代表的新一代信息技术的蓬勃发展和以微博、社交平台、短视频平台为代表的创新应用的日益普及，我国互联网行业呈现良好发展势头。与此同时，互联网在经济社会发展过程中的"双刃剑"作用日益凸显。一方面，各行各业的互联网化趋势加快，互联网正成为推动生产生活方式变革和经济社会发展的重要力量。同时网民借助互联网平台积极参与政治生活，发挥着民主监督、网络问政的积极作用，互联网已成为党和政府了解民意、汇集民智、关注民生、化解民怨的重要途径之一。另一方面，互联网因其开放性、匿名性、信息传播的即时性等特点对社会稳定构成的挑战与日俱增，已经成为各类涉稳事件的催化剂和导火索，各类涉稳信息和谣言信息的主要传播渠道。及早获取前瞻性的预警信息，将有助于各级政府维护国家安全和社会稳定，妥善应对网络舆情和处置群体性事件，妥善处置自然灾害、生产事故等重大突发事件，提升政府公信力和政府形象。可以说，信息预警工作对于各级党委政府加强社会管理具有重要意义。

1. 做好舆情预警工作有助于维护国家安全和政权稳定

网络安全包括意识形态安全、数据安全、技术安全、应用安全、资本安全、渠道安全等方面，政治安全是根本。境外敌对势力除了以"网络自由"为名，不断对我国进行攻击污蔑、造谣生事，试图破坏我国社会稳定和国家安全，还将互联网作为渗透破坏的主要渠道，主要表现在以下几个方面。

一是敌对势力利用互联网对我国境内进行组织渗透。"台独""藏独""疆独"等分裂势力把网络作为反华渠道，建立网站和专门机构，制造和利用网络谣言，对社会热点和敏感新闻进行恶意炒作，散布反动言论，制造事端。一些邪教组织利用网络进行各种反社会、反科学、反人类的破坏活动。一些敌对势力还将互联网作为秘密渠道吸收成员，图谋建立有行动力的网络组织。

二是境外敌对势力和境内分裂分子勾结串联策划活动。境内外敌对势力分裂分子以网络信息技术为依托，在网络舆情中进行策划、组织和串联，使一些群体性事件造成甲地骚乱、乙地声援、丙地联动的情况，朝着规模更大、危害更严重的方向发展变异，给国家、社会、人民带来严重的损失和危害。

案例　　境内外勾结企图颠覆国家政权

肃某长期在云南某学校工作，多次在网上发表反动文章。2016年，肃某通过网络结识了身在境外的某敌对组织骨干成员。随后，该骨干成员入境成都，与肃某密谋策划通过开展暴力行动颠覆我国国家政权，妄图改变中国政治制度。

肃某和该敌对分子商定，先从境外采购武器，再在国内招募所谓"敢死队"，于2017年春节期间在云南昆明袭击派出所，并抢夺驻军弹药库，实施断水、断电及纵火行动。若行动成功，肃某将通过网络媒体公布他草拟的政治诉求；若行动失败，则想办法撤退到境外。

肃某将他们的行动命名为"中国班加西工程"，并开始了积极的准备工作。他建立了多个微信群进行指挥协调，指使人员赴云南考察边境路线，赴境外与敌对分子见面，商议武器和资金事宜。令肃某和其同伙没想到的是，这些准备工作早已进入了国家安全机关工作视线，在暴力行动实施前，他们就被全部抓捕归案。

此案是一起境内人员与境外敌对分子勾结，妄图暴力颠覆我国国家政权的典型案件。国家安全机关的侦查破获，有力打击了不法分子的险恶用心，有力维护了国家政治安全。2019年 4 月，四川省成都市中级人民法院对此案依法进行宣判，认定肃某犯颠覆国家政权罪，肃某当庭表示认罪悔罪。

舆情点评

维护国家安全，不仅是专门机关的职责，更是每一个公民和组织的义务。让我们携起手来，贯彻落实总体国家安全观，大力加强全民国家安全教育，不断提升全民国家安全意识，努力形成维护国家安全的强大合力，为全面建成小康社会、实现中华民族伟大复兴提供坚强保障。

🖊 **小贴士：**　对于涉及国家安全和政权稳定的信息，网络舆情分析师应该做个有心人，时时刻刻加以留意。如果监测捕捉到相关的有害信息，应该第一时间上报，为有关部门做出舆情预警，从而为维护国家安全和政权稳定贡献出自己的一份力量。

舆情预警工作对于维稳反恐工作取得根本胜利也具有突出意义。要做好维稳反恐工作，舆情预警工作可以说拥有不可替代的作用。在互联网海量信息的支持下，经过前后联系、内外联系、关联分析等综合分析研判，从中发现规律性、预警性、爆发性的预警信息，从而为维稳反恐斗争提供坚实的第一手资料，为领导科学决策提供可靠的依据。

2. 做好舆情预警工作有助于维护社会稳定

随着近年来互联网特别是移动互联网的快速发展，微博、微信、短视频等移动互联网新应用一方面改变了舆论的生态，另一方面由于"把关人"角色的缺失和弱化，其产生的负面影响也越来越大。一些情绪性、发泄性的言论加上部分网民的盲从与冲动，使网络冲突与群体性暴力事件日益突出，给社会稳定带来严重挑战。

现实社会中部分看似简单、孤立的社会事件经过网民的大量参与后，容易形成群体性情感共鸣，在短时间内引发群体性事件。如在官民冲突中，部分网民会在对事件"受害者"产生同情的同时积聚对政府的不满情绪，一旦有网民从中进行煽动，极易爆发大规模的官民冲突。这类突发群体性事件往往具有规模大、破坏力强、社会影响恶劣等特点，给政府处置和社会稳定带来困难。

除此以外，互联网在群体性事件中还起到了动员手段的作用，在一定社会背景下形成的网民群体为了共同的利益或其他相关目的，利用网络进行串联、组织，并在现实中非正常聚集，扰乱社会正常秩序，乃至可能或已经发生影响社会政治稳定的群体暴力事件。

🖊 **小贴士：**　互联网即时性、互动性、多元化等信息传播特点，改变了传统的动员模式。论坛、博客、QQ、微博、社交网络等互联网新应用，以及手机短信、微信、短视频等移动互联网新技术成为突发群体性事件动员的重要工具，在社会政治动员过程中发挥着重要作用。

加强群体性事件舆情预警工作，做到早发现、早化解、早处置，变被动为主动，对于政府有效防范或者最大限度减少群体性事件造成的损失，维护社会稳定具有重要意义。

事实上，大多数群体性事件都有一个较长时间的酝酿、积累、发展到激化的过程，都存在一些征兆、苗头。因此，在群体性事件预警活动中，信息情报部门应全面收集并综合研究可能引发群体性事件的苗头性、预警性、前瞻性、动态性预警信息，做出科学、正确的判断，灵敏、准确地发现群体性事件爆发的苗头、前兆。这样，就能对可能出现的群体性事件做出科学预测和预警，进而预防事件的发生，或降低处理群体性事件的社会成本。

案例 南医大女生被杀悬案告破，警方"两个及时"抓住舆情主动权

2020 年 2 月 23 日 22 时 49 分，南京市公安局官方微博"@平安南京"通报称："1992 年 3 月 24 日发生的原南京医学院女生林某遇害案的真凶麻某某，被南京警方于 23 日凌晨抓获。目前案件正在进一步侦办中。"图 3-1 所示为"@平安南京"发布的警方通报。

28 年前的悬案一朝告破，迅速在网络和社交媒体引发传播，不少网民积极点赞南京警方锲而不舍的追凶行为，同时表示希望能公开破案细节。值得注意的是，有部分网民误认为是另一旧案"南大碎尸案"被侦破，在转载警情通报时深切表达感慨之情。

2 月 24 日，网络讨论热度进一步攀升。当日早上，社交媒体流传一篇文章称遇害女生林某的师兄掌握了 DNA 样本并发动校友比对一步步发现嫌疑人，推动了破案。不少网民对该说法信以为真，也有网民希望警方能公布更多真相。媒体开始深挖案件相关细节，如《新京报》称警方通过 DNA 手段取得了案件突破；红星新闻提及案发后遇害者父母每年都到办案机关打探进展；《现代快报》则在报道中披露了犯罪嫌疑人麻某某的职业背景。

当日中午，"@平安南京"对此发布辟谣帖，回应称网传的"师兄破案"说法不实，如图 3-2 所示，网民留言中多为批评造谣网帖故意抹杀警方作为，并对警方工作表示认可。

图 3-1 警方发布通报

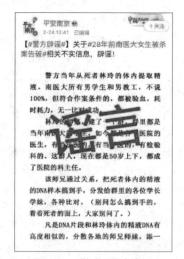

图 3-2 警方及时辟谣

当日下午，南京市公安局召开新闻通气会，介绍案件侦破详情，并公布了现场抓捕视频。大量网民留言呼吁严惩凶手，当日微博话题"#28 年前南医大女生被杀案告破#"阅读量突破 10 亿。"南大碎尸案"遇害者家属也表示关注此案，并称"不放弃破案希望"，再次引发网民对这一旧案的讨论。

此后，舆情开始趋缓，媒体报道主要集中在 3 个方向。

一是关注此案的追诉时效，刑法专家表示，此案虽然超过20年诉讼时效但仍可追诉，需要报请最高检批准。

二是关注此案中现代刑侦技术的深度运用，人民网等媒体指出，此案侦破中运用了DNA检验的重要手段——YSTR家系排查，甘肃"白银案"的破获也与之有关。

三是对嫌疑人个人经历的挖掘，澎湃新闻、《扬子晚报》等媒体则转向对麻某某生活经历和家庭背景的报道。

截至2月28日12时，与该事件相关报道1200余篇，相关微博20余万条，微博话题阅读量近13亿次，微信文章近4000篇。

舆情点评

南医大女生遇害案告破之所以能在短时间内引发高度关注，除了悬案本身的热度，还与警方工作有着非常密切的关系。一方面南京警方28年来从未放弃追凶办案，坚持不懈的精神感动了广大网民；另一方面，此次破案利用了DNA检验等现代刑侦技术手段，在吸引眼球的同时，也让舆论对其他未破大案充满期待。

该案舆情反馈正面，南京警方的舆情引导措施值得肯定。

首先，及时发布破案通报并召开新闻通气会答疑解惑。23日晚间，南京警方在抓获嫌疑人当天就发布通报，交代了案件破获的初步情况，这一举措避免了其他来源抢先爆料导致警方被动的尴尬。24日舆情集中发酵后，南京警方在当日下午立即召开新闻发布会，通报案件破获的细节，并对舆论关心的问题进行解答，充分保障了公众的知情权。

其次，及时辟谣拉回舆论视线。警方破案通报发出不到12小时，关于案件破获细节的谣言就流传于社交媒体中，"师兄破案"的说法不但掩盖了办案人员的辛苦付出，也给舆情带来混乱，有损刑事侦查的严肃性。为此，南京警方在几小时内做出澄清回应，经过随后召开的新闻通气会的佐证，网络谣言的负面影响很快消散。

总体来说，当地警方通过及时开展信息发布和舆情应对，掌握住网上舆论引导的主动权，进一步提升了司法为民的正面形象，为此类旧案告破后的舆论引导工作提供了经验参考。

3. 做好舆情预警工作有助于政府突发公共事件的应急处置

突发公共事件的应急处置工作离不开及时、准确的舆情预警工作。舆情预警工作是政府做好应急处置工作的前提、核心和保障，在整个应急处置工作过程中具有先导作用，具体表现如图3-3所示。

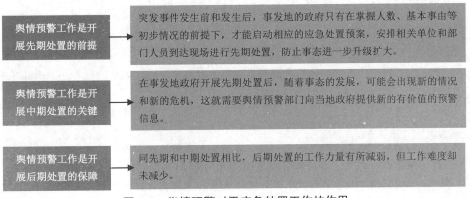

图 3-3 舆情预警对于应急处置工作的作用

因此，这就需要有相应的预警信息作保障，确保工作能有的放矢，体现针对性和实效性，最终做好善后工作，为应急处置工作画上一个圆满的句号。

案例 两起涉恶案件网络谣言引关注 北京警方及时辟谣获认可

2019年春节前后，两起涉及恶性案件的网络谣言在北京地区广泛流传，给当地居民造成一定的恐慌。北京警方在发现网络线索后快速处置，刑拘了涉事的两名造谣者，受到网民的一致认可。

案例一：网传北京海淀外卖员因差评杀人，警方快速辟谣刑拘造谣者

1月28日晚间，新浪微博用户"@鱼酱"（微博粉丝量2万）发布两条微博称，"听咖啡馆老板说的"，北京海淀区温泉镇一小区发生灭门惨案，一户人家因点外卖给差评，一家三口被外卖员灭门，男主人还被分尸。这一信息立即引发网民关注，转评量超过7000余次，不少网民在关注案件真实性的同时，也对当地的社会治安状况表达担忧。

1月29日15时许，海淀区公安分局在其官方微博"@海淀公安分局"通报称，外卖员因获差评杀人案不实，警方将对造谣者依法进行处理。不少网民跟帖评论称，希望警方尽快将造谣者绳之以法，"送她一副玫瑰金手铐"。

1月30日12时许，"@海淀公安分局"再发通报称，信息发布者张某将编造的信息通过其微博账号"@鱼酱"对外发布，行为涉嫌编造、故意传播虚假信息罪。目前，张某已被海淀警方依法刑拘。网民普遍对海淀警方的依法办理表示支持。

案例二：网民假冒警方官微通报碎尸案，警方次日刑拘造谣网民

2月4日（大年三十），微信群里突然开始流传一张微博截图。截图显示，"@平安北京"转发"@丰台警事"的一则警情通报称，2月4日，北京警方破获了一起杀人碎尸案。通报中还详细描述了案件细节，称嫌疑人杨某已落网，案件详情正在进一步核查中。由于这则谣言在除夕当天出现且作案细节描述详尽，因此很快引发大范围转发。一时间，求证事件真伪和怀疑截图是谣言的声音在网络不断出现。

2月7日10时许，"@平安北京"发布通报称，节日期间，有人在微信群中假冒"平安北京"和"丰台警事"名义，编造传播发生杀人碎尸案假假信息，警方已将嫌疑人闫某亮抓获。2月5日，闫某亮被顺义警方依法刑拘。网民普遍表示认可，评论称"应该让造谣者进去普普法"。警方通报也获得媒体关注，人民网、环球网、《新京报》等知名媒体予以转载，搜狐警法还刊发评论文章，对警方做出刑拘措施的依据进行法律解释。

舆情解析

一周之内，两起网络谣言在北京地区连续出现，在引发网民关注的同时也引起一定范围的恐慌。分析发现，这两起谣言之所以能够迅速触发舆情，原因在于，其造谣手法、内容选择、传播方式方面均具有一定的典型性。

首先，在造谣手法上，二者均是以无中生有、捏造事实的方式编造信息，以此博得流量或引发关注。

其次，在造谣内容上，二者选择以恶性刑事案件为切入点，编造出灭门杀人、碎尸等耸人听闻的情节。

再次，在传播方式上，两起谣言一则依靠拥有一定粉丝数量的微博用户，一则模仿警方官方微博的渠道进行扩散，目的都是为了吸引网民关注，引起网络传播。2018年10月，一则打着"@平安北京"旗号通报北京动物园丢大象的谣言就曾引起大量网民围观，此次假冒"@平安北京"通报刑事案件就与之高度相似，但影响更为恶劣。

舆情点评

对于这些颇为专业或来源含糊的网络谣言，网民不但难辨真假，反而还会对谣言传播起到助推作用。因此，警方的辟谣工作十分重要，不仅能及时回应关切，以正视听，还能安抚舆论情绪，让谣言无处遁形。面对这两起网络谣言，北京海淀、顺义警方准确把握网络谣言处置的"时度效"原则，在短时间内阻断了谣言传播，其中的经验做法值得参考借鉴。

4. 做好舆情预警工作有助于维护政府公信力提升政府形象

危机预防工作是危机管理的重要内容。高效率的危机预防工作不仅对于预防危机爆发、减少危机发生频率、降低危机强度和破坏性具有重要意义，同时也能实现维护社会稳定，最大限度地保障民众的利益，从而增强民众对政府的信任感，提升政府公信力。相反，在危机爆发之前，政府部门如果没有做好危机的预防和预警工作，危机意识薄弱，没有完善的危机预警机制，缺少专门的危机处理机构，则会大大降低政府处理公共危机的效率，进而影响政府公信力。

互联网是社会问题的放大器，随着社会贫富差距的扩大，社会矛盾的不断积累，网民对现实社会的不满情绪在网上不断显现出来。在涉官涉富、涉强势群体的事件中，网民普遍呈现一边倒的批判意见倾向，仇官仇警仇富现象依然严重，公权力在网络世界中成为公众集中"围观"的对象，无官不贪的思维已经迅速传递。政府和党员领导干部任何一项不恰当或被误解的具体行政行为和一些不恰当或被媒体断章取义的讲话，都可能引发众多的带有明显倾向性的一边倒的负面舆论，将政府置于公众舆论的风口浪尖，严重损害政府形象，削弱政府公信力。如何处理网络公关危机，是新时期考验政府执政能力的一个重要方面。做好舆情预警工作，则有助于维护政府公信力，提升政府形象。

案例　　周口婴儿"被盗"变"丢失"，警方成功处置舆情

1. "@平安周口"通报寻找"被盗"婴儿，全国政法自媒体接力扩散

2019年5月16日，一张请求市民帮忙寻找孩子的图片在河南周口市民的朋友圈流传，随后，《东方今报》以《全城紧急寻找孩子！》为题报道此事，引发舆论关注。

16日晚间，周口市公安局官微"@平安周口"连发两条警情通报称，周口市公安局文昌分局当日接到群众报警，一女子带着4个月大的男婴散步时晕倒，醒来后发现孩子已失踪。目前，公安机关已立案并全力开展案件侦破工作，并对提供线索破案的群众奖励五万元。同时，警方正告犯罪嫌疑人投案自首，争取宽大处理。此后舆情迅速升温，男婴去向牵动社会各界目光。全国政法自媒体矩阵形成合力，扩散寻找孩子的消息，《人民日报》等媒体温情接力，众多娱乐圈人士纷纷转发，全网转载数量上亿次。网民担忧孩子安危之余，纷纷发声谴责人贩子乘人之危拐卖婴儿的行径。

2. "盗窃"变"丢失"，媒体报道"反转"，闹剧引发全民攻伐

5月18日，事件出现进展。据《郑州晚报》报道，18日晚，嫌疑人迫于压力向周口警方电话自首。周口警方立即委托郑州市未来路公安分局迅速控制嫌疑人。19日凌晨，嫌疑人及丢失男婴被周口警方带回，男婴已送医进行全面体检。同日，"@平安周口"再发情况通报，但案件性质的描述由"盗婴案"变为"婴儿丢失"，并称警情已经查清，目前婴儿身体状况良好，警方正在进一步调查中。舆论点赞警方高效破案的同时，就通报中部分表述提出疑问。《大河报》刊文称，警方表述由"盗婴案"变成"婴儿丢失"，加之案发现场没有拍下"嫌疑人"作案、逃跑的镜头，此案背后疑有隐情；中国之声则追问"剧情是否会反转"。

5月20日，《新京报》称其从知情人处获悉，该事件系男婴母亲因家庭矛盾，与亲友策

划"自导自演"，目前参与策划的多人已被警方拘留，男婴母亲尚在哺乳期，等哺乳期过后也将受到处理。另据《大河报》20日报道，男婴母亲为报社工作人员，其丈夫在周口市交警支队工作。但男婴生父另有其人，案发时生父携两名亲属与生母朋友将孩子抱走。报道一出，舆论哗然。媒体、网民纷纷谴责案件中"狼来了"的情节消费社会信任，伤害公众善意，认为策划者应受到法律制裁，以儆效尤。截至5月23日12时，警方尚未对此做出进一步回应。

截至5月23日12时，与该事件相关的新闻报道3771篇，微博信息15万余条，微信文章7000余篇。新浪微博话题"#周口丢失男婴找到了#""#周口男婴丢失系女方自导自演#"等阅读量近10亿，讨论量近14万。

舆情点评

1. 周口警方诠释舆情"处置者""受害者"两种角色应有之姿

在这场"盗窃"变"丢失"的闹剧中，周口警方既是处置者，也是受害者。作为处置者，警方接到报警后连发两条警情通报迅速开展处置工作，第一次通报描述案情，向公众征集破案线索，并"喊话"犯罪嫌疑人，"停止犯罪行为，立即向警方投案自首，争取宽大处理"。第二次通报公布悬赏信息，"提供线索破案的奖励人民币50 000元"。在案件出现进展之后，第三次通报告知公众"婴儿找回"的事实，并将此前通报中"盗窃"的说法更改为"丢失"，细节把握准确。整体来看，处置有力、公开及时。值得称道的是，周口警方的前两次通报还引起了全国政法自媒体的"接力"传播，彰显出公安机关团结一心、执法为民的良好形象。

事件反转后，周口警方则变成闹剧的"受害者"，因婴儿母亲及他人"自导自演"的虚假警情浪费大量精力。在媒体、网民愤怒呼吁严惩肇事者的声浪下，周口警方表现出了专业与冷静。第三次通报中表明"相关情况警方正在进一步调查中"，后又在媒体采访中透露，参与策划的多人已被警方拘留，表达出依法处置、绝不姑息的姿态。

面对警情全力处置，面对欺骗冷静应对，周口警方在案件中很好地诠释了"处置者""受害者"的应有之姿，获得舆论好评。

2. 后续还需及时公布处置结果，用执法行为划定法律红线

从个案的角度来看，周口警方的处置可圈可点。但综合近年多次发生的因家庭日常纠纷制造"失踪"闹剧占用公共资源、透支公众信任与善心的案件可以发现，这种行为必须及时用法律手段阻断，否则"狼来了"的不良示范将破坏社会善心与温情。此前，在浙江乐清一男孩母亲为测试丈夫制造"失联"事件，苏州夫妻为逼家人帮其还债自导自演"绑架案"中，当事人已被以故意传播虚假信息罪等判刑或行政拘留。因此，本案的后续处置中，周口警方及相关政法部门还需重视舆论呼声，用法律手段惩治闹剧制造者并及时公布惩处结果，回应公众期盼的同时，也应用司法手段划定法律红线，减少类似案件的发生。

3.1.3　舆情预警的基本原则

网络舆情预警是通过对舆情内容及其影响的判断，对舆情的性质和未来走向提前进行预测、预警。网络舆情预警的基本原则主要表现在以下几个方面。

1. 准确性原则

准确性是指舆情反映的内容是现实生活中真实发生的事情，舆情的基本要素必须与客观实际相符。准确性原则要求舆情预警工作准确、全面、真实、可靠，不能有虚假内容。

预警信息的基础是准确，其价值首先在于真实性。网上信息十分庞杂，有真实的信息，

也有虚假的信息，有些信息是捕风捉影、道听途说的，甚至是造谣中伤的，真假难辨，因此必须进行印证、核实，防止以讹传讹。网络舆情分析人员要加强分析、核实，务求内容准确、情况清楚，反映客观。

小贴士：　在互联网信息的提炼过程中，要尊重事实，原原本本地反映事物的全貌，有一说一，有二说二，不扩大，不缩小，不因个人的好恶对信息内容进行增删改动，更不可主观臆造，胡编乱造。

不准确的舆情信息主要表现在如图 3-4 所示的几个方面。

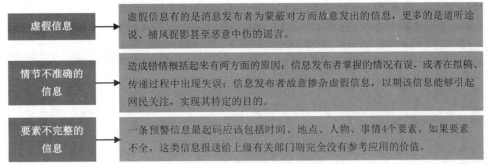

虚假信息	虚假信息有的是消息发布者为蒙蔽对方而故意发出的信息，更多的是道听途说、捕风捉影甚至恶意中伤的谣言。
情节不准确的信息	造成错情概括起来有两方面的原因：信息发布者掌握的情况有误，或者在拟稿、传递过程中出现失误；信息发布者故意掺杂虚假信息，以期该信息能够引起网民关注，实现其特定的目的。
要素不完整的信息	一条预警信息最起码应该包括时间、地点、人物、事情4个要素。如果要素不全，这类信息报送给上级有关部门则完全没有参考应用的价值。

图 3-4　不准确舆情信息的主要表现

2. 及时性原则

及时性是指舆情的时效性，它关系到舆情的应用价值。从某种意义上讲，时效是舆情的生命，是信息的基本特性之一。时效快是预警信息的重大优势，在有效期内派上用场才能起作用。过了时效的信息就成了"历史资料"。舆情预警工作报送的信息大多数都是需要各级政府及时处理的信息，有些甚至是需要各级政府紧急处理的信息，必须尽快上报才能体现其价值。这类舆情主要表现为涉及国家安全和社会稳定的信息，它的及时性表现为紧急性。

对于涉及国家安全和社会稳定的舆情预警信息、各级政府需要了解的情况，要随时收集随时报送，绝不能压误、延误，更不能迟报或漏报。网络舆情分析人员应养成雷厉风行的工作作风，从监控到编写、上报各个环节，都要想方设法抢时效，争速度，保持快节奏、高效率。质量再高的信息由于动作慢，同样体现不出其价值，甚至会造成不可弥补的损失。

3. 重要性原则

重要性是指舆情信息反映的情况在其所在领域内所处的地位和所起的作用。舆情信息的重要性决定着舆情信息价值的大小。舆情预警工作主要体现在信息有没有价值，能否满足服务对象的需求，为其决策提供参考。这种价值概括起来主要是如图 3-5 所示的两个方面。

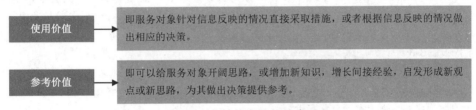

| 使用价值 | 即服务对象针对信息反映的情况直接采取措施，或者根据信息反映的情况做出相应的决策。 |
| 参考价值 | 即可以给服务对象开阔思路，或增加新知识，增长间接经验，启发形成新观点或新思路，为其做出决策提供参考。 |

图 3-5　舆情信息的价值表现

重要性原则在不同的领域中根据各自的情境有着不同的界定。例如，在暴力拆迁事件中，重要性的大小取决于拆迁行为的合法性、拆迁是否存在伤亡情况，以及强拆波及的人数及抗拆行为等。在意外灾害事故案例中，重要性的大小取决于意外灾害带来的人口及经济损失、次生灾害的大小、受灾人群的反应，以及救灾行动是否合理有效等。此外，重要性的大小也受当前的工作重点和热点问题的影响。如果上报的预警信息涉及当前工作的重点和热点问题，也就是领导特别关注的问题，其重要性自然就大一些。

小贴士： 因为舆情预警工作报送的信息一般都是有关国家安全和社会稳定，或者是重大的突发事件的信息，这就要求网络舆情分析人员在选取信息时要注意筛选，比如经济类的信息，一般来说并不需要领导进行应急处置，也就没有必要放进预警信息的范畴。

4. 前瞻性原则

前瞻性是指信息反映一些预警性、苗头性的事态，如不重视将可能给国家安全和社会发展造成重大损失。舆情预警工作的前瞻性，是舆情信息价值的重要体现。一般来讲，舆情信息可分为事前、事中和事后信息，信息越具备前瞻性，政府部门就越有可能及早应对，就越有可能避免重大损失，将事件的不利影响降到最低。

在舆情预警工作中，要根据热点、难点问题主动挖掘前瞻性信息，尤其是涉及国家安全和社会稳定的信息，此类信息挖掘难度较大，但信息的价值也比一般性信息要大。舆情信息的前瞻性要求互联网信息工作人员具备广泛的知识面及敏锐的视角，这是对网络舆情分析人员较高的要求。

对于网络舆情分析人员来说，应该在平时的工作中逐步构建自己的舆情分析系统，在海量信息的支撑下，经过自己的前后联系、内外联系、关联分析等综合分析研判，从中发现规律性、预警性、爆发性的预警信息，为领导科学决策提供可靠的依据。

案例 **重庆公交坠江案**

2018年10月28日，重庆万州区长江二桥上一辆公交车与一辆轿车相撞后冲破护栏坠入长江。事发后，多家媒体报道，称事故系公交车避让一辆逆行的小轿车所致，后经查明，公交车在行驶过程中突然越过中心实线，撞击对方正常行驶的小轿车后撞断护栏坠入江中。

11月2日，官方发布通报，认定事故系公交司机与一名乘客起争执造成车辆失控所致。随着官方公布事故细节及真相，舆论的焦点出现了从审判女司机、媒体、自媒体的失实报道到批判女乘客刘某及公交司机的快速转变，舆论在此期间不断发酵。

舆情趋势

事发后，当日中午12时重庆市公安局万州区分局发出通报称事故正在调查中，16时万州警方再次发布案情通报，称经初步事故现场调查，系公交客车在行驶中突然越过中心实线，撞击对向正常行驶的小轿车后冲上路沿，撞断护栏，坠入江中，事故原因正在进一步调查中，如图3-6所示。

在两则通报之间，网络上有多家媒体发布"逆行女司机""女司机被控制"等文章、资讯，同时网上流传着21秒的事件视频，自媒体账号及网民开始对女司机进行网络批判，直到16时警方通报指出女司机为正常行驶。

图 3-6　警方官方微博当日发布两次通报

在女司机为正常行驶的状况下，自媒体大 V、网友开始辟谣、道歉，同时网民批判媒体和大 V 发布不实信息误导公众，主流媒体对此通报也进行了转发报道。

随后媒体、公众转向对事故本身的救援打捞、万州长江二桥防护栏的安全系数及责任划分赔偿等话题进行持续关注，以"@界面新闻""@人民网""@新民周刊""@中国新闻网"等为代表的主流媒体对事件细节进行了跟踪报道。图 3-7 所示为"@中国新闻网"发布的事件跟踪报道。

"@时间视频"发布公交车坠江前正面撞击视频，引发"@人民日报""@头条新闻""@互联网的那点事"等媒体和网络大 V 转发传播。图 3-8 所示为"@时间视频"发布公交车坠江前正面撞击视频。

11 月 2 日，"@人民网""@平安万州""@重庆发布"等媒体和政务微博公开了公交车坠江原因和车内黑匣子视频，"@头条新闻""@人民日报""@蓝鲸财经记者""@央视新闻""@90 后"等多家媒体和网络大 V 对此进行了转载，"#重庆公交车坠江原因#"的微博话题阅读量达 14.6 亿，引起人们的强烈关注。

图 3-7　"@中国新闻网"发布的
事件跟踪报道

图 3-8　"@时间视频"发布的公交车
坠江前正面撞击视频

随后，人们开始分析乘客与司机之间互殴行为的法律问题，双方缺乏安全意识和规则意识，造成此次事件15人死亡的后果，严重危害公共安全。针对此事件，国家出台了相关违法犯罪的意见书，严惩妨碍公共交通工具安全驾驶的行为。

舆情分析总结

通常而言，媒体报道重在事实调查，用真相说话。但在重庆公交车坠江事件中，部分媒体另辟蹊径，发布错误消息，在报道标题中突出了女司机逆行这一标签，这个错误被更多媒体照抄照搬，这类自带爆点的新闻把愤怒之火投向女司机。真相揭露后，女司机作为受害者却身陷舆论漩涡，遭受巨大的心理伤害，媒体的失责却以沉默草草了事。有学者指出新闻报道如实报道即可，但不一定是客观事实，如何让媒体更真实、不博眼球地进行报道，失实报道后又如何追责、如何救济仍是一大治理难题。

此外，依据我国《刑法》的规定，骚扰甚至殴打正在驾驶车辆的公交车司机，随时可能导致车辆失控，引发严重后果，此种行为产生了造成不特定多数人的人身和财产安全的危险，即使事实上未造成严重后果，依然符合以危险方法危害公共安全罪的犯罪构成，应当追究犯事者的刑事责任。

根据《中华人民共和国合同法》的相关规定，遇难者在乘坐公交车过程中，与公交运输公司成立客运合同法律关系，乘客支付费用，公交运输公司也应完全履行运输义务，将乘客安全运抵目的地。在此过程中，公交运输公司应对乘客的伤亡承担违约责任。也就是说，本次事故造成的损失全部由公交运输公司来承担，公交运输公司应当对遇难者家属进行赔偿。

3.1.4 舆情预警的要求

网络舆情预警的意义在于，及早发现危机的苗头，及早对可能产生的危机的走向、规模进行判断，及早通知各有关职能部门共同做好应对危机的准备。

1. 充分认识舆情预警的重要性

当前我国处于社会矛盾凸显期，影响国家安全和社会稳定的不确定因素增多，加强舆情预警工作，加大对影响国家安全和社会稳定的各类因素的前瞻性和可控性信息进行监测与分析，既是维护国家安全的需要，也是维护社会稳定工作的要求。

作为网络舆情分析师，应紧密围绕全党全国工作大局，密切关注国内外大事，以网络为基础，以制度建设为保障，以提高预警信息质量为重点，建立实际有效的预警信息汇集和分析机制，确保重大突发事件反映渠道畅通，更好地为领导决策服务。

2. 不断提高能力和水平是舆情预警工作的根本

相对于一般的网络舆情信息工作，舆情预警工作对于网络舆情分析师的信息敏感性与工作能力提出了更高的要求，因此，网络舆情分析师应该通过各种学习和培训，从各方面加强自身的业务水平。一方面要不断加强政治学习，不断提高理论水平；其次，要自觉培养敏感意识，重视网络舆情的整理，做到视觉明、嗅觉灵、反应快、洞察力强，善于实践的积累和总结，不断提高舆情反应能力；再次，要通过工作实践去摸索提高，在多汇集、多分析、多研判、多报送的过程中锻炼提高自己。

3. 树立创新思维，不断改进自己的工作

创新是互联网的灵魂与精神，创新也是网络舆情分析工作的生命，对于舆情预警工作尤其如此。随着网络舆情分析工作尤其是舆情预警工作重要性的提升，越来越多的部门开始参与到舆情预警工作，党和国家对舆情预警工作的要求也在不断提高。近年来，舆情预警工作也面临着越来越多的挑战，业务同质化、模式化、套路化的现象越来越明显，一些原有的工作模式及业务思维已不能很好地适应新的需求。网络舆情分析师唯有发挥主观能动性，不断探索和创新，不断改进自己的工作，才能从容应对各方面的挑战，从而进一步适应舆情预警工作的新趋势及新要求。

案例　广州交警被指粗暴执法，警方通报回应质疑缓和舆情

2019 年 5 月 20 日，广东电视台公共频道"DV 现场"报道称，17 日下午，广州男子何某开车接女儿放学途中，在一起车祸事故现场围观时与执勤交警发生争吵，并导致冲突升级。何某被两名交警扑倒，其 9 岁的女儿被吓到，多次试图护住他，下跪向交警求情。随后，何某报警，并对交警的执法提出质疑。

广州市从化区公安分局相关负责人表示，分局监督室正在对交警执法行为是否依法依规进行调查。事发时，"女孩下跪求情"这一幕被现场群众拍下来并传播到网络中，随后引起大量转发。抖音账号"铜川广播电视台"发布的现场短视频累计被评论超 10 万次、转发 12 万次、点赞近 440 万次。视频的传播加速了舆情扩散，媒体纷纷在标题中突出"何某被打"及"何某女儿下跪求情"等情节，爱奇艺、一点资讯等更是直接引用何某女儿"别打我爸爸"的哭求，激起网民一片骂声。大量网民指责涉事交警暴力执法，担忧交警此举给何某女儿留下心理创伤；部分网民认为媒体有"标题党"嫌疑，指出男子与交警发生争吵真相不明，呼吁警方公布完整执法视频。

5 月 22 日晚，从化公安通过官方微博从 4 个方面通报案情：一是回应舆论关切，否认执勤民警、辅警殴打当事人，但称未能理性平和、耐心细致地做好释理释法工作；二是详细还原事发经过，指出何某先是涉嫌车辆违停及阻碍现场事故处理，而后又因辱骂民警且不听劝阻，涉嫌阻碍执行公务，民警欲将其传唤至公安机关遭到抵抗，何某女儿哭泣哀求后，民警遂停止了对其的传唤；三是公布处置情况，涉事执法人员被批评教育，何某因阻碍执行公务被给予警告处罚；四是表示将进一步加强民警文明执法、规范执法培训力度。通报内容获媒体大量转载，舆情很快得到缓和。部分网民认为回应模糊，追问为何不公布完整执法视频；警察自媒体"捕快说"等发文呼吁维护基层民警执法权威，引导公众遵纪守法，侧面表达了对处分涉事民警的不满。截至 5 月 30 日 12 时，与此事相关的新闻报道共计 212 篇，微博超过 5000 条，微信文章 230 篇。

舆情点评

该事件中，女孩向执法人员下跪哭喊求情的举动刺痛公众眼球，成为引燃舆情的导火索。殴打、下跪、求情等关键词形成网络标签，导致网民先入为主地认为现场民警滥用职权、粗暴执法，谴责声音覆盖舆论场。面对严峻的舆论态势，从化区公安分局两次动态回应舆情：一是在舆情发酵初期，接受记者采访，介绍监督部门介入调查这一情况，避免舆论产生不作为等质疑；二是在舆情高热期，通过官方渠道回应舆论关切，查清事实、厘清责任，翔实的通报有效推动了舆情实现降温。目前，舆论场中仍有部分网民认为警方处置缺乏公正，要求公开完整执法视频，从化公安还需持续关注舆情动态，谨防舆情反弹。

在因执法瑕疵引发的负面舆情中，公众关注折射出的是对公安机关规范执法、文明执法的要求和期待。因此，对于执法过程中出现的小问题、小纠纷，执法人员需最大程度保持理性克制，严格依法依规开展执法活动，以免现场情景上网后触发网络舆情，冲击警方执法公信力。另一方面，如果已经衍生网络舆情，涉事部门还需直面舆论危机，针对社会关切及时进行回应，快速降温舆情。此外，对于相关涉事人员的处置也需秉持不偏不倚、公平公正的原则，切忌为了平息舆论而从重从快做出处置，否则其中可能存在的不当或过重问题，一旦激起公安队伍内部人士的不满，极易引发次生舆情灾害。

3.2 舆情预警需要具备的基本素质

舆情预警工作对于网络舆情分析人员的新闻敏感性、及时发现和获取舆情信息的能力、舆情信息快速处理能力的要求更高，这就要求网络舆情分析师要注意培养这 3 项基本素质。

🖋 **课堂讨论：** 你认为舆情预警需要具备哪些素质？

3.2.1 具有强烈的新闻敏感性

新闻敏感性，是指在网上信息的收集、整理、撰写、编辑的过程中，能见微知著，迅速而敏捷、细致而深入、全面而准确地洞察舆情信息的本质，判明利害，把握信息发展趋势，分析和处理复杂信息。

加强新闻敏感性，具体要求体现在以下 3 个方面：

1. 信息感知敏捷，具备灵敏的信息嗅觉

较强的新闻敏感性是捕捉信息的基础，如果嗅觉不灵，反应不过来，就不能及时发现舆情，就无从捕捉。具备灵敏的信息嗅觉，就能静中有动，同中求异，在表面视为无用的信息中窥见其潜在的使用价值，在人们司空见惯的信息中发现有利于事业发展的关键价值。

2. 视野开阔，收集广泛

网上信息多如牛毛、无处不在，新闻网站、论坛、博客、微博、微信、短视频等都是信息的载体，这就要求网络舆情分析人员要有开阔的视野进行广泛的收集。可以说，哪里有信息源，哪里有捕捉信息的视角，哪里就有信息的存在。

3. 信息捕捉要及时，行动要快

网上信息瞬息万变，稍纵即逝。在思想观念深刻变化的新形势下，社会发展日新月异，各种新情况、新问题、新变化层出不穷，必须迅速、及时地予以捕捉。同时，信息的使用价值在于其时效性。

🖋 **小贴士：** 舆情预警工作是一项操作性很强的工作。只有通过不停地高强度地收集、整理、分析、研判、处理、编写网络舆情信息，才能在实际的业务中逐步提高自己的业务能力、水平和信息的敏锐性。

3.2.2 具有及时发现和获取舆情信息的能力

网络舆情散见于互联网中，要分析网络舆情，首先就必须从浩如烟海的网络信息中进行收集与筛选。而信息传播渠道的多样化给网络舆情信息采集工作带来了前所未有的挑战。可以通过以下几个方面来提高及时发现和获取舆情信息的能力。

1. 深入研究信息源，提高舆情监测水平

网络舆情分析师应该对新闻网站、论坛、博客、微博、微信、短视频等信息源进行深入学习、分析和研究，分析总结出各类信息源的特点，根据信息源的特点进行监测。

例如，对于新闻网站和论坛要掌握其内在的结构和更新规律，对于出现舆情信息比较多的栏目进行重点监测。对于微博、微信和短视频等自媒体，随着舆情形势的发展，一些初期活跃度、重要性较高的关注对象也会出现活跃度降低、重要性下降的情况，这就需要在日常工作中及时更新关注的对象，以保证在一定量的关注对象中获取足够多的有用信息。

2. 持续跟踪热点问题和敏感群体的最新动态

一是持续关注国际、国内、地方的热点问题、焦点问题的最新进展；二是持续关注复退伤残军人、下岗工人、危困企业职工、拆迁户、教师、学生、出租车司机等重点维权群体，以及反日保钓群体、环保团体、左派团体、维权律师等敏感群体的网上诉求和活动情况。

3. 充分利用搜索引擎挖掘信息

互联网搜索引擎能够根据使用者的需求，迅速提供对网页、网站、新闻等信息的搜索结果，提供数量可观的有价值信息，是舆情预警工作中必备的工具之一。利用搜索引擎查找信息，带有明确的目的性，与实时监测相比，能够更多、更主动地发现信息。

网络舆情分析师应在平时的日常工作中注意积累总结，掌握一些搜索引擎必备的基本技巧，注意积累关键词，在使用时结合信息内容设置关键词，寻找苗头性、预警性信息。根据舆情预警工作的特点，敏感词的设置可以分为 3 部分。

一是根据敏感日期设置关键词，如新疆"七五事件"、西藏"3·14"、"两会"期间等。

二是根据敏感事件设置关键词，包括群体性事件、罢课罢餐罢运等，关键词有"游行""示威"等。

三是根据利益群体设置关键词。

4. 熟练掌握各类互联网应用

RSS 订阅、邮件订阅、QQ 群、微信等互联网应用是互联网上信息传播的重要手段，也是预警信息发现的有效途径。网络舆情分析师应该熟练掌握各类互联网应用，只有在平时的工作和生活中熟练掌握各种互联网应用，才能在舆情预警工作的紧要关头发挥这些互联网应用的作用，利用其挖掘出各种敏感信息和预警信息。

3.2.3 舆情信息快速处理能力

追求时效性是对舆情预警工作的基本要求，如果在舆情预警工作中不能做到及时收集、快速处理、迅速报送，再好、再重要的信息也会因时过境迁而失去利用价值。因此，从舆情的收集、筛选到整理、编辑、校对、审核、签发等各个环节都要突出一个"快"字，做到舆情捕捉灵敏，加工快捷，报送及时，重要舆情不过夜，特殊敏感舆情限时报送。这就要求网络舆情分析师在日常的工作中逐步培养舆情信息快速处理的能力。

1. 多实战，掌握编辑处理预警信息的基本技巧

预警信息的编辑处理过程本质上是一个写作的过程，要提高自己的编辑处理能力，应该尽可能通过实战来提高。俗话说，熟能生巧，撰写、编辑、处理得越多，处理预警信息的能力就会提升得越快。同时，网络舆情分析师也应该掌握一些编辑处理预警信息的基本技巧。

预警类的信息一般短小精悍，简明扼要。这就要求在拟标题、撰写内容时注意基本的方式方法。首先，预警信息拟的标题应该尽量客观、突出重点。其次，撰写的内容应该简明扼要，将时间、地点、人物、事件这 4 个要素交代清楚。

🖋 **小贴士：** 如果遇到长篇幅的信息，编辑起来不可避免地需要多花些工夫，如果做不到精悍，也要尽量去除繁冗，只保留能把事件和问题说清楚的文字部分即可。

2. 规范舆情预警上报程序，畅通上报渠道

舆情预警工作所报送的信息涉及国家安全和社会稳定，需要采取随时收集、随时处理、随时报送的方式，因此规范、简化预警信息的上报程序，畅通上报渠道，对于舆情预警工作是非常重要的一环。例如，遇到迫切紧急的突发事件，可以尝试采取首报事件、续报详情的办法。首报信息不要求很全面，主要报送事件发生的时间、地点、概况、可能造成的伤亡和影响等。续报信息报送事件的性质、过程、影响范围、发展趋势等详细内容。

案例 "长沙女检察官自曝经商存款数百万"网络舆情核查

2021年9月14日，有关"长沙女检察官自曝经商存款数百万"的话题成为网络热点舆情，网络用户"zhuque718"在NGA论坛进行跟帖引发争议，随后网友通过其"zhuque718"用户名，搜索出相关个人信息和过往的跟帖内容，并截图以"芙蓉区公务员违规经营副业""家里有四套房产""银行余额100万"等关键词在各大网站发帖，引发舆论关注。

舆情调查

舆情发生后，长沙市芙蓉区委高度重视，积极开展了深入细致的核查，并赴长沙市不动产中心、芙蓉区行政审批服务局、长沙银行等单位调取了详细信息。

（1）关于"女检察官"的真实身份。"zhuque718"系2018年由芙蓉区检察院转隶至区纪委监委的一名女性普通干部朱某。

（2）关于"违规经营副业"情况。通过湖南市场主体综合管理系统查证，朱某及其配偶周某名下均没有注册登记的企业、个体工商户等市场主体。目前网曝的淘宝某专卖店非朱某开办，店主已发帖辟谣；湖南某警用装备公司股东系同名他人。

（3）关于"家里有四套房产"情况。朱某及其配偶周某名下共有两套商品房，一套系与父母共有，建筑面积90.01平方米，由其父母出资；一套系夫妻共有，建筑面积227.04平方米，自筹和贷款购买。网帖所指的另两套房产分别为夫妻双方父母所有，一套为朱某父母所有的86.64平方米商品房，一套为周某父母所有的远郊农村宅基地自建房。

（4）关于"银行余额100万"情况。经调查，资金截图来源于2020年长沙银行App，朱某因购房所需，2020年1月至5月汇集了夫妻双方及双方父母的银行存款，后用于购房。目前夫妻双方名下全部存款181171.91元，银行贷款负债1175134.29元。其在截图下方发布的"随便找了一张卡截图了马赛克一下，我其实觉得自己赚钱能力还不错的"言论系吹嘘。

处理结果

综合以上调查情况，经研究决定，对朱某在网络上发表不当言论的行为进行严肃批评教育，责令其做出深刻检查。今后我们将切实加强对干部的管理教育，衷心感谢广大网民朋友的监督。

3.3 如何做好舆情信息预警

舆情的变化发展有着大致相同的轨迹，因此，当发现引发受众特别关注的舆情后，除了直接做出预警，还应该对具体的舆情变化发展进行跟踪，以防事件出现失控的局面。

课堂讨论： 做好舆情的跟踪和预警工作，能够有效防止舆情的扩散，你认为都可以从哪些方面来做好舆情信息的预警工作？

3.3.1　加强预判能力，提高信息监测针对性

预判是指预测和判断。预测是指人们利用已有知识、经验和手段，对事物的未来、发展趋势或未知状况预先做出恰当的估计、分析、推测和判断而进行的活动。

🎤 **小贴士：**　决策的一个重要特征是超前性，这一性质同样体现在危机预测中。能否预测事物发展趋势，早做准备，防患于未然，成为能否掌握危机决策主动权的关键。

舆情预警工作中的预判是指通过网上反映的各种信息和线索，对可能发生或已经发生的公共危机进行预测和判断。网络舆情分析师应该加强自身的预判能力，从而提高舆情监测的针对性。可以参考以下 4 个路径进行预判，提高预判能力。

1. 熟悉敏感日，通过敏感日期进行预判

通过敏感日期进行预判是舆情预警工作中最常见的预判方式。比如，7 月 5 日是新疆"七五事件"发生的日子，"疆独"势力往往在这一天组织各种游行、示威、抗议活动，"疆独"势力选择这一天进行暴力恐怖活动的概率也比较高。反日保钓团体则往往选择 9 月 18 日进行各种反日保钓活动。熟悉各个敏感日，有助于网络舆情分析师进行预判，加强对各个敏感日预警类信息的监测。

2. 认真分析，通过已知敏感事件进行预判

2014 年，"疆独"势力策划了包括云南昆明火车站暴恐案在内的多起暴力恐怖事件。2015 年 1 月 12 日，新疆疏勒县发生暴徒携带并欲引爆爆炸装置事件，6 名暴徒被击毙。1 月 25 日微博称有人在北京打出 ISIS 旗帜。香港《明报》网站 2 月 9 日消息称，近日网上流传一张落款为成都军区总医院的《紧急通知》称：按公安部门通知，近期有一伙新疆暴恐分子扬言要在昆明实施暴恐袭击，主要采取炸弹袭击、刀斧砍杀和汽车冲撞等方式袭击人员密集场所。网络舆情分析师如果认真分析研究上述信息就可以明确地预判到"疆独"势力在 2015 年依旧会保持活跃，有关"疆独"的预警信息依然是网络舆情分析师 2015 年关注的重点。

3. 发挥联想，通过事件的相关性进行预判

发挥联想力是预判工作很重要的一环。根据已知的线索，充分发挥联想力，通过事件的相关性进行预判，往往能够监测到有重要价值的预警信息。例如，近年来有关环保的问题成为大众关注的焦点，垃圾焚烧厂的建设、核电站的建设、PX 项目的建设往往都会引起当地民众的激烈抗议。如果在网上看到某地将新建垃圾焚烧厂、核电站或者 PX 项目的信息时，应该就可以预判到这有可能会引发当地民众的示威抗议活动，甚至是激烈的群体性事件。作为网络舆情分析师，就可以加强微博、百度贴吧、当地论坛社区的信息监测，或许可以挖掘到非常有价值的预警信息。

4. 跟踪网络舆情，及时预判

网络时代突发群体性事件的特点总体来说就是：社会问题网络化，网络问题社会化，社会问题与网络问题相互交织，相互作用。

在跟踪研究网络舆情的同时，及时发现和预测可能出现的苗头性信息并准确做出预判，在当前显得格外重要。对于苗头性群体性事件，境外敌对势力往往会借机插手事件，制造事端向政府施压，境外反华媒体甚至会派记者到事发地直接介入事件，这些情况都是上级部门极其关注和重视的情况。为此，网络舆情分析师应通过全面、辨证、多角度地分析预测，做好信息监测工作，从而增强信息的参考性。

🔖 **小贴士：** 通过上面的描述可以发现，加强预判能力对于提高舆情监测的针对性是非常重要的，通过加强预判能力，舆情预警工作才能变得更加有的放矢，更加高效率，从而为地方的维稳工作做出更大的贡献。

3.3.2 利用技术手段加强信息预警能力

对舆情预警工作来说，业务素养是基础，技术手段是利器。

从事舆情预警工作首先要具备业务素养，加强信息的敏感性，提高信息及时发现获取能力，培养信息快速处理能力。有了基本的业务素养后，还要着力于技术手段的培养和提高，要尝试、熟悉各种新的互联网应用，总结各类舆情信息发现渠道和手段。例如，以前主要是从新闻网站、论坛、博客上获取信息，现在随着自媒体的发展，信息的来源已经主要转移到微博、微信、QQ群和短视频上，网络舆情分析人员必须及时适应时代的变化，掌握新的互联网应用。

目前来讲，技术手段主要是指掌握各种舆情信息尤其是涉稳及敏感信息的传播途径，熟悉各搜索引擎的特点，总结和搭配关键词，并学习应用新的互联网技术。此外，还要重视各种舆情系统的开发和使用。近年来，国内一些舆情单位研发了不少舆情监测系统，大大提高了信息预警工作的效率。

🔖 **小贴士：** 开发和使用各种网络舆情监测系统，将极大地增强网络舆情分析人员对于舆情监测和预警的能力。对于网络舆情分析人员而言，在拥有舆情监测系统等各类系统的基础上，应该积极使用，配置好关键词并及时更新，发挥系统的最大作用，这样才能达到期望的效果。

掌握好技术手段能提高效率，是信息预警工作的"杀手锏"。网络舆情分析人员只有具备基本的业务素养，掌握一定的技术手段，才能在工作中突破基础性业务，在工作中占领高地并显示特色。

案例 网民自称遭"网警查信息求交往"，郑州公安及时辟谣获赞

2019年9月12日，网民"@ooooviki"发布微博称，一名自称"郑洋"的公安网警，利用职务之便查询到其身份证号码、家庭住址、电话号码等个人信息，并要求做他女友，在遭到拒绝后对该网民进行人身攻击。根据"@ooooviki"贴出的聊天记录截图显示，微信昵称"海洋馆长"的用户自称负责网络舆情和监管，已经对该网民的位置进行定位，并向该网民展示了其购房入户、变更姓名、分户立户等信息页面。该网民指出，涉事网警疑似在郑州任职。

随后，郑州市公安局通过官方微博"@平安郑州"回复称，已第一时间展开调查，如图3-9所示。该事件引发网民广泛关注，多数网民质疑涉事网警"监守自盗""公权私用"，指责其随意骚扰女性涉嫌违法犯罪，要求公安机关彻查并予以严惩。郑州网警微博的评论也被情绪激动的网民集体围攻。

9月14日，"@平安郑州"发布通报称，经调查，该事件系宋某（微博网名"ooooviki"）的男友付某网上购买忠诚度测试服务引发。杨某（即"海洋馆长"）接单后使用付某提供的手机号与宋某联系，并谎称自己是网警，可以通过公司监控宋某个人信息。付某看到事态扩大，向宋某坦白情况，并劝宋某删除微博，但宋某因感到自己"求助帖"热度上

升获得舆论关注，拒绝删除，并在网上继续扩散、传播有关信息。目前，郑州公安以寻衅滋事依法对涉事三人进行处罚。图 3-10 所示为警方发布的警情通报。

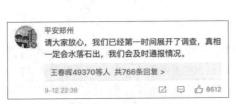

图 3-9 官方微博回复展开调查

图 3-10 警方发布的警情通报

郑州警方的通报迅速得到公众认可，多数舆论为郑州警方的调查速度点赞，批评涉事者抹黑网警声誉的违法行为。少数舆论对涉案人员处置表示异议，如有网民对宋某作为受害者却被警方处罚提出疑问；有律师指出，卖家若冒充网警身份或国家机关工作人员提供服务，则涉嫌招摇撞骗罪。部分舆论将视角转向对"忠诚度测试"服务合法性及安全问题的探讨上，如光明网认为，"忠诚度测试"服务成为个人信息安全新雷区，电商平台应对相关违规服务予以严控。截至 9 月 22 日 12 时，相关新闻报道近 300 篇，客户端文章 5500 余篇，微博近6.2 万条，微信文章 1400 余篇。

舆情点评

该事件之所以在短时间内引起大量关注，主要因为涉事者疑似"公安网警"身份触及了公众的底线。公安机关掌握大量的公民个人信息，其内部人员利用职务之便随意查询甚至拿来威胁恐吓被害人，必将造成社会恐慌，对公信力的打击更甚。况且由公安机关内部人员泄露公民个人信息引发的案件确有发生，舆论因此十分敏感。如浙江宁波一民警擅自利用公安信息系统帮人查住址，导致一女子被前男友找上门杀死，该民警因犯侵害公民个人信息罪而获刑。

面对突发舆情，郑州警方迅速调查、主动回应、精准通报，通过一系列积极作为，快速平息了一场可能对警方形象造成重大影响的舆情危机事件，避免警方"背锅"，值得称赞。郑州公安在舆情发酵初期迅速表示介入调查，一定程度上遏制了舆情发酵速度；在介入调查后，警方主动发布案情通报，针对"网警"身份、是否滥用职权、是否侵犯公民隐私等舆论关切做出详尽的解释说明。对于部分网民存疑的受害者一同被罚，媒体评论文章与律师人士也主动做出普法解释。警方处置获得一致认可，很快扭转了舆论态势。

此外，不同于以往的个人信息泄露事件，该事件在曝光时矛头就指向了公安机关，而且涉事人员在已知真相的情况下为了博取关注仍拒绝删帖，其中反映出的故意针对甚至恶意抹黑警察队伍的网络苗头也需引起警惕。政法机关需要在实体工作中做到早发现、速处置、详通报、止谣言，及时处置不法行为，维护自身形象。

3.4 网络舆情研判

网络舆情研判是一项系统工程，它涵盖社会的各个部门和行业，涉及包括新闻学、传播学、社会学、公共管理等在内的多个学科。因此，在进行网络舆情研判工作时，要综合考量政府部门的工作体系、社会系统的认知体系、媒体的思维体系和行动体系等。

✎ **课堂讨论：** 网络舆情研判的目的是，在基础的、散乱无序的内容中提取专门而有序的综合信息。说说你所理解的网络舆情研判与预警的关系？

3.4.1 研判内容与指标

网络舆情是将在一定的社会空间内发生、发展和变化的舆情现象、问题中，民众所呈现出的信念、态度、意见和情绪在互联网上进行投射。网络舆情研判则是针对上述网络舆情，以互联网为信息平台和传播载体，做出相应的研究判断和舆情分析，并通过舆情信息的传播影响决策行为的价值判断。

在我国学者已构建的各类网络舆情指标系统和理论模型中，有 6 类研判指标体系较为著名，分别介绍如下。

- 以网络舆情综合指数为一级指标的网络舆情安全评估指标体系。
- 以时间、数量、显著、集中、意见为监测的 5 维舆情监测指标体系。
- 根据网民反应、信息特性、事态扩散 3 个方面提出的突发事件网络舆情安全评估指标体系。
- 从舆情的热度、强度、倾向度、生长度 4 个维度设计的网络舆情监测与预警指标体系。
- 利用 12 Space 理论构建的网络舆情监测评价指标体系。
- 将舆情、舆情传播、舆情受众相结合，生成网络舆情预警等级指标体系。

3.4.2 研判模式与方法

作为社情民意表达和传播的主要载体，互联网发挥着日益重要的作用。为了维护社会秩序的稳定，构建和谐社会，关注网络舆情，高效认知网络舆情模式，熟练掌握网络舆情研判方法，成为国家各级党政机关和企事业单位的重要任务。

在进行网络舆情研判工作中，需要在 5 个方面形成着力点，即平台搭建、数据收集、舆情分析、舆论反馈和发布机制，如图 3-11 所示。

在网络舆情研判的过程中，要善于在批量的舆论信息中抓取典型案例，进而科学合理地进行定性判定。

要合理运用网络舆情承载媒介，充分认识到舆情的内隐特征，善于查看新闻评论、博客、微博等自媒体平台上的网络舆情信息，并从这些信息中筛选彰显民众的社会政治态度、舆情产生根源、发展态势及可能产生的后果等有用信息，进行追踪和深层挖掘。

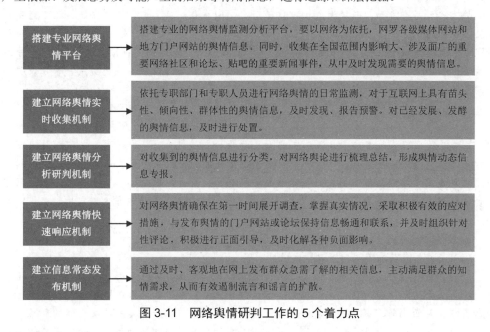

图 3-11　网络舆情研判工作的 5 个着力点

案例　深圳赛格大厦晃动，网络舆情的良性转化

2021 年 5 月 18 日中午，深圳赛格大厦楼内租户称感觉大楼明显晃动，大楼管理人员迅速有序地组织楼内人员撤离。由于晃动原因不明，该消息引起社会各界广泛关注。据悉，赛格大厦是深圳市跨世纪的标志性建筑，也是整个华强北商区的招牌与支柱，总建筑层数为 79 层。耸入云端的大厦左右摇摆晃动的信息在网络上传播后引发民众的热烈讨论，相关话题热度也不断上升。

1. 赛格大厦事件舆情的发展阶段

第一阶段：赛格大厦晃动下形成的网络恐慌情绪促使讨论热度急剧攀升。

从 5 月 18 日的舆情发酵来看，讨论热度几乎是呈直线上升阶段。这一阶段传播主体主要由网民和部分自媒体大 V 构成，通过视频及图文第一时间抢占话题头条，发布赛格大厦晃动相关信息。从视频中来看，摇摇欲坠的赛格大厦与被吓得四处流窜的工作人员刺激网民产生了恐慌情绪，自发进行转载传播，网络环境中关于晃动的猜疑言论众多，如工程自身问题、风力共振等影响，同时迫切希望了解网络流传信息真伪及官方说法，促使舆情热度在短短几个小时内迅速爆发。

第二阶段：多部门及时回应安抚公众情绪。

晃动事件发生后，当地相关职能部门迅速组织专家调查事故原因，及时披露检查结果，大楼周边场地未见地面开裂情况，未见幕墙板块脱落损坏。应急管理局、住建部门的迅速介入有效地安抚了公众情绪，可以看出舆情较当日已经明显降温。

第三阶段：大厦晃动原因不明拉长舆情周期，催生次生舆情。

对于大厦晃动的原因迟迟没有明确公布，坊间猜疑声音仍未消退，可以看出自事件发生一周后形成了较长的舆情讨论周期。随着自媒体时代的到来，关于该事件的无数碎片化内容汇聚成一条舆情长尾。一方面，网民关注信息进展的同时对大厦晃动原因进而产生众多主观猜测性言论。另一方面，围绕大厦工程建造历史、问责程序及大厦内员工安抚措施、商家业务处置等问题产生了众多次生舆情。比如其中争议较大的事件之一，有网友扒出一篇20年前研究赛格大厦的硕士论文，其中就曾提及边施工边改设计等问题的"神预测"，强化了部分网友主观上归因于工程缺乏阻尼器等问题，后续论文作者及导师回应"缺乏研究"等分散了部分网民注意力。

2. 舆情信息传播渠道分析

对赛格大厦事件舆情信息的传播平台进行分析，6%的讨论信息来自网络社交平台，"#深圳华强北赛格大楼#""#深圳赛格大厦初步检测情况#"等话题信息发布吸引网民互动。新闻客户端等传播渠道占比26%，主要是腾讯新闻、搜狐新闻等App传播量较大。新闻网站信息发布主要以报道赛格大厦晃动最新进展为主。另外，微信公众号在其中也承担了部分资讯传播，如《三个原因！70层高楼摇晃，初步调查结果来了》《官方证实！封楼！》等文章经过了几百个网站转载，为事件传播扩散影响力。

3. 舆情传播特点

（1）公众信息获取不明朗下议题发散性明显。

在舆情发酵初期，由于对于该大厦的信息了解甚少，这类只在电影中看到过的大片场景迅速冲击公众认知。同时在信息渴求影响下，仅仅凭借网络不知名来源图片和视频的传播影响容易产生片面武断、揣测性，甚至盲目传播恐慌的网络言论。尤其是涉及群体的利益，极易激起大规模讨论热潮及发散性言论。还有部分言论则开始猜测晃动原因，如地下商业街修建、豆腐渣工程，甚至出现挖比特币、楼市不稳信号等调侃性言论。

（2）情绪化倾向易指向当地责任部门。

部分网友基于情绪化表达将矛头指向当地利益相关方及责任职能部门，比如公权力大、质检及当地住建部门等，进而衍生豆腐渣工程等网络舆情最易聚焦的敏感话题。目前赛格大厦各项监测、检测和鉴定工作正在加快推进当中，但是检测结果未由官方渠道公布，舆论非议仍然大量存在。但同时大厦晃动原因未经官方公布，部分博主言论趋于理性，自发主张不信谣不传谣，促进了舆情向良性化方向转化。

4. 舆情点评

针对此类突发性、可能导致民众利益受损的事件，舆情往往容易朝着极端化、情绪化方向发展，再加上部分博主揣测性言论一传十、十传百的转载，信息在传播过程中容易真伪难辨。对此，一方面需要相关部门及时发声安抚公众情绪，避免谣言的进一步传播。第二，在事实真相未公布之前，建立起完善的舆情应对机制，避免次生舆情发酵，借助舆情监测工具如鹰眼速读网等及时关注网络信息动态，全面把握实情。第三，规范信息发布渠道，积极进行信息公开，通过有说服力的数据支撑与畅通的民意互动，才能有效缓解公众的紧张担忧情绪。

3.5 本章小结

互联网信息的正确性及传播范围如果不能得到有效控制，就很容易引起影响社会安定和一系列的政治问题，加强网络舆情的预警工作特别重要。通过对本章内容的学习，需要能够了解什么是网络舆情预警，以及网络舆情预警的原则、意义等相关内容，帮助我们在工作中做好网络舆情的预警工作。

3.6　案例分析——杭州官方通报林某斌事件，精准有力辟谣遏制舆情走偏

2021 年 6 月底，"杭州保姆纵火案"受害者家属林某斌在微博上公布自己再婚生女的消息，激起广泛舆论争议。在舆情演化扩散的一个多月时间里，网络上各种"阴谋论"大肆传播，舆论场一度陷入混乱失序的场面，更有网传消息称林某斌被警方带走，网民期待官方介入调查并给出权威结论。

8 月 3 日，杭州市公安局通过官方微博发布落款为"杭州市联合调查组"的情况通报称，经核实，调查组未发现林某斌参与策划、实施"蓝色钱江放火案"的事实；网传"林某斌与莫某某有不正常关系""林某斌另有一个 4 岁的儿子"等 8 个传言均为谣言；对于部分网民质疑及举报"林某斌涉嫌偷税漏税、涉嫌非法公开募捐、诈捐"等情况，相关部门已按照程序认真开展调查。

对于此次杭州官方的通报，主流媒体给予了充分肯定，如《中国青年报》评论称"官方及时的回应，对澄清林某斌事件大有裨益"，《钱江晚报》认为"林某斌事件一锤定音，官方作为体现出负责任态度"。在社交媒体中，多数网民点赞调查组"依法办案、公开透明、有理有据"；但仍有部分网民表示"不相信"，认为官方没有拿出详细证据，无法服众。目前，相关讨论已降温。

循着这些负面偏向的评论进行线索追踪，可以发现持这类观点的大致有三类群体。第一类是受前期"阴谋论"信息影响较深的网民。林某斌"深情人设"崩塌后，部分网民对林某斌负面印象根深蒂固，反而更容易接受网传信息而不是官方调查。第二类是趁热度炒作的自媒体营销号。官方通报后，有营销号发文将"未发现"等措辞解读为"不排除今后有证据"，建议"异地提级调查"，收割了不少流量。第三类是故意带节奏的"阴谋论"者。通报发出后，仍有少量网民追问"黑板内容、假消防员、通话记录"等所谓疑点，质疑"通报不带公章"。通过追踪发现这些评论有水军炒作痕迹，如文本基本相同，连错别字都一样，内容均指向官方调查不全面、敷衍草率等。

舆情点评

此次舆情由个人私域问题演变成为全国性的公共舆论事件，伤害城市形象甚至司法公信力。面对这场特殊而又魔幻的网络舆情，杭州官方的应对引导具有范本意义。

首先，直面舆情挑战，积极介入调查。脑补揣测、故事演绎、封建迷信等信息在舆论场混杂，极具误导性，杭州有关部门没有埋头畏缩、置之不理，而是秉持一贯的积极应对做法，组建联合调查组，调查范围涉及物业、消防、保险、林某斌亲属等事件各方，最终用扎实可靠、全面细致的调查结论厘清真相，将公众讨论拉回到正常轨道。

其次，细致梳理传言，锚定舆论焦点。从通报中辟谣的 8 个传言可以看出，调查组全面掌握舆情动态，对舆论场上流传甚广、影响恶劣的传言一一进行了梳理与调查，通过精准有力地辟谣回击阴谋论调。

最后，通报讲究重点，捍卫法治尊严。通报将涉及司法公正的原则性问题放置于首条位置，明确指出"蓝色钱江放火案"经历过严格的司法流程，毋庸置疑，阻断了舆情向"怀疑司法公信"

方面发展的势头。此外，公安机关还在通报中透露对涉事人员已依法开展调查，用行动为网络发声"立规矩"。

林某斌事件充分说明，在当前网络舆论生态中，真假难辨的信息及其引发的讨论已经成为舆情常态之一，只要真相不到场，谣言就有滋生土壤和传播助力，甚至出现人为操控"虚假舆情"的可能。从谣言治理角度来说，政府部门既不能事后缺位，在谣言出现后依法回应事实、惩处违法行为，也需重视在事前主动增加真实信息供给，不断涵养网民理性思考和判断的能力。

第4章 网络舆情的评估与引导

相较于一般的社会舆情而言，网络舆情的隐蔽性、广泛性和扩散度都是不容小觑的。因此，为了在众多的网络舆情中，确保信息收集的完整、信息分析判断的高效，务必形成全面网罗网络舆情信息的机制，并集成筛选。本章将介绍有关网络舆情评估的相关知识，并且对网络舆情的引导原则、引导方法和技巧等内容进行介绍。

4.1 网络舆情评估概述

网络舆情评估是网络舆情工作中的重要组成部分，是做好网络舆情工作，特别是舆论引导工作的重要前提和保障。

课堂讨论：简单说说你所理解的网络舆情评估是什么？网络舆情评估的意义是什么？

4.1.1 什么是网络舆情评估

所谓网络舆情评估，就是在网络舆情监测的基础上，运用科学的舆情研判方法，对网络舆情的特点、规律等进行分析，并对舆情的未来走势进行预测，为舆情应对和引导提出意见建议。

对网络舆情进行分析研判，能够帮助网络舆情分析人员深入了解网络舆情信息传播的特点、规律和趋势，有助于网络舆情的引导应对及相关实际工作的开展。同时，也能够帮助分析人员研究掌握网络舆情发生、发展、演变的一系列过程，是对舆情基础理论的深化和拓展。

当前，我国的网络舆情管理实践工作中普遍存在重搜集、轻研判，重处置、轻预防的问题。很多部门在舆情工作中，片面强调网络舆情信息的搜集，但是却忽视了对网络舆情的评估。在网络舆情发展变化过程中，因为缺乏预警及评估，导致对网络舆情的应对处理过于生硬和单调。应该看到，网络舆情有着自身独有的特点。一个小的舆情事件，也可能因为外力的刺激和自身的发酵，发展成为舆情大事，掀起轩然大波。而有关部门在舆情管理工作中经常处于被动状态，往往等到舆情事件形成一阵声势后才介入其中，从而失去了工作的主动性。这样很容易造成较大的舆论压力，影响工作的顺利开展，乃至造成公权力甚至司法被网络舆论绑架的现象。相关部门应提高对网络舆情的敏感性，本着网络舆情无小事的理念，密切关注网络舆情信息，对舆情进行科学分析、评估，密切关注舆论走向，积极引导网络舆论。

4.1.2　网络舆情评估的注意事项

我国网民的主体是青年学生、知识分子、中产阶层等，代表了社会发展和进步的主流，他们所引领的网络舆论往往代表着社会主流意见，需要引起高度关注。

网络舆情评估工作要注意以下几个方面。

1. 创建科学合理的评估机制

任何一项工作的开展，都需要一个高效合理的机制来作为保障和依托，网络舆情评估工作也不例外。通过建立科学、规范、有力的评估机制，可以使网络舆情评估工作常态化、高效性、便利化，从而提高网络舆情应对和引导工作的效率和水平。

可以成立专门的机构、部门来负责此项工作，也可以借助专业机构，即专业的舆情评估分析机构，来开展此项工作。在充分掌握舆情、把握其传播特点和规律的基础上，形成科学的网络舆情研判机制。网络舆情评估机制应包括监测搜集、发现预警、应急响应、跟踪分析、疏导反馈等诸多环节。网络舆情评估机制的设计要行之有效，具有可操作性。在实际工作中，要根据情况发展变化，及时进行修正和完善。

2. 探索和掌握网络舆情评估的方法和手段

要健全舆情评估标准，从舆情事件、地点时间、参与人物、网民反应、媒体报道评论等要素出发，制定科学合理的评估标准，构建网络舆情分析评估指标体系和模型。应构建相应的案例库、专家库等，并在实践检验和反馈的基础上对相关指标、模型、方法等进行修正。要探索、总结和掌握用于网络舆情分析和评估的方式方法。要综合运用多种技术手段和分析方法对网络舆情进行汇集分析，建立相关指标体系，对指标的可用性、可测性、可靠性等要提出相应的要求。利用网络舆情分析研判指标体系，要能够对网络舆情事件做出较为准确的分析判断，为预警研判提供支撑。

3. 严谨高效地开展网络舆情评估工作，并在实践中举一反三，不断完善

在实际工作中，要不断充实和完善舆情监测预警机制，对事件的性质、舆情走势、可能出现的风险等进行及时准确评估，做到及时发现、及时报送、及时预警。要及时搜集整理舆情信息，根据其危害程度和影响力分级上报，妥善做好应对工作。在出现分析评估结果与实际不符，或出现偏差时，要对整个工作流程和方法进行倒查，找出工作中的盲点、弱点和不足。要及时进行分析总结与反思，从而进一步提高分析评估水平。

4.1.3　网络舆情评估的重要意义

网络舆情工作主要是指相关工作部门和人员对网络舆情信息进行汇集、处理、分析和评估，为决策者提供决策依据的一系列工作。其中，网络舆情评估是至关重要的一环，具有重要意义。

1. 可以提早发现舆情事件苗头，从而制定和采取针对性措施，防止事件扩大

网络舆情评估的一个重要作用，就是针对网络信息中的苗头情况，参考以往的经验教训，对其未来走势提前做出研判预测。更进一步，通过对过往经验教训的总结分析，采取有针对性的可行措施，就可以及时化解舆情危机。网络舆情评估通过对早期网络突发异常走向进行分析，可以推动决策预警工作，通过积极引导防止事件扩大化。

众所周知，舆情事件的产生具有突发性和不确定性，会给政府管理带来压力和挑战。避免危机的发生或者将危机消灭在萌芽状态是成本最小、最经济，也是最成功的危机管理方法。

通过对网上微弱、零散的信息进行分析，发现其中正在酝酿的事件的端倪和可能产生的后果，及时采取措施化解，可以避免发酵形成难以控制的舆情。可以说，网络舆情评估即是对收集到的网络信息进行认识、研究和甄别，选取有效信息进行进一步跟踪和研究，是及时发现潜在网络舆情危机，提前预警，避免舆情事件扩大、升级的重要工作之一。

🖋 **小贴士：** 网络舆情评估可以为危机预警服务，预见舆情危机的发生，从而制定相应的措施，采取相应的行动。

2. 跟踪分析事件发展变化，监控事件发展进程，为舆情管理应对提供支撑

准确专业的舆情分析评估，有利于准确把握舆情发展变化，从而有的放矢、有序地开展舆情应对与管理。通过科学规范的分析研究，能在一定程度上把握舆情事件产生、发展的规律，帮助相关部门做好舆情引导工作。

网络舆情事件一般会经历形成、发展、高潮、回落等阶段，舆情发展过程也不是直线式的上升或下降，而是会呈现出波浪式的发展。有些情况下，受多种因素影响，不同的阶段会重复出现多次。因此，及时准确把握舆情发展状况，有助于相关部门了解事件真实情况，从而采取不同的应对措施。在这一方面，当前很多部门都缺乏对舆情事件的分析研判，不能进行有针对性的分析，造成对舆情事件应对处置的杂乱无序，错过最佳网络舆情应对期。

3. 有助于及时了解社情民意，为科学决策提供建议

如果说上述两个作用是针对网络舆情事件的应对处置来说的话，那么进一步而言，网络舆情分析评估能够全方位了解社情民意，为科学决策提供建议。决策者可以通过网络舆情工作来体察民情、了解民生、倾听民意，及时、全面地了解社会舆情的总体态势和动向，指导全局工作。

网络舆情分析的深层目的，即网络舆情的政治学和社会学价值，主要分析的是网络舆情产生的社会原因和网络舆情对社会公共治理政策的反馈。有学者提出，网络舆情评估的目的是实现科学、民主决策，干预社会不公，保障社会稳定，准确识别社会的各种变化，及时发现社会矛盾。对网络舆情进行高质量、有价值的分析评估，能够推动实际问题的有效解决。这也是网络舆情工作的核心价值所在。

4.2 网络舆情评估的原则与基本要求

随着移动互联网的快速发展，人们能够越来越方便地获取信息，获取信息的时间也越来越短，速度越来越快。与此同时，也存在一些弊端，如负面信息、虚假舆情的传播速度很快，其中留给舆情信息评估的时间非常少。那么，在网络舆情评估中应该掌握哪些原则和基本要求呢？

📌 **课堂讨论：** 为什么要进行网络舆情评估？进行网络舆情评估时需要注意什么？

4.2.1 网络舆情评估的原则

网络舆情评估是一项综合性、创造性的工作，在网络舆情工作中处于突出位置。在开展网络舆情评估过程中，需要把握以下几个原则。

1. 坚持系统性原则

网络舆情评估不是一个简单的过程，而是一项系统性工程，涉及舆情事件的方方面面。既要将舆情搜集、处理、分析和研判当作一个系统性流程，也要将舆情事件参与方、媒体、网民等舆情事件各个要素看作一个整体来考虑。只有这样，舆情评估才能真正切合实际，达到较优的分析评估效果。

2. 把握科学性原则

科学性原则是指在进行舆情评估时，对评估对象的选择、评估方法的使用、评估技术和工具的选用、评估结果的呈现都要具备一定的科学性与合理性，要符合客观实际。具体而言，就是在进行舆情评估时，要把握舆情信息的客观性，不能主观臆断；把握信息的全面性，防止做出片面结论；把握舆情事件的规律性，防止以偏概全。

3. 倡导综合性原则

网络舆情评估是一项综合性工作，涉及政治、经济、社会、民生等多个领域，需要总结学习相关领域的基础知识、发展特点、内在规律，也需要吸收借鉴以前的经验教训。与此同时，在舆情评估过程中，还可能运用到统计、计算等相关工具和技术。因此，在进行评估时，不能简单就事论事，要开拓思路和想法，综合多方面因素。

🔨 **小贴士：** 针对网络舆情评估，要求在全面搜集材料的基础上，做好特点与趋势分析，在对策建议上下功夫。

4.2.2 网络舆情评估的基本要求

在理解网络舆情评估基本原则的基础上，加强深度分析，努力揭示舆情事件实质所在。要通过发现舆情信息的变化，分析判断网络舆情事件发展趋势。要深度分析事件原因，提出解决问题、引导网络舆情的对策建议。

网络舆情评估有以下几个方面的要求。

1. 做好基础工作，准确、全面搜集舆情信息

搜集信息和材料是进行网络舆情评估的基础，也是其中的重要环节。只有拥有全面的材料，才能对舆情事件有全面的了解，也才能够进行深入细致的评估。

一方面，要确定舆情信息监测搜集的对象，明确舆情信息监测收集的重点与热点，从而获取最全面、多样的舆情信息；另一方面，互联网中存在着大量歪曲事实、不合实际的信息，这些信息混杂于真实信息中，如不加以剔除，会干扰分析思路，影响评估结果。因此，在搜集到舆情信息后，要进行信息的鉴别、整理与筛选，以保证后续舆情评估的正确合理。

2. 重视对网络舆情信息的全面性、系统性把握

网络舆情评估是一项系统工程，相关舆情信息分布于事件产生发展的各个阶段，持续关注事件相关信息将有助于提升评估的质量。在评估过程中要善于举一反三，能够将大量与事件相关的舆情信息贯穿起来，找出普遍性、倾向性、苗头性的内容。对于事件涉及的区域、网民群体、信息源等进行整体分析，全方位呈现舆情事件面貌。

在进行舆情评估时，要努力揭示舆情事件的内隐实质及事件产生的根本原因，提出解决问题困境、引导网络舆情的对策建议。

🔨 **小贴士：** 在进行舆情评估时，不能满足于表层现象的分析，要学会从点到面、从表层到内涵、从问题到建议的纵深分析，揭示舆情事件的内在本质和规律。

3. 注重趋势预测，体现网络舆情评估核心价值

舆情评估除了给人呈现当下的舆情状态，一个更重要的目的是要能够对舆情事件的发展进行科学推测，从而提出相关意见和建议。

目前，网络舆情工作中主要存在着偏重舆情搜集的倾向，相当一部分舆情工作的主要目的就是简单地删除有关本单位的负面信息。相关部门分析研判能力不足，偏重舆情信息上报数量，忽视质量，缺乏对舆情事件的深层分析和加工。

要通过掌握舆情事件的"昨天"与"今天"，发现舆情事件的发展变化，从而合理推断舆情事件的"明天"。在进行舆情评估时，要还原舆情事件发展的生命周期，掌握舆情事件的内容本质，揭示舆情事件的变化趋势，预测网民关注趋势，预测事件发展走向。

案例　网约车司机为救婴儿连闯三红灯，事后家属却拒绝作证

广东东莞的网约车司机艾先生接到一张订单，乘客为一家三口带着一个婴儿，上车不久婴儿突发疾病失去知觉。艾先生连闯 3 个红灯将孩子送医，为此，他要被扣 18 分，并处以 600 元的罚款。交警表示需提供相关的医院证明，但婴儿家属却拒绝作证，称闯红灯跟他们没关系。

舆论被引爆后，这名乘客被指冷血，此事被网友称为现代版农夫与蛇的故事。为艾先生抱不平及对乘客的人品、行为的质疑和谴责成为舆论场中的主要声音。

交警部门在调查后取消了处罚，网约车平台也为艾先生颁发了见义勇为奖金。随着进一步调查，发现这是一起乌龙事件，原来医院当时给艾先生的联系方式并非是当事乘客的，而是与当事乘客同时段入院且情况基本相似的其他病人的联系方式，导致艾先生在请对方帮忙撤销违章的过程中出现误解。

虽然艾先生已经向当事乘客道歉，但是从此事件中不难看出，网络舆论监督有时会流于表面，网络舆论暴力有时会对个人隐私与安全造成一定程度的伤害和困扰。

舆情点评

网络暴力是社会暴力在网络上的延伸，主要表现为网民对未经证实或已经证实的网络事件，在网上发表具有攻击性、煽动性和侮辱性的过激言论，造成当事人名誉损害。网络暴力既可以表现为个体层面，也可以表现为集体层面。从个体层面看，暴力主要通过两个方面表现出来：一是语言性的暴力；二是行动性的暴力。但是网络暴力之所以引起人们的担忧，更多的是因为集体的效应。在集体层面上，由于群体效应等影响，网民可能形成强大的舆论声势，通过道德声讨与道德审判来围攻某些个体，甚至形成越权、威胁、侵犯他人隐私或其他权利。

4.3　网络舆情评估分析方法

在互联网背景之下，众多网民对社会各种现象、问题所表达的信念、态度、意见和情绪表现的总和，构成了网络舆情。如何准确掌握网络舆情中所传达的情感倾向、把控其对相关行业的影响力，舆情分析工作者需要掌握一些技巧和方法。

4.3.1　网络舆情评估指标

网络舆情评估是一项需要综合考虑多方面因素和变量的系统工作，为了方便厘清杂乱的网络舆情表象，可建立一些评估指标，如表 4-1 所示。

表 4-1　网络舆情评估指标

第一级指标	第二级指标	第三级指标
传播扩散	流量变化	流通量变化值
	网络地理区域分布	网络地理区域分布扩散程度
民众关注	论坛通道舆情信息活性	累计发布帖子数量 发帖量变化率 累计点击数量 点击量变化率 累计跟帖数量 跟帖量变化率 累计转载数量 转载量变化率
	新闻通道舆情信息活性	累计发布新闻数量 发布新闻数量变化率 累计浏览数量 浏览量变化率 累计评论数量 评论量变化率 累计转载数量 转载量变化率
	微博通道舆情信息活性	累计发布微博数量 发布微博数量变化率 累计阅读数量 阅读量变化率 累计评论数量 评论量变化率 累计转载数量 转载量变化率
	短视频通道舆情信息活性	累计发布短视频数量 发布短视频数量变化率 累计观看数量 观看量变化率 累计评论数量 评论量变化率 累计转载数量 转载量变化率
	其他通道舆情信息活性	其他通道舆情信息活性值
内容敏感	舆情信息内容敏感性	舆情信息内容敏感程度
态度倾向	舆情信息态度倾向性	舆情信息态度倾向程度

1. 传播扩散指标

传播扩散指标是影响网络舆情信息安全的重要指标之一，它用来刻画某一具体的舆情事件或细化主题的相关信息，在一定统计时期内通过互联网呈现的传播扩散状况。

传播扩散指标包含网络舆情信息流量变化、网络舆情信息网络地理区域分布这两个二级指标。

（1）网络舆情信息流量变化。

网络舆情信息流量变化是指在一定的统计时期内某一舆情信息通过互联网不同的数据源通道形成的报道数、帖子数、博文数等相关信息总量的变化值，它总是通过 Web 页面数的变化来呈现的。

通过 Web 页面在不同的统计期内的数值形成的在一段较长时间内连续的 Web 页面变化走势，能帮助评估者挖掘出舆情波动点所在的时间等重要时期，便于发现舆情信息态势的变化规律。

（2）网络舆情信息网络地理区域分布。

网络舆情信息网络地理区域分布是对网络舆情信息的空间分布特征进行描述，用以体现在一段统计时间内某一舆情信息的流通量在各地理区域上的分布，以此判定信息流通量最大的区域及在该时间段内的扩散趋势及分布范围。一般可通过 IP 地址、ID 等因素来获取、查询和定位。

2. 民众关注指标

民众关注指标用来刻画在一段统计时期内民众对国家各方面舆情信息的关注情况，有助于从海量的舆情信息中捕捉和发现民众关注的热点所在，通过密切关注该舆情信息的爆发和演化规律，以确保舆论安全。

民众关注指标包含论坛通道舆情信息活性、新闻通道舆情信息活性、微博通道舆情信息活性、短视频通道舆情信息活性、其他通道舆情信息活性（包括即时通信软件、电子邮件、手机短信平台）等多个二级指标。

各通道活性可通过发布量变化率、累计点击数量、点击量变化率、累计评论数量、评论量变化率、累计转载数、转载量变化率等来获取。

3. 内容敏感指标

网络舆情信息内容敏感是指某一特定的网络舆情信息内容可能造成的危害程度，其下包括敏感性和敏感程度等。

4. 态度倾向指标

态度倾向指标用以刻画针对某一特定的网络舆情信息，民众所持有的观点态度（即民意）倾向，其下包含态度倾向性和倾向程度等。

4.3.2　网络舆情评估流程

网络舆情评估的流程大体包括收集与整理阶段、分析与研判阶段和总结与报告阶段这 3 个基本环节。

1. 收集与整理阶段

舆情信息的收集，也就是进行舆情搜寻、调查和采集。应该组织专人或委托专门机构，建立健全舆论信息网络。

信息收集时，要抓住关键渠道，例如，中央重大政策和改革措施的出台所引发的舆情，以主流媒体、政府重点新闻网站为主要挖掘渠道；与社会民众切身利益相关性较强的政策、做法所引发的舆情，以权力机关的相应网站为主要挖掘渠道；国内外要闻、重大事件的跟踪报道、热点评论等，以新闻网站为主要挖掘渠道；社会热点问题及突发事件，以热门论坛、微博等为主要挖掘渠道；小道消息、谣传等，以微博、微信等为主要挖掘渠道；社会思潮及理论动态舆情，以学术类理论网站和社科类言论网站为主要挖掘渠道。

舆情信息收集时，还应把握有价值的舆情点，如热点、焦点、兴奋点、波动点、重点、诱发点等。

经过搜集而获得的原始舆情信息和样本通常是繁杂无序且真假混合的，因此需要进行整理。整理的过程就是信息和信息样本的组织过程，目的就是使信息从无序变为有序，成为便于分析评估的形式。

2. 分析与研判阶段

对调查获取后的舆情，应该组织专人或委托专门机构进行分析和评估。舆情分析的重点是舆情发展的未来态势，包括舆论发展的方向、强烈程度，以及对社会、政治、经济、文化等的影响，尤其是对社会稳定是否存在潜在危险。舆情研判的标准是看舆情的发展是否符合舆论引导的目的。

3. 总结与报告阶段

最后，对舆情分析资料进行归纳总结，写出舆情评估报告。

4.3.3　网络舆情评估方法

重视并做好网络舆情风险的评估，识别网络舆情风险的程度，预防网络舆情风险的扩大，是对网络舆情管控的第一步，只有对网络舆情风险进行有效评估才能确定采取何种应对措施。

1. 内容分析法

内容分析法是情报学中一种对文献内容做出客观系统的定量分析的专门方法，其目的是弄清文献中本质性的事实和趋势，揭示文献所含有的隐形情报内容，对事物发展进行情报预测。

基本的做法是把媒介文字、非量化的有交流价值的信息转化为定量的数据，建立有意义的类目分解交流内容，并以此来分析信息的某些特征。

2. 比较分析法

运用比较方法对网络舆情事件进行分析，意味着突破地域和时间的制约，对同一地区的不同事件进行比较，对不同地区的事件进行比较，对不同时期的同类事件进行比较。通过对已成型舆情评估案例的分析，对比目前需要评估的舆情，比较二者间的异同之处。

3. 抽样分析法

科学抽样是进行舆情事件分析重要的前期环节，结合互联网传播的特点，科学抽样的规范与否直接影响舆情分析结论的可靠性。

对于样本的选取，媒体信息从体裁上分为报道与评论，抽取样本应该以评论为主；从地区上分为全国性媒体、地方性媒体与境外媒体；从体制上分为体制内媒体与商业化媒体；从文章来源上分为原创与转载。另外，重大涉外舆情事件还要关注境外媒体。

📎 **小贴士：**　网络舆情的分析评估工作是一个系统的、复杂的工程，需要从业人员细致、有耐心且具备一定的相关专业水平。同时，在大数据时代，网络舆情的收集工作也是一个海量的工程，仅依靠人力，其效果事倍功半。但是，技术手段也不能完全替代人工。应以人工为主、技术为辅，依靠科学合理的评估指标体系，采用多角度、多层次的分析手法，客观公正地发掘网络舆情的现实价值。

案例　河南省暴雨捐款捐赠话题网络舆情分析评估

自 2021 年 7 月上旬河南多地出现暴雨以来，捐赠物资的消息便已经在互联网上开始发酵，天灾无情人有情，在自然灾害导致的灾情事故中涌现出众多社会各界人士慷慨解囊的仗义事迹，而随着互联网的进一步普及，捐款事件被进一步放大并成为网民热议的社会事件之一。

自 7 月 20 日开始陆续有"＃河南捐款＃"话题登上热搜榜单，舆情信息量进入高速增长期。这一阶段的捐助信息来源主要是网民群体自发通过社交媒体表达驰援河南的急切心情与爱心意愿，而河南郑州作为灾情报道中的受灾严重区域，更是牵动着社会各界的心。

7 月 21 日，随着越来越多的明星工作室及社会企业力量加入捐助队伍，舆情声量进一步壮大，并在 7 月 21 日 14 时左右达到峰值。据郑州市红十字会网站 7 月 26 日消息称，为支持郑州防汛救灾和灾后重建，社会各界爱心企业、爱心人士积极响应，捐款捐物，累计接收社会各界捐款 10.33 亿元。在高度关注河南暴雨灾情信息进展的同时，网络捐款捐物的爱心援助事件为舆论场高压紧张气氛注入温情力量，围绕该话题产生的舆情声量持续波动。

1. 捐助话题中的舆论分布

对网络舆论信息进一步分析，驰援河南得到了社会各界的积极响应，而明星群体与企业捐助报道是舆论聚焦的两大热点。

（1）明星带头捐助产生强大粉丝号召力。

明星捐助报道自 7 月 20 日开始便大范围扩散，据不完全统计，明星捐赠物资数额已经超过 2 亿元，而明星的强大号召力如"＃肖战捐款 100 万元驰援河南＃""＃时代少年团向河南灾区捐款 100 万元＃"话题在登上热搜榜后迅速在饭圈中激发粉丝行动力，促使舆论热度不断叠加，自 7 月 20 日以来出现较高的数据信息量。偶像群体的带头捐助为粉丝群体行为树立良好的正面榜样，在粉丝后援会等网络社群中呈现出自上而下的动员行为，激发粉丝自发形成对偶像行为的追随，为驰援河南贡献粉丝及偶像力量。

（2）腾讯率先捐款占得舆论先机，胖东来、鸿星尔克民族企业口碑逆风翻盘。

企业捐助信息热度虽低于明星捐助，但同样在舆论场中激发起网友对企业的正面好感度，7 月 20 日 6 时左右，新浪科技率先发布腾讯宣布捐款 1 亿元驰援河南报道，灾难面前迅速反应彰显企业社会责任感，占得舆论先机，这一话题之下网民纷纷点赞"鹅"的大义之举，包括腾讯、阿里巴巴、蚂蚁集团、美团、快手、高德地图、泡泡玛特等在内，多家国内知名企业第一时间驰援河南，舆论声量也随着时间的推移不断上升。

在这次共同抗击洪灾的报道中，以胖东来、鸿星尔克等为代表的民族企业在此次灾情中低调无私捐款的信息一定程度上都助了企业口碑的重塑，支持国货崛起的网络声音不断强化，反过来获得大量的人民支持互助。比如鸿星尔克在亏损 2.2 亿元的情形下仍捐助 5000 万元支持河南灾情，得到数百万网友"野性消费"1 个亿的回馈，这不仅是企业口碑的逆风翻盘，从该事件中也能看出在风雨面前网友们强大的温暖传递互助力量。

2. 河南暴雨抗灾事件中网络捐助的舆论特点

（1）渠道多元化，迅速聚集强大动员力量。

在网络社交媒体的话题氛围下，此次为河南暴雨酿成的灾情募捐可以称得上是一次写进慈善募捐教科书式的案例，网络募捐覆盖面广、高效快捷、突破时间空间的限制因素，真正诠释了"一方有难，八方支援"正向传播。

（2）部分网络舆论道德绑架与攀比，歪曲慈善之举。

但同时也应值得注意的是，在铺天盖地的社会各界人士捐助话题之下，网民容易对捐款数额进行横向比较及深度解读。本是伸以援手的慈善行为，却逐渐在舆论催化下演变成"逼捐""攀比"等公共事件。比如某些艺人在水灾第一时间向郑州市红十字会捐赠了几十万元被谴责赚多捐少，遭群嘲……

由于网络环境的匿名性及复杂性，这类报道在积极援助、共担风雨的正面事件中反而成为不和谐因素，种种慈善事件在网络舆论大染缸中变了味，逐渐演变成极端化的舆论事件。慈善不分大小，遵从本心即可。如果要通过舆论力量施压企业与个人捐助，设置捐助数额达到网民心理预期，那么在这样的道德审判之下，慈善初心便已经不再那么纯粹，反而让各界人士担心舆论反噬爱心，不敢捐，害怕被报道。

（3）阳光募捐呼声强烈，舆论监督重塑社会公信力。

此次河南受灾，社会捐助热情高涨，所涉及的物资数额巨大，牵涉的捐赠方、捐助平台、受捐方等多方利益相关者之间存在捐助信息不对等的信任疑虑。

舆情点评

本次灾情中比较典型的网络募捐主体之一郑州市红十字会成为网民时刻关注的网络账号，明星、网络红人等公众人物纷纷晒出打款郑州市红十字会的捐赠截图再次将红十字会推向公众视野。此前因郭美美事件引发过网民对红十字会的负面标签印象，同时韩红基金会等质疑声音也在舆论场中不断发酵，公众无法有效判断出募捐渠道及款项去向。

而在本次灾情中，郑州市红十字会接收善款之后通过官方社交媒体渠道积极公布社会各界捐款明细和资金去向拨付，在一定程度上消解了公众疑虑，充分利用信息化手段赋予捐赠者及网民知情权与监督权，让公众爱心善举得到妥善安置。从此次舆情事件中也容易看出，网络募捐需要紧紧围绕公开透明原则来开展，协同各个层面共同发力，对信息真伪性、善款拨付明细进行有效监管，让网络募捐全程都在阳光下才能重塑社会公信力，让网络捐助这类爱心延续善举行稳致远。

4.4 网络舆情引导的原则

舆情引导工作涉及面广，头绪繁多，局面复杂，在基本要求指导下，还应遵循一定的原则性要求。舆情引导工作的原则是舆情引导工作在没有先例可循或找不到明确可行的应对办法时，应遵循的主要准则、规范和要求。

4.4.1 以人为本，生命第一

以人为本是科学发展观的基本要求，坚持以人为本，就是要尊重人的特性和本质，把人民的利益作为一切工作的出发点和归宿；把人作为经济社会发展和现代化建设的动力和目的，一切为了人，一切依靠人，不断满足人民多方面的现实需要，实现人的全面发展。

以人为本，就是要求政府把关心人、尊重人、解放人、发展人作为社会经济发展的目的。这就要求在网络舆情应对过程中，要从人民的利益和需要出发，满足其物质、精神文化生活需求，而非简单地堵住舆论的"枪口"。

小贴士： 从本质上讲，以人为本就是一切从"中国最广大人民的根本利益"出发，促进人的全面发展，不断满足人民群众日益增长的物质文化、精神生活和政治民主需求。

在事关突发事件和重大安全事故的舆情引导过程中，应及时报告，第一时间出现在现场，第一时间报道现场；把人的生命健康权放在首位，生命第一；在信息发布过程中，多发布如何尽一切努力抢救和挽救生命，先救人后救物的情况。这也是近年来，各国在重大安全事故后停止部分娱乐电视节目，而及时播报事故、伤亡及救援情况的原因。

案例　陕西省23名老年环卫工突遭解聘，官方称系出于安全考虑

2015 年，西安近 30 名超过 65 岁的环卫工人被突然辞退的消息引发网络热议。当前，我国环卫工人群体正在趋于老龄化，相当一部分超过法定退休年龄，且多数由于超龄或达不到规定所需缴费年限，而无法参加社会保险，环卫公司或上级单位通过其他方式为他们购买的城乡居民社会养老保险、人身意外伤害险又被指"杯水车薪""无济于事"，突遭解聘对于超龄环卫工人来说，就意味着丧失了生活的保障。

对于为什么突然发通知辞退这批环卫工人，西关街道办事处相关负责人告诉记者，是由于前段时间一位 67 岁的环卫工人高温下作业突发疾病被紧急送医。正是出于对这些 65 岁以上的环卫工人身体状况和工作安全的考虑，才做出这个决定，但目前工资还是照发。

舆情点评

研究表明，老龄化正成为环卫工人这一行业的突出特征。据广州大学公共管理学院调研显示，环卫工人年龄在 55 岁以上的达到 35% 以上，其中至少 80% 都是临时聘用人员，具有流动性大、老龄化严重、工资待遇偏低、管理混乱等特点。对此，舆论普遍认为，当前我国环卫工人老龄化的趋势是无法回避的事实，环卫工作为城市的美容师，担负着清洁城市、保障卫生的重要任务，对社会具有巨大贡献，工作时间长、强度大，他们的养老问题必须引起社会的重视。学者建议，政府应加强政策研究，以适应这个行业的变化，在落实环卫工人社会保险政策的同时，应该提高他们的工资待遇，让这个岗位招得来人，退得了休，工作得更有尊严。

4.4.2　依法引导，合乎情理

在舆情引导的过程中，要坚持以国家相关的法律法规为依据和准绳，符合宪法、法律、法规和其他规章制度的要求，宪法明确了公众的言论自由和舆论监督权。

小贴士： 《宪法》第二十七条规定：……一切国家机关和国家工作人员必须依靠人民的支持，经常保持同人民的密切联系。倾听人民的意见和建议，接受人民的监督，努力为人民服务。第四十一条进一步规定：中华人民共和国公民对任何国家机关和国家工作人员，有提出批评和建议的权利。

在依法保护公众知情权、监督权的同时，要依法规范公众及网民的监督行为，对那些恶意散布虚假信息、诬陷他人、危害国家利益，以及对网络监督压制、打击、报复的，对违反有关网络管理或侵犯公民人身权、隐私权、名誉权的行为，有关主管机关要依据情节轻重和危害程度，依法追究法律责任。

小贴士： 我国出台了诸多关于互联网的规定和管理办法，也是网络舆情应对工作的法律依据，如《互联网信息服务管理办法》等。

舆情引导还应做到合乎情理，不仅对待网民和公众要合情合理，公布的事实真相、事件细节也要合情合理，经得起推敲，否则必然引起网民的质疑，甚至攻击。

案例 重庆市大竹林派出所副所长因对群众态度简单粗暴被停职

2021 年 12 月 13 日，网友发布一段视频称，重庆市两江新区大竹林派出所副所长警容不整、对群众态度粗暴。两江新区警方督察部门立即介入调查。

经核查，12 月 12 日 16 时许，网约车司机苟某（男，21 岁，重庆沙坪坝区人）与一女性乘客因其小孩（女，11 岁）在车内呕吐赔偿事宜发生纠纷。接到报警后，两江新区公安分局大竹林派出所民警迅速赶到现场处置。乘客表示可同去洗车并支付费用，苟某拒绝并要求现金赔付。经民警、现场热心民众劝解和双方协商，苟某同意赔付 100 元，乘客支付后各自离开。

12 日 18 时许，苟某来到大竹林派出所，声称经询价洗车、除味共需 180 元，要求民警帮助联系乘客重新赔付。大竹林派出所值班副所长丁某和民警劝说苟某，多体谅呕吐系年幼小孩无意行为，苟某不听劝解，执意要求派出所当晚解决乘客追加赔偿金事宜。反复劝说无效后，丁某与苟某发生口角争执。

目前，丁某因对待群众态度简单粗暴，已被两江新区公安分局停止执行职务，正接受调查处理。同时，丁某值班期间着装不规范，两江新区公安分局已对其予以批评纠正。警方感谢广大网友监督。

小贴士： 互联网聚集了庞大的监督主体，网民会将自己所看到、听到、接触到的不法行为通过微博、贴吧、网络论坛、朋友圈、短视频等互联网社交平台曝光、分享出来，并鼓励其他网友去补充、跟进和印证。这些多元的信息往往会还原出一个完整的事件真相，参与相关社会事件中的个体意见表达、线索搜集、信息揭露等行为，引起广大网民的关注和舆论声援，增加了信息的公开性，使得事件难以被掩盖和隐瞒，从而引起相关部门的重视，促使他们采取相关的措施和手段对之加以调查取证惩处，有效回应公众关切。另一方面，由于处理结果等信息也会在第一时间被公开，减少了事件被拖延的可能，提升了监督的效率。

4.4.3 及时引导，积极面对

舆情信息的最大特点就是传播迅速，网络舆情更是不受时空限制，可以在短时间内传播到世界各地。随着手机上网用户的增加，微博、短视频平台的普遍使用，突发事件、热点新闻、爆炸新闻等传播更是神速。因此网络舆情一旦爆发，相关部门应坚持"黄金一小时"原则，第一时间做出反应，及时应对。

网络舆情一旦发生，相关部门应第一时间做出快速反应，相关人员应通力合作，根据经验在自己的职责范围内开展舆情引导和先期处理工作，而不是消极地等待上级部门来引导，或是等上级过问后才开展引导工作。或者消极抱怨，或者简单地"瞒""捂""堵"，在网络时代和信息时代，这种做法是极其危险、错误和愚蠢的。也不要抱有"息事宁人""大事化小，小事化了"的心态，这将会使自身在网络舆情引导工作中处于不利和被动的地位。

案例　**杭州市男子杀妻碎尸案**

2020 年 7 月 5 日，杭州一女子睡觉时离奇失踪，家属出价 10 万元寻人；7 月 23 日，该女子离奇失踪 18 天，警方成立专案组并称：尚未发现有效线索；在各大社交平台中，关于女子失踪的原因及去向问题成为网友们热议的话题，各种猜测和推论在舆论场中不断交织，相关话题登上热搜。7 月 24 日，杭州警方称：失联 19 天的女子已遇害，其丈夫有重大作案嫌疑。而在此期间，该女子的丈夫还淡定接受媒体的采访。

随后，警方发现女子家中短时间内使用了 2 吨水，因此对化粪池进行调查取证。7 月 26 日，杭州女子失踪案告破：系熟睡时被丈夫杀害后分尸抛弃。警方立刻逮捕犯罪嫌疑人，也就是被害女子的丈夫许某某。

舆情点评

相关部门及时回应网友关切，第一时间通报调查进展情况，在很大程度上有效阻止了负面舆论的进一步扩散，杜绝了舆情态势的二次发酵。

案例　**四川省泸县一学生死亡，警方及时通报受舆论好评**

2017 年 4 月 1 日，四川泸县太伏中学学生赵某在住宿楼外死亡，引发网络热议。

事件发生后，网上流传出各种视频，有舆论宣称视频内容便是事发现场，社交平台上还出现了校园欺凌而死、生前被毒打、泸州五个校霸官二代打死人等谣言。

4 月 2 日起，"@平安泸州"先后发布 3 条微博公布事件调查进展。7 日，"@四川公安"发布通报称，该学生系坠楼自杀，除详细通报了事件发生过程，还发布了一条《泸县公安局关于严厉打击网上造谣、传谣违法行为的通告》的通报，并表示，公安机关将对上述人员依法进行处罚。该条博文转评数高达 11 万，点赞数 6 万多，如图 4-1 所示。

图 4-1　官方对于该事件的详细通报

舆情点评

有网民认为，针对涉事学生究竟是自杀还是他杀这个核心要点，警方从现场勘查、尸检报告、死者生前的社会关系走访、案发当天的现场还原四个方面分别进行论证，内容翔实，有理有据，令人信服。通报中还对社会关切疑点一一做了明确、详细的回应，并针对网上的谣言逐条做了澄清，因此，该通报受到了多数舆论的好评，有网民评论"见过的最详细的通报了"获点赞 29020 次。

4.4.4　把握时机，抢占先机

舆情一旦发生，相关部门应通过媒体主动宣传，营造有利的主流舆论态势和社会氛围，如主动准备新闻通稿等新闻稿件，主动联系有关媒体发布事件相关公告或信息，而不是以"主人"姿态坐等媒体调查事实真相和进行现场报道。尤其是对重大敏感事件、突发事件的新闻报道和舆论引导，要努力抢占先机，把握话语权，赢得主动权，为舆情引导和应对工作营造良好的舆论氛围。

网络舆情爆发后如果没有官方的声音，没有官方的消息，各种猜测、曲解必将给事件的处理带来阻力，导致事件处置和应对工作被动。主动发布权威信息，"在媒体还没来得及报道时"即发布相关信息，可避免公众盲目猜测、恶性炒作及媒体虚假报道。

📌 **小贴士：** 在网络舆情形成初期，网民有实现话语权的欲望，有附和情绪和盲从心理。因此，在其形成初期，积极有效的主动引导可以防止网络群体性事件的发生，为网络舆情应对工作抢占先机。

案例　"11.26"宁波爆炸案，警方及时通报事件动态避免舆情发酵

2017 年 11 月 26 日上午 8 时 50 分左右，宁波市江北区李家西路一带突发爆炸，造成至少 2 人死亡，4 人重伤。

当日 10 时 27 分，"@江北公安"发布第一条微博，距离事件发生仅仅 97 分钟。之后"@江北公安""@江北发布""@宁波公安"累计发布微博 25 条，持续跟踪事件动态。

11 月 29 日 22 时，"@宁波公安"也发布通报称：'11.26'爆炸事件爆炸原因已认定，爆炸原因为'爆炸物归属者单某父亲及堂姐在销毁爆炸物过程中操作不当引发爆炸。'，如图 4-2 所示。

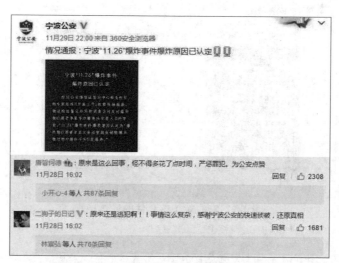

图 4-2　警方关于事件原因的通报及微博评论

舆情点评

有网友表示，这次爆炸事件之所以在网上没有大的舆情发酵，也没有大的谣言产生，要归功于宁波警方及时、公开、透明发布案情，并称赞宁波公安此次舆情处置做得非常出色。

线上线下紧密配合，不温不火、恪尽职守、干净利落、侦破案件、引领舆论，创造了公安舆情处置的经典案例。

4.4.5 公开透明，互动沟通

信息公开、透明是应对舆情的基本原则。从信息传播的角度来说，信息公开是对付小道消息和谣言的最好办法。事件发生或舆情爆发后，应公开事实真相、事情经过、伤亡情况、已采取的措施、已查明的事件原因（未确定原因的事件不要随意假想、臆断）等，让网民想知道、想了解的情况都能通过公开的渠道和信息找到，而不是让网民无从获取或查找，致使网民主观臆断或造谣。

舆情爆发，群情涌动，如果居高临下，自说自话，会激起公众的质疑和反感，形成对立。在信息沟通和传递过程中，应重视平等、公平地与网民和媒体进行互动交流、沟通，知道他们在想什么、想获取哪方面的信息，对媒体、公众一视同仁。舆情引导者和应对者只有放下架子，积极与媒体沟通，平等地与公众交流，以信息公开消除谣传猜测，才能赢得信任支持，才能有效引导舆情，妥善处置事件。

案例 北京地铁打人案，警方及时公布案情经过

2017 年 3 月 4 日，北京地铁上一名男子对两名女生辱骂推搡的视频火爆网络，网上众说纷纭，部分舆论质疑此事是炒作、摆拍，还有部分舆论掀起了"地域黑"，开始黑北京人，口水战一发不可收拾。

3 月 5 日凌晨，"@平安北京"做出了第一次回应，表示已经关注，正在开展调查，约 4 个小时后"@平安北京"做出第二次回应，称已经将视频中的男子抓获。3 月 6 日晚上 8 时左右，"@平安北京"发布微博，向社会公布了整个案情经过，如图 4-3 所示。

图 4-3 "@平安北京"发布的案情经过及微博评论

舆情点评

该通报在微博上赢得了一边倒的点赞，多数网友认为，北京警方从第一时间介入案件回应公众追问，到高效率地调查，再到及时通报，体现了警方高超的媒介沟通和法律素养。有网友评论"处理依法有理有据，叙述逻辑严密服人"，"效率很高，及时还原真相，回应社会关切，好评"。

4.4.6 回应质疑，主动引导

现实社会一旦发生突发事件或探讨焦点问题，网络舆情便会逐渐形成。对于突发事件，网民会有各种疑问，会关心细节，对事件走势会表示关切，质疑事件的起因及来龙去脉。因此，舆情一旦爆发，仅仅发布信息是不够的，还必须迅速了解和把握现实社会和网上的舆情信息，迅速回应公众疑问，如果对网民的疑问和质疑置之不理、漠不关心，很可能导致舆情升级。

在回应公众或网民疑问的同时，还应主动引导舆情及舆论方向，将网络的评论、跟帖、讨论引导到正确的方向上来，引导网民理性、客观地评价和看待事件，不能让非理性、偏激的观点占据主流。对涉及政治等敏感性问题，更应向正面引导，避免舆情向反动的方向发展。

🖌 **小贴士：** 还可以利用舆情专员或舆情评论员去监控、跟踪网络舆情，参与跟帖、评论、讨论，影响网络论坛，进而影响网络舆情走向，将不利舆情引导到主流舆情上来。

案例 江苏省常熟市一名盗窃嫌疑人持刀拒捕，警方认真回应网友疑惑

2017年1月14日，江苏常熟老街发生一名盗窃嫌疑人持刀拒捕事件，引发网友关注。最终常熟警方在与嫌疑人周旋27小时后将其抓获。

1月15日，"@常熟公安"发布情况通报，讲述了事件的起因经过并对"嫌疑人为何要如此顽抗拒捕？""警方为何要与其对峙这么久才将其抓获？""抓获一名嫌疑人警方真的要动用这么多警力吗？""为何最终还是选择强行抓捕"等疑惑——进行回应。图4-4所示为警方在官方微博发布的情况通报。

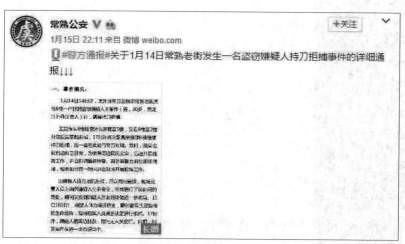

图4-4 警方在官方微博发布的情况通报

舆情点评

多数网友认为，该通报中警方主动解释疑惑并逐条梳理，清晰明了，既让大家知晓了事件的来龙去脉，也消除了可能产生的误解。有网友称赞"通报写得很用心，给常熟警方点赞"，"这样的通报，老百姓看了都明白，没有质疑，没有怀疑"。

4.4.7　信息准确，细节真实

真实准确是信息之本。准确真实的信息才不会误导公众，错误虚假的信息比没有信息危害更大，会给事件处理和舆情引导工作带来极大的危害。信息准确、细节真实，还原真相、还原全貌，尽量不让事件留下疑点，力争不给公众带来困惑，做到客观公正、取信于公众和网民，唯有如此才能促使问题尽早解决，舆情尽早平息。

案例　**福建省泉州港11·4碳九泄漏事故，舆情处置不当**

2018 年 11 月 4 日，福建省泉州港发生碳九泄漏事故。事发当天，当地环保部门发布官方通报，对事故初步原因、造成的危害向社会回应。这一官方快速的通报不仅没有缓解舆情，反而因为"信心满满"的表达，与受众感受造成强烈反差而引发舆情强烈反弹，达到峰值，舆情升级为全网关注的热点。

事故发生后，官方"不负责任"的通报直接带来当地政府公信力"雪崩"的结果。而"女记者被精准查房"的插曲，再一次引发社会舆论对当地"掩盖事实真相"的次生舆情。直至最终调查结果认定事故瞒报污染量达近 10 倍，企业恶意串通瞒报，严厉追究责任，舆情才逐步消解。

这是一起事故处置不当引发舆情的典型案例，由区域事件演变为全国发酵，时间持续近一个月，值得认真总结分析吸取教训。

事故发生后，第一回应要快，更要"稳、准、温"。"欲盖弥彰""自我打脸"后更容易跌入"塔西佗陷阱"；公众恐慌来自无知和失信，官方回应不到位，谣言就会迅速蔓延，而"精准查房"令舆情关注点失焦跑偏，绝对不能为舆情维稳而滥用公权力。

舆情点评

化工安全事故引发的环保事件，容易造成区域性甚至社会性恐慌，必须高度重视，建议提级舆情处置，才能更好协调统筹条块分割职能交叉的政府部门，防止出现不同口径，不负责任的舆情处置，导致更大危机。化工大省大市更应重点做好监管监测，建立科学的监管和舆情应对机制，不能因是当地经济支柱而放松监管为企业背书。

4.4.8　部门联动，协同引导

舆情引导工作涉及面广，会牵扯多个部门，引导工作需要部门之间有效联动，协调行动，共同应对。部门联动、协同引导是指相关舆情的政府主管部门及其他相关职能机构联合行动、分工协作、彼此配合，对舆情进行引导和应对等，从而化解舆情危机，促进舆情涉及的事件或问题有效解决。

部门联动既指舆情引导的各主体之间联合行动，如宣传部门、公安部门、工商部门等，也指上下级部门之间、政府与企业之间的联合行动，甚至包括与媒体之间的有效联动和沟通。各个部门之间高效的联合行动需要有效的沟通协调，做到步调一致、口径一致、行动一致，才能提高舆情的引导效果。

4.4.9 分级引导，分工协作

属地管理与分级管理是我国政府管理的基本原则，这也是舆情引导工作的原则。根据舆情危急、紧急程度及舆情涉及事件的大小，分别由不同层级的相关政府部门负责引导和应对，启动相应的应急预案。坚持归口管理，尽量就地解决，将舆情及舆情反映的事件化解在基层。

同时，各级宣传部门、公安网监部门、国安部门、工商部门、教育部门、共青团（青年思想政治教育）等部门和网络运营商要担负起各自的互联网管理职责，按照职能分工协作，发挥各自的优势，齐抓共管，共同营造文明健康的网络文化氛围。有关企业及其他社会组织在涉及本单位的舆情和事件爆发后，应积极配合有关部门，做好引导工作，避免矛盾激化。

4.4.10 统一指挥，统一领导

舆情一旦形成，应立即明确主管部门、主管领导及其责任，统一指挥、统一领导舆情引导工作，避免相互掣肘。尤其是对于突发事件而引发的网络舆情，在危机状态下，领导指挥机构有权调动各个部门的人力、物力，以便统一行动，从而将危害程度降到最低，同时应在领导指挥机构设立新闻工作组，负责事件的媒体接洽、对外宣传、舆情引导工作。

案例 **四川省成都市"6·5"公交车燃烧事件**

2009 年 6 月 5 日，四川省成都市"6·5"公交车燃烧事件发生一小时后，9 路公交车燃烧事件的相关信息和图片便开始在网络论坛、QQ 群上迅速流传，无数网民开始用电话或搜索引擎求证信息，议论纷纷。关于事故发生原因的猜忌、疑虑一时间充斥着网络。

成都市快速启动了宣传应急预案，构建了由宣传、公安、消防、安检、卫生、民政、交通等部门负责人组成的宣传信息组，在省委宣传部门的统一指导下，全面开展新闻发布、舆论引导、网络舆情监管和社会舆情收集等工作，及时公开信息，牢牢把握了舆论的主导权。宣传信息组的构建和宣传部门的统一领导使这次突发事件的舆情应对工作取得了良好的效果。

4.5 网络舆情引导的误区

舆情引导是指舆情爆发后或突发事件发生后，对舆情的性质、趋势和走向做出预判，相关部门或单位为了化解矛盾冲突、避免事态扩大，针对舆情所采取的措施和策略，如公开信息、澄清事实、舆论引导，查处舆情所反映的社会问题等，舆情引导应坚持正确的指导思想和原则。

课堂讨论： 网络舆情引导有助于化解矛盾，避免舆情扩大。那么在进行网络舆情引导时需要注意什么？

随着网络的发展和网络舆情的不断出现，各级政府相关部门都建立了相应的舆情工作机制，制定了相关的制度，采取有效措施以应对网络舆情，处理各种突发事件和危机。但从现实的舆情工作状况来看，还存在诸多误区和问题。目前，舆情引导工作主要存在以下观念上的误区，在实际工作中应极力避免。

1. 试图掩盖事实真相

面对突发事件或敏感问题引发的网络舆情，某些政府部门或企业害怕事实真相暴露，害怕矛盾升级，首先想到的是封锁消息，并主观认为只要保密工作做得好，事实真相应该可以被掩盖。

随着我国政府追责制度和引咎辞职制度的逐步建立和完善，某些政府部门或政府官员因为害怕被追究责任，倾向于封锁消息，掩盖事实真相，甚至不惜捏造事实、撒谎。我国频繁发生的矿难事故中谎报、瞒报伤亡人数的情况时有发生。

🔊 **小贴士：** 无论是网络舆情，还是现实社会舆情，一味地删帖、封堵信息、压制舆论，不可能解决问题，是封不住真相，也封不住事实的。

2. 认为政府可以指令媒体

舆情或突发事件一旦爆发，面对各路媒体的质疑、提问及采访报道要求，政府并不是以平等的心态主动满足其要求，而是采取打压手段。这反而容易激起媒体和公众的愤怒，使质疑批评不绝于耳，流言小道消息不断，事态不断扩大升级。这种观念是官本位思想的体现，党政部门应摒弃这种观念，将媒体和公众置于与自己平等的位置上。

3. 认为公布事实就是公布结论

信息公开是舆情引导的基本原则，信息公开只需要公布已经调查清楚、查证核实的信息，而不是下结论、给事实定性、给事件盖棺定论。舆情引导工作是严肃而认真的事情，在没有调查清楚真相前，就草率地发布结论，转移舆论焦点，不仅不利于舆情引导，还会引起网民和公众的更多质疑与不满，进而成为网上舆论攻击的对象，成为网络舆情的焦点。

4. 舆情属于宣传部门的事

舆情引导工作涉及诸多主体，包括公安部门、宣传部门、新闻办、共青团、青联、教育部门、企业、行业协会及事件主管部门等。在有些部门或公务人员中存在一个观念误区，认为舆情引导只是宣传部门或者新闻办的职能，自己完成本职工作即可。

但事实上，舆情引导工作是需要多个部门协同配合完成的，而不是某个部门能独立有效应对的。任何舆情一般都会至少涉及宣传部门、新闻办、新闻出版部门、事件主管部门。总之，不能有"事不关己、高高挂起"的心态，只要与部门业务和职能相关，舆情引导就是其不可推卸的职责。

5. 小事化了，勿惊动上级

很多地方政府部门都有"大事化小、小事化了""多一事不如少一事"的心态，于是尽量避免发布相关事件或舆情的信息。同时，害怕事情"捅出去"了会受到上级的处罚，于是采取鸵鸟政策，或心存侥幸，或一拖再拖、不理不睬。而网民和媒体最受不了的就是"不被重视"，最终导致"小事拖大、大事拖炸"，使舆情爆发，不可控制。

一旦爆发突发事件，出现舆情，采取私下化解、瞒报压制等措施是不利于事件处置和舆情应对的。更赞赏与群众、网民平等、平心静气、公开地交流沟通，从而有效处理事件，化解舆情。

6. 重视事件，却忽视舆情

由于我国正处于社会转型时期，各种社会矛盾突出、多发，因而近年来群体事件也屡次发生。在突发事件和舆情的应对中，有些政府部门重视突发事件本身，却忽视舆情的引导和应对，普遍存在这样一种心态，即"事件我们已经处理好了，网上任它怎么说去吧""事件我们已经处理得近乎完美了，公众还能说什么。"

这是一种极为错误的观念，在处置突发事件的整个过程中，始终都伴随着网络舆情的应对和处置，并及时总结，在事件处置过程中还应及时了解网络舆情的焦点、动向，及时回应网民的关切，合理引导网民舆论。同时，应以最快的速度将事件处理进展和处理结果及时通告媒体，让网民知晓，可以平息很多不必要的舆论。

7. 事实已明了，选择沉默

部分地方政府在应对突发事件和舆情时，存在这样一种认识：事实真相已经查明，媒体和公众可以通过相关网站或公告查询，这时选择沉默，言多必失；或者是事实明摆着，大家自己看吧，我们不讲。但是公众和媒体即使知道事实了，他们也希望事实从政府权威部门的口中说出来。这时政府不能害怕讲，而应主动讲、大胆讲、大声讲、多讲，让更多的人知道事实真相。

例如，某地传出地震谣言，就需要政府部门通过各种形式，如网络、电视、报纸、广播、短信、公告、新闻发布会等进行辟谣，在这种情况下，如果保持沉默，或是只通过网络发布相关信息，结果可能是灾难性的。

8. 网民不讲理，不予理睬

某些政府部门在突发事件或舆情爆发后，常常抱怨公众或网民不明真相、被人利用，不讲道理。他们认为事实清楚，案情明了，于是对部分公众或网民的质疑不予理睬、置之不理。这种不理不睬势必会激怒媒体和公众，激发其逆反心理，导致事件和舆情升级。

从现实实践来看，诸多群体性事件都是由于对小的舆情不重视，对公众的合理要求不闻不问，矛盾积压，一拖再拖，最后导致事件升级。

9. 认为媒体挑刺揭短

有的政府部门认为，舆论及时曝光，媒体就是来挑刺的。因为这种心理和看法，这些部门和公务人员害怕接触媒体，常常与媒体对立，不信任媒体，常采取不理智或过火的言行。国内已发生多起打砸媒体记者及其报道器材的事件，就是这一问题的最好例证。因为害怕曝光，害怕媒体挑出更多问题，这些政府部门或公务人员就会尽量不让媒体知晓相关事实，而面对媒体时，也采取尽量不说少说为宜的策略，公众就难以了解事件真相，而媒体总会不断追问，如此便会形成恶性循环。

报道事实真相是媒体的基本职责和权力，也是媒体存在的根本基础。因此，不要误解媒体报道是在挑刺揭短，报道事实真相，揭露社会问题，追查问题原因是媒体的职能，与政府部门应履行自己的职责一样。当然，媒体也不能捏造事实，报道虚假信息。

10. 内部解决，不外扬

随着社会的发展，信息传递方式的改变，"家丑"已经难以不外扬了。受这种思想的影响，一些政府部门和地方政府在出现问题后，常常寻求办法尽可能内部解决或者在一定范围内解决，私下解决，相关信息也只在内部或一定范围内传递，可是往往信息最终还是走漏了。

消息一旦走漏，舆论哗然，必然导致事件升级，引爆舆情；即使消息一时没有走漏，也会引起网民猜疑、媒体质疑，必然出现谣言和小道消息，同样会引发网络舆情，导致事件升级。现代社会，政府或其他组织在出了问题后，一开始就应主动暴露"家丑"，彻底公开信息，公开解决问题，这样更有利于事件处理和舆情应对。

小贴士： 舆情引导的6种常见错误心态：家丑不可外扬的面子心态；沉默是金的自保心态；媒体可控的自负心态；为民做主的刚愎心态；不给领导添乱的保镖心态；不惜一切代价的维稳心态。

小贴士： 舆情引导的 6 种常见错误策略。

"鸵鸟"策略：充耳不闻，装聋作哑，不敢承认、面对事实。

"泥鳅"策略：害怕，不知如何应对媒体，逃散敬而避之。

"袋鼠"策略：掩盖事实真相，遮掩躲闪，轻描淡写，"无可奉告"。

"壁虎"策略："丢车保帅""大事化小""小事化了"，舍小存大，舍末留本。

"麻雀"策略：推诿指责，口径不一，互不通气，随意下定论。

"鹦鹉"策略：缺乏自己的主张和观点，照搬文件，鹦鹉学舌。

小贴士： 舆情引导工作应坚持四项基本原则，以党的方针、政策为指导，遵循党的思想宣传和舆论工作方针。同时，站在新的历史时期，网络已经成为重要的舆论宣传阵地，因此，各级党政机关尤其要加强和重视网络舆情工作。

4.6　网络舆情引导的方法与技巧

舆情引导需要解决说什么、怎么说、什么时候说、跟谁说、为什么说等几个问题。因此，在本节中将主要介绍舆情引导的方法和技巧，主要涉及说什么、怎么说、什么时候说等问题。

课堂讨论： 你平时在关注网络舆情时，说说通常都有哪些舆情引导的方法？

4.6.1　网络舆情引导的方法策略

网络舆情引导工作并非是一蹴而就的。首先需要加强宣传和培训，增强责任主体对网络舆情的敏感度，从而令其自觉培养适应网络舆论监督下开展工作的能力。

网络舆情引导的方法多种多样，表 4-2 所示为几种常见的舆情引导方法。

表 4-2　常见的舆情引导方法

引导方法	适用情景	操作要点
召开新闻发布会	重大突发事件、重大舆情、人员伤亡或财产损失较大的事件、暴力恐怖事件、涉外事件等	新闻通稿、服务媒体、沟通记者、用新闻发布会议程引导舆情
发公开信	重大舆情、重大事实错误、众多人质疑、共性问题等	澄清事实、公开道歉、回应问题和质疑
发布公（通）告	重大危险源、极端天气、自然灾害、恐怖袭击事件、辨明是非等	预警信息尽量全覆盖，让公众知晓风险，了解注意事项
信息疏导	谣言、误会、辨明是非、有不法分子煽动等	突发事件宜做好现场疏导
公开事实	突发事件、谣言、城市公共危机、治安事件或刑事案件等	"镜像式"地公开现场事实，非公开原因
解释澄清	谣言、误导、误会等	通过媒体加以澄清

（续）

引 导 方 法	适 用 情 景	操 作 要 点
公布案件查处情况	重大伤亡或经济损失事件、社会治安事件或群体事件、重大刑事案件、重大食品安全事故、冤假错案	公布案件查处情况，案件调查、侦查进展情况
承认错误	过失或过错，错误或不当言行、失误等	公开承认错误、道歉
领导直面	重大突发事件、重大舆情、有关领导者自身的谣传等	领导者直接参与，直面媒体或公众
组织专家解读、人物专访	重大自然灾害、重大事故灾难、公共卫生事件、各种谣传、迷信、公众存在重大疑虑等	邀请相关专家在媒体上进行公开解读，或进行访谈

小贴士：舆情引导方法在实际工作中并不是单一使用的，可能几种方法同时使用。

面对日益开放透明的舆论环境，社会责任主体不仅要有面对舆论压力的抗压能力，还要有从容应对的水平；不仅要使信息公开成为常态，更要学会主动研判网络舆情。对过激言论，要有清醒的判断力，通过不断培养自身的网络舆情敏感意识，树立正确的网络舆情观念，既不畏惧网络带来的冲击和挑战，也不忽视网络的优势和作用，把网络建设成为表达民意的平台，善于从网络舆情中发现工作的盲点、弱点和问题，寻找舆情形成的社会基础，从根本上解决问题。

网络舆情引导的策略主要表现在以下几个方面。

1. 善用媒体引导网络舆情

媒体是网络舆情的主要集散地，同时也是舆论宣传的重要平台，认识媒体、善用媒体是当下各机关部门和企事业单位的工作重点。媒体的言论倾向性往往对舆论具有巨大的主导作用。

因此，要善于利用媒体进行正面舆论引导，加强正面宣传，用正面声音占领网络阵地，用正确舆论引导广大网民，充分发挥重点新闻网站舆论引导"主力军"、主要商业网站正面言论"放大器"和官方网站权威信息"资源库"的作用，构建大范围、宽领域、多层次网上舆论引导平台。要充分发挥网络媒体传播迅速、网民参与面广、互动性强、容易形成热点等优势，实现舆论引导效果最大化。

在洞悉网络舆情特性的基础上积极引导网民的有序参与，善于倾听网民的心声和民情，坚决抵制和批判失实、低俗信息的传播，使网络空间成为社会主义核心价值传播和弘扬的场域，使网络空间与现实社会形成良性互动。

要坚持正确舆论导向，营造积极、健康、向上的主流舆论，通过准确、客观、全面的报道，向社会提供全方位信息，满足不同社会群体不同层次的信息需求，用正面宣传挤压各种噪音、杂音的生存空间，用正面声音消解各种错误、反动观点的不良影响。

2. 建立健全工作制度是应对舆情的关键环节

应对舆情的关键环节说明如图4-5所示。

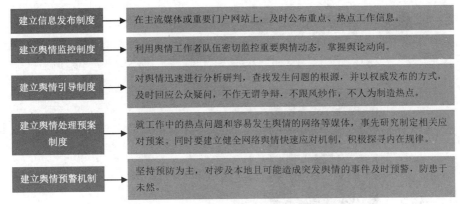

图 4-5　应对舆情的关键环节说明

要强化正面疏导，建立应对网络舆情的处置机制。对网民反映情况属实或有一定根据的批评性网络舆情，做到及时纠错、公开答复，争取工作的主动性及预见性；对于反映情况失实或恶语中伤的，要通过正当途径公开辟谣、以正视听；对于不当炒作、可能引发重大不稳定事件的，要依法妥善处置；对媒体关注甚至热炒的有关敏感案件，可以通过新闻发布会、接受专访等方式，做好有关解答。

要做好风险评估，建立应对网络舆情的研判机制。地方政府要依照舆情反映的对象是否具体、线索是否翔实、情节是否严重、后果是否值得关注等诸多变量仔细研判，做好风险评估，确立舆情危机等级，启动与之相对应的反应机制。要充分利用公众媒体建立应对网络舆情的联动机制，争取传统媒体的支持，及时、客观地发布信息，争取广泛的理解、合作与支持，避免出现不利的舆论导向。

3. 尊重群众发声，倾听民意诉求，是处理网络舆情的重点

在进行网络舆情预警工作之初，要依托舆论互动平台，拓宽信息沟通渠道，倾听群众发声、认真筛选舆论的好意见、好想法、好思路，努力集思广益，避免在工作中陷入闭门造车的误区。要以建立长效机制为目标，完善信息运作体系，细化工作职责，加强组织协调，建立顺畅的舆情集中、归纳、核实、提炼、处理、反馈的机制，通过论坛、电子信箱、微博、微信、短视频等形式与网民交流，引导群众思想和社会舆论。

　　小贴士：　通过科学民主的程序，把网民民意内化成一种良性的工作思维与行动，争取更大范围的理解和支持，自觉把互联网的优势转化为推进社会治理的现实动力和强大合力。真正做到让网民满意，使工作受益，以实际行动提高社会治理能力。

案例　张家口市骡子"远距离碰瓷"

2017 年 8 月 20 日，微博网友"@潞潞 love"发布了一条微博，讲述了他到河北张家口张北草原天路旅游，在骑沙滩摩托车时，远距离被一匹骡子"碰瓷"，被骡子主人索赔 1 万元，引发网友热议。

8 月 22 日，"@张家口公安网络发言人"发布通报称，经调查，由于游客追赶骡子，导致骡子受伤，之后游客和骡子主人达成调解，游客赔偿 4500 元，骡子由骡子主人自行处理。该微博转评数近 3 万，点赞数近 2 万。图 4-6 所示为警方在官方微博发布的情况通报。

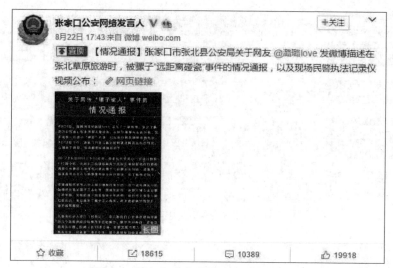

图 4-6　警方在官方微博发布的情况通报

舆情点评

有网民认为，该通报通过翔实的调查和完整的视频还原，把"网曝"事件的真相客观呈现出来，通报中附有二维码，扫描即可观看现场执法记录仪视频，还附有现场目击证人书面证明和牲畜贩子书面证明，证据展示确凿，值得称赞。

案例　**江西省奉新县发生驾车冲撞行人事件的舆情处置**

2016 年 1 月 19 日 7 时许，江西奉新发生一起驾车冲撞行人事件，造成 4 人死亡、18 人受伤，死伤者大部分为学生。事发后，专业舆情分析团队于当日清晨快速赶往事发地，协助当地有关部门进行舆情处置工作。

一是提出做好案发现场、医院等舆情"第一现场""第二现场"的管理，统一对外信息输出，确保社会面秩序平稳。

二是利用大数据舆情平台专门对该舆情事件网络舆情传播情况持续进行监测，准确研判舆情动向，使舆情实体处置有的放矢。期间，监测到一些自媒体平台流出了有关"肇事者家中还有尸体"等谣言，于是后续有针对性地进行了辟谣。

三是对接"@奉新发布"（奉新县委宣传部官方微博），在网络舆情未曝出前，快速对基本案情、处置进展进行公开通报。

当日 8 时 55 分，"@奉新发布"对外首次发布该案有关情况，同日，连续发布多条微博，针对网民关注的伤亡情况、救治情况、肇事者身份、案件调查进展等进行通报，澄清谣言。

当日 15 时 20 分左右，奉新县召开新闻发布会，向社会通报最新伤亡情况及案件调查和处置情况，通过新华社、中国江西网等主流权威媒体发声引导，正面声音持续放大，舆情平息较快。

舆情点评

在此类网络舆情危机事件的处置中，配合线下有效的实体处置，官方第一时间发声至关重要，这关系到舆论引导处置的主动权问题。

4.6.2　网络舆情引导的技巧

舆情引导就是有关部门或个人与媒体、公众、网民打交道，传递信息，交流思想的过程。打交道的过程是需要一定的技巧的。

1. 发声技巧：快报事实，慎讲原因

所谓"快报事实，慎讲原因"，首先强调要快，要迅速发声，不能迟疑和怠慢，做到"第一时间"做"第一定义者"。

其次说明了报的内容——事实，由于时间紧迫，很多细节和原因尚不明晰，面对敏感而情绪激动的公众，必须要谨慎，尽量描述事实，公布确切的内容，不要匆忙宣布未经核实的内容，不要将还在调查阶段的情况随意定性，不要用猜测和模糊的口吻说明原因。

在发声过程中，要追求时间及时，不要试图一次性把事情说清楚，要随着事件进展和处理进程循序渐进地说。在整个过程中，要注意前后口径一致，不要自相矛盾；要切中公众关心的重点，切忌拖沓啰唆；要注意遣词造句，并配以恰当的情感表达。

2. 沟通技巧：以情动人，以诚感人

面对网络舆情事件，公众一般都较为情绪化，容易被煽动和激怒，同时也容易被感动。舆情客体如果仅仅是做出直白冰冷的解释，对事实进行理性阐述，很可能不会较快收到受众积极的反馈，对网络舆情的引导效果甚微。如果在表达中赋予感情，诚恳表达出歉意、同情、伤感和后悔等，则能够在一定程度上缓解公众情绪，博得公众好感；如果再配以富于细节的温情片段，则能潜移默化地感染受众，可以有效地转移公众的注意，再引导舆情便水到渠成了。

小贴士： 传播理论中对于说服研究效果有关于"诉诸理性"和"诉诸感情"说服效果的对比，虽然没有一致的结论，但不少宣传实验充分肯定了"通过营造某种气氛或使用感情色彩强烈的言辞来感染对方"的方法对传播效果的积极影响。

3. 媒体利用技巧：设置网络议程

大众媒体在网络舆情主客体间起着重要的桥梁作用，善用、善待媒体是网络舆情应对过程中非常重要的一点。在舆情事件发生后，如果利用好大众媒体，设置网络环境中的公众议程，也就是公众主要关注讨论的重点和方向，将对引导网络舆情起到至关重要的促进作用。

在舆情事件发生后，首先要给媒体及时提供准确、翔实的信息，以开放且友好的态度对待媒体，发出客观的信息和权威的声音，从而通过媒体将公众的关注和讨论的重点集中在官方信息上。

其次，要主动策划相关活动，组织媒体进行采访报道，如举办新闻发布会、带领媒体参观现场等，从而通过媒体的大量报道引导网络话题的走势。

最后，通过媒体的角度进行舆论引导，从而引领网络舆情朝着和谐稳定的方向靠拢。

4. 谣言控制技巧：斩断源头，依法惩处

谣言传播如同信息传播一样，从传播源通过传播介质被部分受众接收，再被这部分受众进行"二级传播"传给更多受众，互联网加剧了这个传播过程。要想控制谣言，从过程中着手是非常困难的，工作量大且无从下手，因而要斩断谣言的源头，从原点切除谣言。同时，要对谣言的散布者依法进行严厉的惩处，以起到广泛的警示作用。

5. 观点引导技巧：团结和培养意见领袖

网络意见领袖与现实意见领袖具有一定的重合度，很多现实生活中的名人和行业精英同时也是网络中备受关注的网络红人。此外，网络本身也孕育出一大批草根偶像，其言行、意见受到网民的欢迎和追捧，具有比肩名人的网络影响力。

在网络舆情的引导中，如果能够利用意见领袖的影响力，将会在观点和意见引导中起到事半功倍的作用。在公众的感知中，网络意见领袖的立场较为中立客观，并且更值得信赖，尤其是草根意见领袖很容易让受众产生亲近感和共鸣。因而要尽可能团结和培养与舆情事件相关的意见领袖，借助他们之口加快正面信息的传播速度，影响公众的情绪和态度转变。

可以从如图4-7所示的两个方面来团结和培养意见领袖。

一方面，要充分做好基础工作，全面进行信息公开，积极解决问题并进行问责，真正反省并承担责任。这样，就能够吸引部分意见领袖主动进行正面声音的扩散，帮助舆情客体修复形象，转变舆情主体的态度。

另一方面，要以足够的诚意打动意见领袖，以耐心细致的解释劝服意见领袖帮助网络舆情客体进行宣传和解释，引导网民的意见走势。

图 4-7　团结和培养意见领袖的方法

案例　山东省平度市一老人饿得剩皮包骨，政府相关部门及时回应舆情

2017年8月9日21时39分，网友"@黎桂ligui"微博爆料称，山东省平度市崔家集镇大城村孤寡老人李某某84岁无低保，个人应分的1.92亩土地被原村干部卖掉，卖地收入被原村干部装入腰包，都快饿死了，一辈子也没安上电灯，7年没有吃过一顿饺子。

8月10日14时18分，平度市委宣传部通过政务微博回应称，8月10日上午，镇政府安排人员将李某某接至当地卫生院进行全面体检。目前，老人生命体征平稳，正在留院观察……李某某将1.92亩口粮地转租……并非被原村干部卖掉。崔家集镇已于今年7月22日为其办理低保手续，8月份起享受农村低保待遇。目前，崔家集镇正积极协调民政部门为李某某老人办理临时救助和五保供养手续，入住敬老院，确保老人后续正常供养。感谢广大网友对李某某老人的关心和关注，我们将进一步做好对生活困难的无依靠老人的救助和帮扶工作。

8月11日10时54分，通过微博发布决定：给予崔家集镇大城村党支部书记李某某免职；给予崔家集镇社会事务办公室主任王某某停职；给予崔家集镇党委委员、管区书记陈某某停职。民政部门正在对全市农村生活困难群体进一步调查摸底，对符合条件的及时纳入保障。

舆情点评

8月9日21时39分微博爆料后，至10日14时18分平度市回应，无论是舆情反应速度，还是处理态度，以及回应内容，都值得肯定，负面舆情监控到位，表现出了较高的舆情应对机制和技巧。

8月10日，平度市首先集中回应了舆论关切，如老人救助、口粮地被卖等，较好地平息了舆论，有效预防了谣言的产生，对媒体的导向有着积极作用，报道中均使用"官方回应……将安排入住敬老院"，政府的声音得到了清晰传播，有效避免了误读。同时，也为后续调查和追责争取了足够时间。

8月11日，平度市对相关人员进行处理，正在对困难群体摸底，通过追责和具体行动，进一步消解了舆情危机。但平度市也应注意到，此类问题具有长期性，要有长效机制，避免悲剧再次发生。同时，对相关人员的处理应有理有据，切勿只为平息舆论，拿一些人开刀。

4.7　网络舆情引导的工作机制

为有效引导舆情，改善舆情引导和应对工作状况，应该构建舆情应对工作体系，完善舆情引导法律法规，健全舆情引导工作制度，建立舆情引导机制，筑牢舆情引导工作基础。

4.7.1　主动出击，及时控制

网络传播相较于传统媒体更迅速、快捷，对政府的行政效率提出了更高的要求。然而，受公共管理传统思维模式的束缚，一些政府职能部门对于人民群众关心的问题或者涉及人民群众根本利益的事件，常常反应迟钝或者拖延处理，有时甚至置若罔闻，或为了政绩隐瞒真相，直到在社会上广泛传播，事件升级扩大，引起比较大的社会震荡时才不得不采取措施。最终由于错过了舆情事件处置的最佳时间，而影响事件的处置效果。

因此，应对网上舆情特别是突发舆情事件，相关部门要主动出击，在第一时间发布权威信息，主动与群众进行沟通交流，有效抢占网络舆情引导工作的先机和主动，牢牢把握住"网上话语权"。

第一，建立网络舆情日常监测机制，24 小时不间断地对事件进行跟踪和反馈。不间断地对重点网站、论坛等进行主题检测和专题聚焦，保持对事态的第一时间获知权，以准确把握网络舆情。在大数据时代背景下，要对网上舆论情况了如指掌，就必须依靠功能强大的舆情监测系统。第二，把握网络舆情的特点及其发展演变规律，做好舆情解读和研判，建立分级响应与处置机制，科学应对网络舆情。根据舆情发展的规律，准确判断出具体舆情事件的发展趋势，做好各种走向的应对准备，力争迅速控制事态，防止引发新的舆论热点。

小贴士：　化被动为主动，加强对网络舆情引导和管理的研究、规划，制定促进网络发展的方针、政策，积极建立符合我国国情的、有中国特色的网络舆情管理体制，使网络媒体成为有利于我国发展的利器。

4.7.2　疏堵并举，管好管活

随着我国改革开放的不断深化，广大民众的民主意识显著增强，知情权需求和话语权诉求空前提高。而互联网技术的蓬勃发展，让每一个公民都能成为发布信息的"记者"，只要在法律和行政法规允许的范围内，人人都可以在微博、微信、论坛、贴吧、短视频平台等自媒体上发布信息、阐释观点与交流思想。

在网络时代，舆论传播格局发生了重大变化，传统媒体时代对一些新闻资源和新闻事件封堵的惯用手法已不再适用。互联网传播的特点和属性，决定了对网络舆情进行管理必须是疏导而非封堵，否则只会形成社会舆论的"堰塞湖"。

小贴士：　不同于传统舆论，网络上的观点和言论更贴近于老百姓的真实心态，更能如实地反映社会实际情况。法律保障人人享有言论自由的权利，每个人都可以通过微博、微信、论坛、短视频等在互联网上自由地发表言论。

因此，对于互联网舆情的管理与引导，要讲究处理谋略，既不能不管，又不能管死，而是要疏堵并重，管好管活。要从网络舆情的实际出发，以维护社会秩序，保持社会稳定，保障公民的合法权益为根本出发点，在满足广大网民正常表达心声，正确表达对政府管理的意见和建议的同时，又要做好社会舆论引导工作。这就需要从政策上支援主流媒体，要其充分发挥自身优势，从报道上抢到第一时间，在舆情中发出第一声音，从而提高自身的新闻性、信息性和思想性，进一步树立其权威性，正确引领舆情，有效抢占阵地，以强势力量争夺读者。

4.7.3 标本兼治，联动管理

网络舆情的规范和引导不是孤立的，而是与现实空间的思想工作和实际工作密切联系在一起的，两者之间有着强烈的联动效应。突发事件只是社会深层矛盾、问题的导火索，也就是说，即便没有网络，这些问题在现实社会中也同样存在，网络只是提供了一个空间。

例如，在一些官民对立的社会事件中，如城镇拆迁问题，钉子户往往会得到媒体及网民的认同、支援和声援。这其实是对现实社会中公正缺位、贫富分化严重、中下层上升道路受阻等现实问题的反映。特别是城建中的暴力拆迁、不公平补偿等现象让民众深恶痛绝。这就在客观上让"最牛钉子户"成为一种社会底层顽强地寻求生存与发展的精神寄托，一遇时机便在网上爆发，随即又传递到现实空间，从而引发更大范围的波动。

为此，政府要做好网上舆情引导与监管工作，首先应当做好网下实际工作，并且实行网上与网下思想工作的联动。只有这样，网络舆情引导工作才能真正奏效。在网上，政府应当高度重视对网络舆情的跟踪和分析，把网络舆情分析作为把握社会思想动态的重要渠道。注意发现网络思想苗头，针对网络上出现的带倾向性的思想苗头，利用网络论坛、在线访谈、短视频等手段，及时进行对话和交流，疏导情绪，引领舆情。在网下，需要注意解决好从网民思想情绪中反映出来的实际问题，从根本上消除思想问题带来的不和谐、不安定隐患。

小贴士： 实际生活中总会存在这样那样的问题，解决实际问题是需要时间和过程的。如果面对的是一个具体问题，可能很快就能解决；但如果是一个社会性问题，就需要经过一个较长时间、通过一系列改造社会的行动才能求得解决。但只要我们在行动，就应当利用网络快速传递出"行动"信息，用"行动"缓解群众的情绪，引导群众的思想，帮助群众树立起信心。这是当前时期网络舆情引导工作的重要任务。

4.7.4 责权分明，协调配合

进一步明确网络舆情领导小组各成员单位的职责分工，尽量避免职能交叉、多头管理问题的发生。同时，各成员单位也应切实负起责任，认真研究网络舆情的特点、规律和发展动向，不断提高自身的工作水平。如信息产业管理部门要提高对网络环境的管控能力，跟踪、研发先进的网络技术，使行业监管与信息内容监管有机结合；公安、国家安全部门要加强依法行政意识，把网络作为了解社情民意的重要渠道和了解国内外舆情的重要阵地，有的放矢地进行监管；宣传舆论部门要加强网上舆情形成机理的技术研究，提高发现舆情走势的能力与水平，提高网上舆论引导能力等。

同时，各地方政府都应建立一个领导小组，统一领导和协调网络管理工作，与互联网管理相关的部门都应作为其成员单位，并建立一整套灵活有效的工作机制，搞好各部门之间的协调与配合，形成管理合力。

🔖 **小贴士：**　这个领导小组除了负责包括网络舆情在内的互联网的管理工作，还应该超前谋划和制定促进互联网发展的方针、政策，对互联网的发展进行整体规划，及时研究和解决互联网发展中存在的问题，领导和组织有关方面进行科技攻关，提高互联网的科技含量等。

除此之外，还应加强各级领导小组之间的联系，构建全国性的、上下畅通的管理网络；加强对网上群组活动的监控，提高应急处置能力；探索并建立跨地区舆情联合处置预警机制，构建以内容管辖为主，属地管理相配套的立体防范体系，发现问题，实行联动，确保不让网上负面影响形成气候。

案例　上海汽车展特斯拉车顶维权女车主被拘引热议

2021 年 4 月 19 日，上海汽车展特斯拉展台上，一女子身穿"刹车失灵"的 T 恤，站在车顶上大喊"特斯拉刹车失灵"，引发众人围观。随后，涉事女子被工作人员带走，相关视频在网上流传，引发舆论热议。目前，该女子因扰乱公共秩序被处以行政拘留 5 日，并处以行政警告。截至 4 月 20 日 19 时，相关信息共计 192311 条，新华社、中央政法委、知名博主大 V 等纷纷针对此事发声。车主维权走向极端，质量问题频频爆发，围绕着特斯拉新能源汽车的争议再次甚嚣尘上。

新浪微博出现多个热搜话题，如"# 特斯拉展台变维权现场 #""# 特斯拉车展维权车主道歉 #""# 特斯拉称对不合理诉求不妥协 #"等，如图 4-8 所示，相关话题热度均突破亿次。随着事态进一步发展，网民关注热度持续上涨。

图 4-8　新浪微博上的相关热搜话题

分析发现，极大部分网民认为特斯拉汽车刹车失灵、安全问题等时有发生，本身其行为就涉嫌商业欺诈，表示类似"店大欺客"现象非常普遍，呼吁相关部门严肃调查处理此事，并借此契机整顿规范市场；还有网民批评地方相关部门不作为，在舆情爆发后只行拘当事人，而不去了解并严查事件事实真相，甚至有网民称"维权不容易的根本原因是管理部门不作为"；还有少部分网民关注"维权事件当事人"本身，其中有网民质疑当事车主道歉实则是妥协，其无法抵抗各方利益集团的涉入，并猜测维权车主获得了特斯拉公司一定的经济补偿；也有网民同情并支持维权车主，认为适时道歉是明智之选，呼吁大众将关注焦点对准特斯拉汽车公司和监管部门。此外，也有个别网民质疑维权车主作秀，并怀疑其雇佣水军蓄意闹大维权事件。具体来看，包括以下几部分内容。

1. 认为国内消费维权难，质疑监管部门不作为

据统计，从2020年以来，不同媒体曝光特斯拉的产品刹车失灵、充电自燃问题已经累计超过几十起，发生在北京、上海、杭州、广州、深圳、南昌等多地。屡次发生质量问题，部分网民就"车顶"维权形式展开讨论，认为国内消费者存在维权难现状，甚至质疑监管部门不作为，未能有效保障消费者的合法权益。

2. 呼吁政府部门以法律为准绳，加强法治建设

2021年2月，市场监管总局等五部门已约谈特斯拉公司，要求其严格遵守中国法律法规，加强内部管理，落实企业质量安全主体责任，有效维护社会公共安全，切实保护消费者的合法权益。网民评论认为，一切纠纷的解决，最终必须以法律为准绳。女车主扰乱公共秩序，警方公正执法无可厚非。法律不会偏袒任何一方，而是公正地保护每一个人的合法权益。

3. 强调不能简单粗暴地对"闹"进行肯定或否定

舆论认为，这种试图通过扰乱公共秩序把事情闹大，用"闹"来解决问题的行为显然是不被法治社会所容许的。一旦突破了法律底线，必然会受到法律的制裁。但是我们也要深思"闹"背后的原因，是无理取闹？是正规维权渠道不通畅？是监管没有作为？是省时省力省钱？是对法律、对司法和对执法不信任？针对不同的原因要进行对应的处理和改进。

4. 少数"阴谋论"质疑此次事件系刻意"炒作"

除了大多数网民对维权行为表示支持，极少数"阴谋论"者发表了不同的看法。他们认为，在未经调查、未有结论的情况下，央媒能带头发出质疑的声音是蓄谋已久的"炒作"。目的是通过此次事件把矛头对准特斯拉，给国产电动汽车发展制造机会。

舆情点评

从目前的网民观点来看，舆论对相关部门还存在一定的不满和质疑，认为各部门是在舆论压力下才介入此事。维权车主道歉后，仍有新的舆论点爆出，涉及整个行业潜规则及消费者权益等大命题。目前事件热度仍然较高，建议相关部门一是严格依法办理此事，对于特斯拉汽车门店及相关不合法合规销售行为严肃调查处理，做好行业整顿工作，并及时回应舆论质疑的热点问题，树立积极作为的政府形象；二是相关部门持续加强信息监测工作，谨防有心人士借此散布攻击政府部门的有害言论，并做好线下社会面稳控工作，防止有人联动组织线下群体性维权事件；三是加强自媒体运用和本地媒体沟通，保障舆论引导声量，做好正面引导。

4.8 本章小结

本章主要从网络舆情的评估、网络舆情的引导原则、网络舆情的引导方法和技巧等多个方面讲解了如何正确应对网络舆情。网络舆情伴随着互联网的发展而兴起，具有鲜明的特点和强大的力量，因而网络舆情的评估和引导需要遵守及时准确发声、坦诚平等沟通的行为原则，以及把握互联网传播规律、顺应新媒体发展趋势的方法原则。

4.9　案例分析——红黄蓝幼儿园针扎学童事件的舆论引导

2016 年 12 月，有自称吉林省四平市铁西区红黄蓝幼儿园学童家长的网友在互联网上发布孩子疑似被教师针扎的帖文及图片，四平市互联网信息中心发现此舆情后，及时向市委宣传部有关领导汇报，并按市委宣传部要求第一时间将此舆情专报转至市教育部门和铁西区相关部门。同时，网帖被新华社、央广等中央级媒体发现并给予关注，联系市委宣传部了解事件相关情况。

鉴于红黄蓝幼儿园为铁西区教育部门审批的民办教育机构，同时幼儿园驻地和事件发生地也在铁西区，并且事件调查处置主要由铁西区负责，按照属地管理原则，市委宣传部并不直接了解事件情况及处理进展，故将铁西区委宣传部等相关部门与中央级媒体记者间做好衔接联系，并指导铁西区委宣传部做好媒体应对和舆论引导工作。

铁西区按照市委宣传部指导建议，第一时间将事件调查进展情况通过四平市政务微博等官方渠道向广大市民群众通报情况，回应社会关切，理顺家长情绪，压制不良炒作，同时通过向新华社、央广等中央级权威媒体提供及时、准确、透明的信息，引导国内媒体舆论走向，调控舆情，保持平稳。至 2017 年 1 月中旬，随着调查结果的逐步公开，舆情得到有效控制。此后，随着案情进展，相关人员被刑事拘留和刑事审判结果等关键环节的信息也通过四平市政务微博和新华社等权威发布渠道向社会推送，充分保障媒体、大众的知情权。

2017 年 10 月，北京红黄蓝幼儿园发生虐童事件，在国内产生较大波澜，央视新闻频道法治在线栏目因此对四平市红黄蓝虐童事件刑事审判处理情况再次关注，11 月中旬，3 名记者专程赴四平市采访报道，并与市委宣传部取得联系，要求采访铁西区公安、法院和教育部门相关人员。市委宣传部第一时间向省委宣传部和四平市有关领导进行汇报，同时派出专人专车陪同记者开展采访工作，联系沟通铁西区教育、公安、法院等部门做好配合工作，将刑事审判过程中有关真实、权威信息，部分提供给央视记者并接受采访。

舆情点评

突发事件的舆论引导原则主要是要做到一个"快"字。发生突发事件后，应第一时间组织本地主要媒体进入现场，收集保存好事件相关文字、图片和影像资料，拟定信息发布稿件，层层审核后由宣传部门统一提供给权威主流媒体和官方新媒体，第一时间发出主流声音，抢占舆论制高点，挤压虚假信息的恶意炒作。根据事件处置进展情况，适时发布后续信息。认真准备好新闻发布工作所需的相关资料，以便适时发布，把事件进展情况客观实际地报道出来，回应公众关切。

第5章　网络谣言与负面信息的应对

　　舆情工作的重要内容之一是有效地应对谣言与负面信息、消除谣言和负面信息产生的影响。因此，本章将对谣言与负面信息的产生和应对进行讲解，对舆情处理的实际工作具有重要的指导意义。本章将介绍有关网络谣言的产生、应对与引导相关的知识，并且对负面信息处理机制，以及网络违法和不良信息管理的相关内容进行了介绍。

5.1　网络谣言概述

　　突发事件爆发后极易引发谣言，谣言不仅扰乱社会生活秩序，危害社会稳定，还会降低政府公信力，消除谣言是政府的职能之一。

　　课堂讨论:　简单说说你所理解的网络谣言是什么？你有听说过哪些网络谣言？

5.1.1　什么是网络谣言

　　谣言，《现代汉语词典》的解释是:"没有事实根据的消息。"一般是指没有事实基础，被捏造出来并通过一定传播方式传播的言论。某些人（或者某一群体、集团和国家）出于特定的动机和目的，可能会主动制造或散布一些没有得到确认的、缺乏事实根据的谣言。

　　小贴士:　1947年，美国社会学家 Postman（波斯特曼）和 Allport（奥尔波特）提出了一个决定谣言的公式:谣言＝（事件的）重要性×（事件的）模糊性，他们通过这个公式指出谣言的产生和事件的重要性及其模糊性成正比关系，即事件越重要而且越模糊，谣言产生的社会效果就越大，而当事件的重要性与模糊性一方趋近于零时，谣言也就不会产生了。

　　网络谣言是指通过网络媒介（如网站、邮箱、聊天软件、社交平台、网络论坛、短视频平台等）而传播的没有事实依据的消息。网络谣言同社会现实中的谣言没有本质区别，只是传播介质和传播方式不同而已。

　　当前网络谣言多涉及公共事务，尤其是突发事件。网络谣言传播具有突发性且传播速度极快，因此容易对正常的社会生活秩序造成不良影响。

　　小贴士:　2013年9月9日，最高人民法院、最高人民检察院发布了《关于办理利用信息网络实施诽谤等刑事案件适用法律若干问题的解释》，明确了网络谣言在什么情况下构成犯罪。该司法解释于2013年9月10日起施行。

5.1.2　网络谣言的分类

按照不同的标准，谣言可以分为不同的类型。

根据涉及的内容不同，可将网络谣言分为网络政治谣言、网络灾害谣言、网络恐怖谣言、网络犯罪谣言、网络食品及产品安全谣言和网络个人事件谣言。

也有电信分析师将谣言分为十种类型：凭空杜撰性的谣言、夸大其词性的谣言、断章取义性的谣言、拼凑剪接性的谣言、半真半假性的谣言、假戏真做性的谣言、刻意暗示性的谣言、辟谣求证性的谣言、逻辑诡辩性的谣言和记忆偏差性的谣言。但是这里并没有明确分类的标准，这种经验性的分类会存在分类交叉的问题。

也可以根据谣言的性质和功能，将谣言分为挫折性、不安性、恐惧性、期待性、抵抗性、辩护性、反击性、神怪性和扰乱性九大类。

除此之外，还可以根据谣言的传播、内容、周期等对谣言进行分类，如表 5-1 所示。

表 5-1　网络谣言的主要分类

分 类 标 准	谣 言 类 型
传播目的	有意捏造谣言、无意传播谣言
传播效果	有害谣言、无害谣言
传播规模	大规模谣言、中等规模谣言、小范围谣言
谣言内容	政治谣言、军事谣言、经济谣言、社会生活谣言、其他谣言
传播周期	形成期谣言、高潮期谣言、衰退期谣言
谣言性质	娱乐恶搞型谣言、报复发泄型谣言、利益争斗型谣言

一般习惯于按谣言涉及的内容，将谣言分为政治谣言、经济谣言、军事谣言、社会生活谣言、自然现象谣言等。

案例　"蛆橘事件"让全国柑橘严重滞销

2008 年的一条短信内容"告诉家人、同学、朋友暂时别吃橘子！今年广元的橘子在剥了皮后的白须上发现小蛆状的病虫。四川埋了一大批，还撒了石灰……"，从一部手机到另一部手机，这条短信不知道被转发了多少遍。此间，又有媒体报道了"某地发现生虫橘子"的新闻，虽然语焉不详，但被网络转载后再度加剧了人们的恐慌。

自 2008 年 10 月下旬起，它导致了一场危机：仅次于苹果的中国第二大水果柑橘严重滞销。在湖北省，大约七成柑橘无人问津，损失或达 15 亿元。在北京最大的新发地批发市场，商贩们开始贱卖橘子，21 日还卖每斤 0.8 元至 1 元，次日价格只剩一半。在山东济南，有商贩为了证明自己的橘子无虫，一天要吃 6 至 7 斤"示众"。

10 月 21 日，当传言已经严重影响全国部分地区的橘子销售时，四川省农业厅对此事件首次召开新闻通气会，并表示，此次柑橘大实蝇疫情仅限旺苍县，全省尚未发现新的疫情点，并且该县蛆果已全部摘除，落果全部深埋处理，疫情已得到很好控制。

舆情点评

柑橘大实蝇疫情之所以在全国产生这么大的影响，与现代社会媒体高度发达，信息传播渠道广、速度快不无关系，特别是这次的局部疫情被"信息阉割"后，冠以"蛆橘""柑橘生蛆"等容易加重人们心理恐慌的称呼，再加上特写图片的"烘托"，一发而不可收拾。

现代社会信息来源多元，从一定意义上讲，各种谣言的产生不可避免，这将成为政府行政面临的常态。面对谣言，政府最有效的应对措施是依法及时向社会公布准确信息，防范、堵截、追查作用有限，还有可能强化人们的不信任感，全面准确的信息是谣言的唯一杀手。

5.2 网络谣言的产生条件

谣言的产生是极为复杂的，既有社会的原因，也有心理的原因；既有造谣者主观的因素，也有传谣的客观社会基础。

课堂讨论： 你认为网络谣言都是如何产生的？

5.2.1 心理原因

1. 恐慌心理

面对突如其来的突发事件，人类往往会表现出不同程度的恐惧，为了化解这种恐惧，人们往往会对某些现象和问题寻求某种解释，正是这种恐惧感为谣言的产生提供了心理基础。非典、禽流感、地震等都会引发人们恐慌，而这些事件与人们的生活关系极为密切，当民众无法从正式渠道获得真实可靠的信息时，就会听信小道消息，或进行主观臆测，因此谣言就慢慢产生了。

2. 盲从心理

在心理学上，盲从心理也称为从众心理，是指个人在群体的压力下，使个人放弃自己的主见，而采取和群体说法或者做法一致的心理行为。生活中人们称其为随大流。从众心理是一种很普遍的心理现象。因对自己的观点和分析缺乏信心，对事态发展的结果没有十分把握，从而选择从众以求得心安理得。

3. 宣泄心理

人们普遍认为现代社会生活压力极大，部分人在某些情况下可能出现心态失常的情况。这些人一旦看到或者听说某些不公平、不合理的社会现象，就可能将这些信息歪曲放大，将其张贴于网络，利用网民的好奇心来发泄个人情绪。这可能是因为个人矛盾或利益纠纷导致的宣泄，也可能是因为对某一社会现象的不满导致宣泄。当前，仇官、仇富的心理就是这种心理表现。

4. 猎奇心理

现代社会部分人缺乏交往，或生活枯燥乏味，而一些网络谣言的内容能够增加生活的情调，甚至对某些人来说充满刺激。某些人在网络上制造网络谣言就是出于娱乐、猎奇的心理。为了满足某些网民的好奇心，一些人便制造有关明星人物、政府高官的网络谣言。

5.2.2 社会原因

1. 社会焦虑

我国社会正处于转型期，公众的社会焦虑急剧增加，社会生活和未来的不确定性增加，人们在这一巨大的变革中极易波动，容易处于焦虑和不安状态，某些人往往具有不安全感。当人们面对谣言时，"宁可信其有，不可信其无"，或是将现实社会中的道听途说编撰成文字，散布于网络空间，从而使网络谣言增多。

2. 防范意识淡薄

当前，社会、公众、政府对网络谣言的认知不够，缺乏相应的警惕性和防范意识。未能及时制止谣言，致使谣言蔓延，影响扩大。如果及时防范应对，使公众了解事情真相，安抚公众的恐慌心理，就能有效控制谣言的影响。

3. 权威信息滞后

政府部门发布信息需要经过相应的程序和审批，会使重要的权威信息滞后，为谣言的滋生留下了一定的空间。社会公众与政府本身处于信息不对称的状态，难以获取有效的信息，即使公众获取了有效信息，部分公众也会选择不信任政府。

🔨 **小贴士：** 政府机构想要公布信息必须要经上级领导机构批准，这就在时间上错过了网络谣言的最佳遏制期。如果权威信息的透明度和公开度不高，就会直接影响民众对真实信息的获取，从而为谣言的传播提供了有利条件。

4. 监测预警能力不高

目前，无论是社会还是各级政府部门，对网络谣言、舆情信息的监测预警能力都不高。谣言监测预警就是要准确及时地发现网络谣言产生的苗头，切断其根源，及时清理有可能演变成谣言的网络信息，尽可能地避免网络谣言的出现。

5.2.3　网络技术为谣言提供了便利

1. 网络具有开放性

每个人都能够公平地从网络上发布和获取信息，不受任何个人和组织的限制。网络技术和通信技术的快速发展使互联网的信息量极为庞大，网民没有能力也没有时间辨别信息的真伪，从而为网络谣言的形成提供了温床。

2. 网络具有匿名性

在网络中，人们一般不会使用真实身份，这在一定程度上增加了网络用户的安全感。这种交流方式使人们敢于仗义执言，使一部分人敢于说真话。但是也会使部分网民肆无忌惮地散布谣言，有关部门也难以追究责任。当然，这种状况将会有所改变。

3. 网络具有便捷性

网站的建立或个人用户的注册都十分便捷，只要网民愿意，便可以很方便地拥有一个属于自己的大众传播平台。即使其被强制关闭，用户还可以以较快的速度再次进行注册，继续进行谣言的制造和传播活动，这就加大了网络谣言的防治难度。

4. 网络具有互动性

谣言制造者和传播者的共同目的是使谣言得到网民的认可和响应，而网络的互动性为达到这一目的发挥了重要作用，例如通过微博转发、转载、关注、群发等能快速得到网民的响应，迅速传播，提高点击率。同时，网民还可以利用关键词搜索，快速查找到热点、焦点事件，而这些事件大多是网民通过互动推升出来的点击率高的事件。

5.2.4　各种原因合力加剧了谣言发展

谣言的产生有个人、社会、政府等各方面的原因，各种原因合力加剧了谣言的形成和传播。

1. 缺乏科学知识而听信谣言

历史上许多谣言的形成都是因为迷信或对科学的无知，如将灾害归因于日月食、太阳风暴、流星雨等正常天文现象，世界末日论也是因迷信而起。随着科技的进步和科学知识的普及，这种谣言已经渐渐失去了存在的土壤。

2. 网络推手制造谣言

网络推手通过微博等方式传播重大信息，拥有大量粉丝，能动员网民，他们不是一般的网友，而是意见领袖。一些网络推手制造并加速了谣言的扩散，挟持网民的意见。例如被公安机关抓获的"秦火火""立二拆四"就是典型的案例。

3. 商业利益成为制造谣言的动因

一些企业为了扩大市场份额、满足一己私利，不顾社会道德，甚至不惜触犯法律。例如在资本市场，有不少人制造虚假的利空消息来做空某只股票，从而获取利益。

4. 媒体的失范

长期以来，我国的传统媒体，包括广播、电视、报纸等扮演着权威信息发布者的角色，在受众中拥有很高的信任度。但随着互联网等新媒体的快速发展，传统媒体在信息传递和舆论监督方面难以适应形势的发展。对于社会热点和焦点问题，当网络媒体已经发布信息，形成波澜壮阔的舆情时，而传统媒体却还无动于衷，往往是当谣言已经盛行时，传统媒体才开始匆忙辟谣。

同时，一些媒体在发布信息时存在不负责任的现象，未经证实的信息常常被随意地引用和转载。当谣言被广泛转载时，特别是在可信度比较高的大众传媒上被转载时，民众对这则谣言的信任度和认可度就会直线上升，使民众对网络谣言更加深信不疑。

5. 新媒体管理存在漏洞和问题

新媒体，尤其是论坛、微博、短视频等新型传播手段的出现，使信息发布的门槛降低，人人都可以发布信息。新媒体平台在信息发布方面扮演把关者的角色，网民数量众多，信息源多元化，信息量巨大，给平台内容管理带来巨大的压力。使得平台内容把关环节不断被弱化，很多信息未经真伪辨别、查证核实便被发布，使网络谣言和有害信息的散布和传播有了较大的空间。

> 🖋 **小贴士：** 新媒体平台对网民的言论处理方法：一是事前审查，二是事后删帖。事前审查依赖于网络实名制，但网络实名制短时间内难以全面推行，而事后屏蔽、删帖及禁言，管理难度较大。目前，一般是在谣言产生后，以最快的速度辟谣。

6. 敌对势力制造谣言

境内外敌对势力和境内别有用心的人始终没有放弃对我国进行"西化""分化"的策略，互联网时代的一个重要手段就是通过互联网等信息渠道，宣扬各种错误观点，炮制各种谣言，对社会热点问题和焦点事件进行炒作，煽动群众的不满情绪。这种情况在群体性事件中时有发生。

7. 某些人员纪律观念淡漠助长了谣言

某些报纸、网络刊发或转载不实新闻，甚至制造谣言，恶化了网络环境。某些公务人员或者对人民群众的合理诉求不闻不问，或者对突发事件处置不力，或者脱离群众，缺乏与群众沟通，从而引发谣言。

> 🖋 **小贴士：** 社会转型期，各种利益矛盾凸显，冲突加剧，危机潜伏。某些地方政府或处事不公开透明，或处事不公平，或承诺不兑现，往往使公众不太信任政府或政府的相关言论。社会公信力危机和民众的不信任感有所增强，当公众宁愿相信道听途说的时候，谣言就难以避免了。

案例　　"皮革奶粉"谣言重创国产乳制品

2011 年 2 月 17 日，网络上出现了一篇名为《内地"皮革奶粉"死灰复燃长期食用可致癌》的文章。文章说，销声匿迹数年后，内地再现"皮革奶粉"踪影，内地疑有不良商人竟将皮革废料的动物毛发等物质加以水解，再将产生出来的粉状物掺入奶粉中，意图提高奶类的蛋白质含量蒙混过关。

"皮革奶粉"再次被摆到台面上，引起人们对食品安全的担忧。文章一出，立刻引起轩然大波：伊利、蒙牛、三元、光明的股价应声下跌，蒙牛跌幅高达 3.3%；同时，公众、奶制品企业和监管部门的神经也立刻紧绷起来。

当晚，农业农村部在官网上再次声明，2010 年抽检生鲜乳样品 7406 批次，奶站 4778 批次，运输车 2628 批次，三聚氰胺全部符合临时管理限量规定，没有检出皮革水解蛋白等违禁添加物质，生鲜乳质量安全状况总体良好。

农业农村部奶业管理办公室表示，在三聚氰胺事件后，国内生鲜乳制品安全状况进入了一个非常好的阶段，农业部门会继续加大管理和查处力度，保证生鲜乳制品的安全。

谣言虽然破了，但消费者对我国乳制品的信心遭到重创。2008 年三聚氰胺事件发生以来，公众对国内乳制品的不信任感居高不下，具备购买能力的消费者一般都会优先选购国外奶制品，内地乳制品企业则在战战兢兢中向前发展。

舆情点评

民以食为天，食品安全是最大的民生问题，关系到人的健康甚至生命。"皮革奶粉"事件的报道让公众缺乏安全感，引发了恐惧、焦虑情绪。

民众要确立自己的社会责任感，始终把国家和公众的利益放在首位，从大局出发，对于那些无中生有、弄虚作假、破坏社会安定与团结的各类网络谣言，要主动筛选和过滤，不予理睬，坚决抵制。每个网民在享受网络传播的快捷便利和网上自由言论的同时，也要时刻牢记公民职责，以讲真话为荣，以造谣生事为耻，始终坚守网络道德，而不滥用网络赋予自己的话语权。

5.3　网络谣言的"自净"机制

随着网络的逐步发展，网络本身的"自净"功能逐渐被人们认识。正是由于网络的自净功能，网络谣言的生命周期大大缩短，有很多网络谣言都能在一天之内被网络自身证伪。

5.3.1　什么是网络"自净"机制

在网络还没有诞生时，传统媒体中就已不乏虚假新闻，而网络平台与生俱来的特性使得虚假信息的传播更为便捷。另一方面，谣言经过网络平台的推波助澜，往往会产生巨大影响。

"自净"一词来源于生物领域。在自然界中，受污染的水体自身由于物理、化学、生物等方面的作用，使污染物浓度和毒性逐渐下降，一段时间后便能恢复到受污染前的状态，这一过程称为水体的自净。

而网络的自净功能是指，不实信息在网络中传播的同时，由于相关权威信息的不断，以及网络用户自发的辨识和质疑，虚假信息的影响力不断下降，直至真相得到有效传播，谣言最终失去生命力。

小贴士： 网络是个多元的舆论场，一些不好的网络信息出现的同时，通常会伴随着各种批评性的其他意见，比起传播谣言的能量，网络的纠错能力和自净能力更为强大。

5.3.2 网络具有"自净"机制的原因

伴随着网络信息呈几何级数的增长，网络中谣言的大量传播也引起了很多人对网络信息真实性的质疑。网络具有"自净"机制的原因主要表现在以下两个方面。

1. 网络"自净"机制是由其社会化属性决定的

网络的"自净"机制从根本上来说，是源于其高度的社会化属性和用户互动的便捷性。网络谣言之所以具有生命力，是因为谣言的源头或转发人背后庞大的粉丝团体及其相应的转发评论力量。网络用户在转发网络信息时，无疑成为了事实上的把关人。

由于网络用户之间的交互关系及网络互动的方便快捷，虚假信息很难让所有参与到传播过程中的人都不加怀疑地引用，在不断的互动和交流中，谎言最终将会被揭穿。

小贴士： 有人将这一过程称为"无影灯效应"：每一个人的观点都有不全面之处，就好比每一盏灯都有"灯下黑"。但是，当所有知情人的观点汇聚在一起时，就会形成一种互相补充、纠错的关系，实现真相的再现。

2. 网络"自净"机制得益于自身便利、迅捷的传播特点

随着现代社会信息技术的高速发展和移动设备、无线网络的普及，网络变得越来越快捷和便利，许多用户已经实现了随时随地、几乎"零时差"地发布和接收网络信息。

网络信息在传播过程中，用户之间的良好互动、参与者数量的众多、低门槛的条件，以及信息的快速反馈与更新，共同为网络信息辟谣提供了一个优良且低成本的平台。网络谣言在流传的同时，质疑和匡正虚假信息的内容也会借助迅捷的网络平台，凭借其更加权威的信息源头和合理的解释，迅速覆盖传谣的网络信息，从而使得事件真相大白。

案例 "爆炸谣言"导致江苏省盐城市群众大逃亡和部分民众遇难

2011年2月10日凌晨2时许，江苏省盐城市响水县有人传言，陈家港化工园区大和化工企业要发生爆炸，导致陈家港、双港等镇区部分不明真相的群众陆续产生恐慌情绪，并离家外出，引发多起车祸，造成4人死亡、多人受伤。

响水县公安部门于10日下午4时初步确定并抓获此案件的谣言来源者刘某。经查，2月9日晚10时许，刘某给响水生态化工园区新建绿某来化工厂送土过程中，发现厂区一车间冒热气，在未核实真相的情况下，即打电话告诉其正在打牌的朋友桑某，称绿某来厂区有氯气泄漏，告知快跑。桑某等在场的20余人，即通知各自亲友转移避难。这则谣言的传播链条无形中就此形成。

在传播过程中，绿某来化工厂被置换为园区内另一家企业某某氯碱厂，而事件程度也在人们口耳相传中愈发严重，最终导致了一场万人大逃亡。11日凌晨4时左右，由于下雪天黑路滑，双港镇居委会八组群众10多人乘坐的一辆改装农用车滑入河中，当场2人死亡，另有5人受伤，送至医院后，又有2人抢救无效死亡。

当地公安部门得到消息并及时上报后，县委立即召集相关镇区和部门，成立事件处置工作领导小组。截至11日早晨6时左右事态平息，群众陆续返家。

2 月 12 日，编造、故意传播虚假恐怖信息的犯罪嫌疑人刘某、殷某被刑事拘留，违法行为人朱某、陈某被行政拘留。

5.4　网络谣言的应对与引导

从理论上来说，谣言的产生需要经历 3 个阶段，即开始于谣言的制造者，发展于谣言的传播者，生成于谣言的信谣者。谣言的应对只要阻断上述 3 个阶段的某一个阶段即可。但实践中是很难做到的，如谣言的制造者难以查找，谣言的传播者和传播路径很多，信谣者是不特定的社会大众。因此，要想有效应对谣言，需要政府、社会、传媒、个人等都担负起相应的责任，多管齐下，多措并举，才能快速破除谣言。

🔨 **课堂讨论：**　网络谣言的产生通常都会经历哪几个阶段？应该如何对网络谣言进行正确引导？

5.4.1　短视频时代网络谣言的传播

近年来，我国短视频用户规模增长十分迅速。新媒体时代，由于碎片化语境和短视频用户规模的庞大，短视频谣言传播泛滥并带来巨大的社会影响。

1. 产生：碎片化内容的任意拼接导致信息变异

在碎片化语境中，短视频谣言传播最主要的一个特点是其内容的拼接。短视频的内容呈现主要为文字 + 视频形式，而短视频谣言的内容拼接也主要围绕其展开，呈现出如图 5-1 所示的 3 种表现形式。

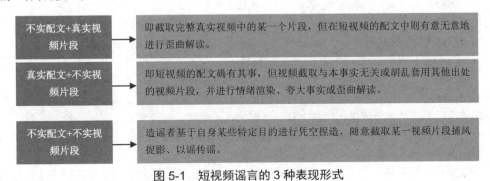

图 5-1　短视频谣言的 3 种表现形式

🔨 **小贴士：**　相较于第 3 种拼接形式，前两种拼接形式产生的短视频谣言往往更具迷惑性和隐蔽性，受众辨别的难度更大。

当前，人们的信息接受习惯发生了变化，更倾向于获取碎片化信息，但事实往往复杂冗长，且不断发展变化，在短时间内难以完整呈现，而"快餐式"的文化消费也让碎片化信息更能占据市场。

2. 扩散：碎片化参与进一步引发"众声喧哗"

依托网络技术，短视频平台的转发和评论功能为受众的碎片化参与提供了便捷途径，助长了谣言的病毒式碎片化传播，导致短视频谣言的传播范围更加广泛，"众声喧哗"的浪潮进一步扩大。

究其原因，一是跨平台转发的便捷性，助推了谣言的病毒式传播。短视频谣言仅需用户动动手指就能在短时间内实现多平台联动转发，其传播范围进一步拓宽。二是评论区的诉诸情感与沉默螺旋加剧了短视频谣言传播。评论区为受众提供观点交流的场域，是"众声喧哗"的集中场所，在情感诉求及沉默的螺旋等因素的驱动下，容易导致某一观点的强化、相左观点的式微。尽管谣言最终能被澄清，但在短时期内当其得到多数人认同时，短视频谣言便得到进一步传播。

在真相未明之前，网络流传的各种信息往往具有模糊性，极易招来受众的碎片化参与，伴随而来的是模糊信息的碎片化表达与谣言泛滥加剧。以杭州女子失踪案为例，在案件未侦破前相关谣言频繁出现于抖音，如"杭州失踪女子骗保""许某某系侦察兵退役"等，在评论区还出现了"灵异事件""女子被外星人抓走"之类的荒谬言论，甚至一则悲惨事件沦为众人口中的"化粪池警告"等一系列戏谑化的"梗"。

3. 生存：碎片化消费为短视频谣言提供了新的市场生存环境

在碎片化语境下，短视频谣言的生存还与受众的碎片化消费有很大关系。

（1）受众对碎片信息的消费需求不断刺激生产。

社会生活节奏加快，人们的信息获取方式发生了变化，越来越缺乏充裕的时间和精力去深究事件背后完整曲折的真相，更倾向于以围观心态去关注发生了何事。人们常常只是凭借信息碎片在一知半解的情况下，在网络空间发表意见。碎片化信息及信息的碎片化传播充分迎合了受众的信息消费偏好并依托社交网络而快速发展，不断占据信息消费市场。

（2）受众闲暇时间碎片化潜藏巨大的消费潜力。

闲暇时间的碎片化趋势愈发常态化，对碎片信息生产者而言，能从中发掘出巨大的消费潜力，即碎片时间的增加在一定程度上间接刺激了人们对碎片化信息的消费。而短视频平台对用户消磨短暂的碎片时间来说，无疑提供了好去处，使得短视频谣言在受众碎片化的闲暇时间里找到新的生存条件。

（3）碎片化消费模式下传授双方的成本降低。

以短视频为例，其传播者（尤其是非专业的内容生产者）无须过多考虑事件的完整性、复杂性，仅需一部智能手机就能完成内容的生产与发布，其文化成本、资金成本、时间成本等门槛极低，甚至凭借流量还能从中获得可观的经济回馈。对接受者（或称消费者）而言，短视频平台提供了免费的内容资源，能快速获取所需信息，避免复杂信息的"烧脑"。

4. 监管：碎片化传播加大短视频谣言鉴别难度

尽管许多短视频平台采取了一系列措施治理短视频谣言，但仍有不少短视频谣言借"蹭热点"并以近乎事实真相的面目得以广泛传播，普通人在短时间内往往难以鉴别真伪。

不同于传统谣言的传播形式，短视频谣言凭借视觉冲击往往让受众产生"身体在场"的假象，能够在最大程度上引发受众共情而忽视对信息真伪的鉴别。一方面，通过网络技术及各种视频剪辑软件就可以对各种视频碎片进行任意拼接，并有效迎合受众信息接受习惯，进行谣言的精准传播，让受众认同其内容的"真实性"。另一方面，短视频谣言还通过情感诉求来实现其与受众内心思想的共振，在最大程度上吸引人们的注意力。

在新媒体时代，短视频谣言在碎片化语境中呈现出自身的特点，并伴随着媒介生态的不断变化发展而产生更加深远的影响。未来短视频谣言的有效治理离不开政府相关部门、短视频平台、内容生产者及受众的协同参与。一方面，政府相关部门应进一步完善相关法律法规，加大对网络谣言的打击力度，短视频平台则需加强对谣言的识别和监管，二者应加强协作，做到谣言的早发现、早治理、早澄清。另一方面，短视频的内容生产者和受众都应增强自身媒介素养，坚决抵制谣言，及时举报、监督，坚决做到不信谣、不传谣、不造谣。唯有多方协同参与，短视频谣言的泛滥才能得到有效遏制，才能更好地发挥短视频的优势，真正拉近人们与事实真相的距离。

案例　辅警承诺"罚一次保两月"短视频疯传，引起网友质疑

　　2021 年 8 月 2 日，一则"山西介休市交警自曝赶'任务'承诺罚一次保两月"的视频在网络上传播。视频内容显示，这名交警和货车司机一副"哥俩好"的样子，表示"我给你保证这单完了之后两三个月你没有罚款""到这就找我，记住人就行了""我们也是没办法，完成任务，能理解吧"。

　　相关言论引发讨论，多数网民对交警的"嚣张"言行表示震惊，称其以罚代管、随意执法，"简直成了收保护费的土匪"；少数网民追问交警所说的"罚款任务"问题是否为真。

　　当日晚，"@介休公安交警大队"发布通报称，已对相关问题调查核实，对涉事中队开展专项整顿；涉事民警已被停职，等待调查处理。"@新京报我们视频"联系介休交警大队绵山中队队长，证实视频中的交警为该队一名辅警。然而，官方的及时回应并未消减舆论负面情绪。有网民质疑"出了事就让辅警来背锅"，追问"是谁下达的任务"？

　　伴随舆论争议，介休交警不规范执法的类似问题再被媒体翻出。中国新闻网指出，2020 年 4 月，曾有介休辅警对货车司机放言"一张罚单管你一星期"而被停职，被质疑"又是介休，看来所谓的专项整顿只是做做样子"。还有自媒体盘点陕西米脂"包月"罚款、河南淮滨"超载月票"等执法乱象，直指此类事件在全国并非孤例。对此，"@公律说法"等法律博主认为，这是严重的"乱执法、瞎执法、为了任务而执法"，希望有关部门调查清楚，不能知法犯法，更不能执法犯法。

　　8 月 4 日，山西省介休市公安局通过官方微信发布通报：一是回应关切，承认存在不规范执法问题；二是交代经过，即交警中队负责人郭某带领执勤人员燕某对一涉嫌违法的大型货车进行执法；三是公布结果，对郭某给予党内警告处分，对涉事辅警燕某给予政务记过处分；四是部署整改，将开展交警执法专项整治行动，规范交警执法行为，提升交警执法规范化水平。该通报获得较多转载，但部分网民对警方的整治行动仍持观望态度，《济南时报》呼吁从执法经济、制度配套、违规监督等方面入手，清除不规范执法行为的滋生土壤。截至 8 月 12 日 12 时，相关媒体报道 950 篇，微博 2420 条，微信文章 181 篇，"#山西介休一辅警承诺司机罚一次保两月#"等相关微博话题累计超 4100 万次。

　　舆情点评

　　从曝光视频看，涉事辅警对司机"讨价还价"的声音清楚、表述熟练，出格言论很快触怒网民。随后，介休交警部门的同一问题经媒体复盘翻出，从去年的"罚一次管一周"到如今的"保两月"，更让网民"以罚代管"的负面印象根深蒂固。更重要的是，备受关注的全国第一批政法队伍教育整顿和"回头看"在 7 月底刚刚结束，在如此敏感时间节点下，介休交警部门依然如此"明目张胆"，无疑令舆论生出个别地方整顿工作"流于形式"的质疑。

　　就此事而言，介休市公安局交警大队在舆情发酵当晚就发布通报，主动及时回应舆情；介休市公安局在一天后提级公布了处置情况，并部署专项整治行动，用实体工作展现出严肃

态度和整改诚意。然而官方通报仅停留在涉事民警处分的层面，对于舆论关切的谁下达罚款任务、任务依据是什么、是否存在共性现象等核心问题均未触及，致使辅警"背锅"、警方自查自纠敷衍了事等质疑持续难消。进一步讲，从全国层面而言，此事也有警示意义。各地公安交管部门需有未雨绸缪、居安思危心态，必要时可在系统内开展查纠整改等工作，及时查漏补缺，防止类似舆情在本系统上演，折损执法公信。

5.4.2　网络谣言的应对

谣言是世界各国都面临的问题，在应对谣言方面，各国的立场基本是一致的：严厉打击，决不手软。

1. 及时查清谣言源头，依法惩处违法犯罪

谣言一旦流传，公安机关应及时查明谣言的源头，惩处故意造谣者。对那些故意造谣滋事、唯恐社会不乱，或有其他图谋的人员，在谣言来源事实调查清楚的基础上，及时依法进行严厉惩处。

国务院发布的《突发公共卫生事件应急条例》规定，在突发事件发生期间，散布谣言、哄抬物价、欺骗消费者，扰乱社会秩序、市场秩序的，由公安机关或工商行政管理部门依法给予行政处罚；构成犯罪的，依法追究其刑事责任。

《治安管理处罚法》也明确规定"散布谣言，谎报险情、疫情、警情或者以其他方法故意扰乱公共秩序的，处 5 日以上 10 日以下拘留，可以并处 500 元以下罚款。"

《关于办理利用信息网络实施诽谤等刑事案件适用法律若干问题的解释》也是惩处造谣者的重要法律依据之一。

2. 及时发布权威信息，切断谣言传播路径

面对突发事件，谣言盛行，相关部门不能隐瞒或部分隐瞒信息。在网络时代和信息时代，隐瞒已经是不可能的事情。而阻断谣言传播路径的有效办法就是相关部门及时发布权威、可靠的信息。公开信息会使谣言不攻自破，是粉碎谣言的有力武器。这既可以满足公众的知情权，也可以疏通公众获取信息的渠道，如果相关部门不及时发布有关信息，信息渠道必然被谣言所充斥、占领。

3. 开展预防谣言宣传，避免群众信谣传谣

积极开展预防公众信谣传谣的宣传活动，让公众能分辨真伪，辨别真假，识破谣言，提升公众防范谣言的意识和能力。谣言没有了信奉者，也就失去了存在的土壤。例如可以开展一些预防网络诈骗、网络谣言的宣传教育，对识别谣言、防范谣言具有一定的积极作用。有的谣言是违背科学理论和生活常识的，经过宣传教育，人们也就不会相信这些谣言。

案例　造谣新疆籍艾滋病人滴血投毒事件

2011 年 11 月，有人在网络和手机短信中传播一条信息：新疆籍艾滋病人通过滴血食物传播病毒，多人感染艾滋病。此信息一度引发民众恐慌。

对此，卫生部 11 月 16 日发表声明称，这一信息纯属谣言。卫生部指出，科学证据表明，艾滋病传播有 3 种途径，即血液途径、性途径和母婴途径。艾滋病病毒不能通过餐具、饮水、食品而传染。自艾滋病病毒发现以来，国内外没有一例经食品传播艾滋病病例的报告。

同时，新疆维吾尔自治区公安厅也通过官方新浪微博"平安天山"辟谣称，未发现新疆籍艾滋病人用病血滴进食物投毒的案件。

12 月 4 日，国家互联网信息办公室网络新闻宣传局透露，这一信息已经有关部门查明均属谣言，多名捏造事实、编造和传播谣言者已被公安部门依法予以治安拘留处罚。

经有关部门查明，此信息是河南省洛阳市一李姓男子故意编造并通过手机短信散布传播的，郑州市某公司女职员戚某将收到的手机短信谣言转发到 QQ 群后在互联网上扩散，李某和戚某及其他编造和传播谣言者被公安部门依法予以治安拘留处罚。同时，新疆石河子木某、乌鲁木齐刘某、伊犁州张某、巴音郭楞州甘某 4 人也分别通过手机短信、微博、QQ 群大量转发该谣言信息，这 4 人也依法受到治安处罚。

5.4.3　网络谣言的引导

进行网络谣言治理与引导的一项重要工作，就是做好信息发布工作。网络谣言的引导要占领主流意识形态的网络阵地，并为实现网络舆情治理体系和治理能力的现代化起促进作用。

1. 协调媒体辟谣，进行正面引导

谣言一旦散布传播开，媒体在应对谣言中具有重要作用，如地震后，灾区通信可能中断，人们往往会通过广播了解灾情和外部情况；水污染后，人们往往非常关注电视或报纸的相关报道。

可以有效利用媒体资源，在谣言蔓延后，充分调动媒体（包括传统媒体和新媒体）开展辟谣行动，进行正面引导、广泛宣传，例如刊登（播出）高层领导或有关专家的讲话，或者开辟专题报道，针对谣言的漏洞进行针锋相对地一一回应。当然，一个负责任的现代媒体在突发事件爆发或谣言出现后，也会及时、主动地做出反应。

2. 完善网络平台管理制度，阻断网络谣言蔓延

当前，谣言多通过网络（包括无线网络）、手机短信、微信、短视频等方式快速传播。因此，舆情工作部门或危机管理部门应加强与主要网络平台建立联动机制，一旦出现谣言，及时协调网络平台采取措施阻断谣言，并向社会公众公告该信息为谣言，可以在网络平台进行公告。危急情况下，也可以与移动通信供应商协调，向相关用户群发相关信息。

鼓励有关网络平台积极开展应对谣言的相关行动，如有条件的平台也可以试行网络实名制。

📌 **小贴士：**　中国互联网协会在 2012 年 4 月 8 日发布了《中国互联网协会抵制网络谣言倡议书》，提倡"加强对论坛、微博等互动栏目的管理，积极引导网民文明上网、文明发言，坚决斩断网络谣言传播链条。""积极利用网站技术管理条件，加强对网站内容的甄别和处理，对明显的网络谣言应及时主动删除。"这些措施对减少和消除谣言具有重要意义。

案例　伪造传播"47号公告"被拘15日

2011 年 8 月 12 日，有网站刊登《国家税务总局关于修订征收个人所得税若干问题的规定的公告》，即所谓"国家税务总局 2011 年第 47 号公告"并做了解读，公告文中标记发布日期为 2011 年 7 月 31 日。由于涉及时下备受关注的"年终奖税收"计算方式，经国内多家媒体转载、放大，引起社会广泛关注和议论。

15 日，国家税务总局发布声明称，近日，有人盗用税务总局名义，对外发布了《国家税务总局关于修订个人所得税若干问题的规定的公告》并做解读，该文及解读内容在媒体刊登后，严重误导了纳税人。国家税务总局表示，国家税务总局从未发布过该文件及解读稿，此文件及解读稿系伪造。国家税务总局将依法行使追究伪造公文者法律责任的权利。

10 月 25 日，国家互联网信息办公室网络新闻宣传局通报，在网络上流传的"国家税务总局关于修订征收个人所得税问题的规定的 47 号公告"已查明属于编造的谣言，国家互联网信息办网络新闻宣传局、公安机关已责成属地管理部门依法依规对制造和传播这些谣言的责任人和网站予以惩处，经公安机关查明系上海励某杜撰而成。公安机关对在网上伪造国家相关文件并传播的励某依法做出行政拘留 15 日的处罚。

案例 造谣"军车进京"6人被拘16家网站被关

2012 年 3 月以来，一些不法分子在互联网上无端编造、恶意传播所谓"军车进京、北京出事"等谣言，造成恶劣社会影响。北京市公安机关迅速展开调查，依据有关法律法规，对在网上编造谣言的李某、唐某等 6 人依法予以拘留，对在网上传播相关谣言的其他人员进行了教育训诫。

根据《全国人民代表大会常务委员会关于维护互联网安全的决定》《互联网信息服务管理办法》《互联网新闻信息服务管理规定》等法律法规，国家互联网信息办公室责成有关地方网络管理部门进行严肃查处，电信管理部门依法对梅州视窗网、兴宁 528 论坛、东阳热线、E 京网等 16 家造谣、传谣、疏于管理造成恶劣社会影响的网站予以关闭。

针对新浪和腾讯微博网站集中出现谣言，违反国家有关法律法规，造成恶劣影响的问题，北京市和广东省互联网信息管理部门分别对两个网站提出严肃批评，新浪微博和腾讯微博于 3 月 31 日上午 8 时至 4 月 3 日上午 8 时暂停微博评论功能，清理后系统再开放。

北京市公安局有关负责人表示，利用互联网编造、传播谣言的行为严重扰乱社会秩序，影响社会稳定，危害社会诚信，公安机关对此将依法查处。希望广大网民自觉遵守法律法规，不信谣、不传谣，发现谣言及时举报，共同维护健康的网络环境和良好的社会秩序。

5.5　短视频的舆情风险与引导

随着短视频的快速崛起，信息传播速度加快，内容和形式更加丰富，短视频作为一种新型的新媒体突出重围，为管理提供了便捷。然而日趋活跃的网络舆情成为当下社会管理的重大难题，对有效引导网络舆情提出了考验。

课堂讨论： 说说你在短视频平台中都看到过哪些由于短视频的传播而引发的网络舆情？

5.5.1　短视频引发舆情风险的几个方面

由视频引发舆情的事件频出，短视频方式已经从娱乐场延伸到舆论场，在各种平台巨大的用户群体叠加和推动下，短视频成为了网民获取信息和表达意愿的重要途径和载体。但短视频本身的碎片化、即时性、易二次加工性、版权模糊性、跨平台传播等特点，又很容易诱发舆情风险，这主要体现在以下 4 个方面。

1. 视频即时上传带来秒级传播

随着移动互联网的普及，各种短视频平台的日活用户持续增加，越来越多的受众参与到短视频的生产和传播中。现场直播和即时上传成为引发舆情事件的重要载体。在现场的人可以用手机边看边播，行车记录仪结合手机 App 能同步上传，当事人或涉事方的诉求或观点也可以通过录视频的方式进行传播。视频既可以通过朋友圈群传播，也可以扩散到微博、短视频平台上。特别是发生重大突发事件时，从事发初始的网民围观，到事后的媒体跟进采访，再到官方的权威回应，全过程都可以通过视频的方式呈现。

2. 视频滞后发布易致前后矛盾

与视频上传即时性相对的，是有些视频会被进一步加工剪辑或者"待机"发布。视频拍摄者起初并没有打算上传网络，但随着事态发展，想引起公众更大的关注。比如某些通过第三方监控获得的素材，从内部流传到外部后引发更大量级的传播；再比如某事件引起关注后，无意的拍摄者"蹭热度"将现场录下的视频再上传网络。有时新的、更具内容冲击力的视频素材出现后，会使事件持续升温，还有一些新视频内容足以让之前的公众认知发生逆转，情绪走向也随之 180°翻转，这都是视频滞后发布带来的风险。

3. 视频过度加工易成谣言变种

一段主体视频内容，加上前引和后评，或者加上字幕和特效，就能衍生出新的视频作品。在短视频平台上，掐头去尾、高潮反复的手法更是常见，很多加工后的视频传播效果比未经加工的原视频更好。而"新视频"的不断加入，则让事件保持热度，经常出现某段视频在一段时间之后又被拿出来翻炒的情况。这也是碎片化视频在多次传播后，传播者有意无意淡化时间地点，只希望保留热度的想法体现。

视频经过后续加工，会附加制作者的态度和看法，附加关联事件的比较，引入相关法规政策等，但在此过程中，也有可能加入制作者的主观猜测和推断，甚至是虚构和揣测，而成为谣言的变种，这也是视频信息不确定性风险之一。

4. 视频泛化导致回应成本上升

社交平台上视频信息的广泛存在，使得传统文字信息的传播力相对降低。目前的官方通报多是文字形式，或是图片形式，但这些方式不易进行视频加工。前期因视频引发的舆情，如果在后续引导过程中忽略传播手段的更新，则容易产生信息不对称。对于重大敏感舆情，还是建议官方结合新闻发布会形式把内容说出来，如有条件和能力，可采取制作视频进行通报的方式，提升信息送达效果。对于视频中引发关注的关键情节，涉事部门要有针对性地调查和回应，简单一句"网传视频与事实不符"很难让网民信服，一定要努力还原视频中的事实部分，对于不完整、不客观之处加以说明。

小贴士：　庞大的短视频流量冲击，让新媒体面临着新的挑战，相关部门也需要主动适应新的表达方式。为了强化短视频的引导效果，相关部门应持续加强自身平台建设，加大短视频正能量供给力度，提升形象化、立体化宣传的能力。

5.5.2　短视频时代网络舆情引导困境

1. 政府供给侧不健全，公关机制落后

在短视频平台上，信息发酵速度更快，网络舆情发生后，若不能做出健全的应对方案，不能及时发现并给予引导，会导致舆情发酵成危机事件。短视频作为一种创新型的政务新媒体形式，资金分配是促进创新的重要动力。新形势下大数据是进行舆情预测和分析的主要技术，专业的人员部门和设备投入必不可少，完善的基础设施和专业的团队配置是前提条件。当前社会信息飞速扩散，公众不断增长的信息导向需求与当前政务短视频的运营能力之间形成了矛盾。

2."伪舆情"监管不到位，虚假信息泛滥

在言论自由的短视频时代，网上发声的渠道多、门槛低，获取信息更加便捷，信息传播更加快速。虚假信息利用了网络的匿名性和监管机制的缝隙逐渐生长，在传播的过程中被歪曲和放大，从而形成"伪舆情"。某些受利益驱动的不良媒体往往会通过网络水军和网络公关来操控信息，通过制造假新闻来误导公众，更有不良媒体抓住了突发事件的敏感性和关注度，恶意制造谣言、传播谣言、混淆视听。

🔨 **小贴士：** 舆论领袖也在网络舆情事件中扮演着重要角色，他们可以引领大众的舆论导向，是"伪舆情"壮大过程中的重要要素。

包含错误信息的"伪舆情"的传播不仅会打破当前舆论生态的平衡，而且会影响政府决策，干预社会治理，使网络舆情与民众的真实声音日益脱离。

3.民众需求侧未满足，信息推送闭塞

基于"去中心化"的精准分发推荐算法是短视频平台主要的推荐算法之一，系统会根据用户的习惯来挖掘兴趣点，并会识别视频的兴趣标签，给用户精准匹配和投送。长此以往，人们的关注点就会被禁锢，接收到的信息越来越窄、越来越片面，甚至形成与外界隔绝的状态，会导致互联网的渗透率越来越低，民众的信息需求则得不到满足。一些不良媒体和平台也会故意剥夺用户探索信息真相的权利，操控舆论导向。同时，这种情况也会导致以往对政务短视频不感兴趣的用户接收到的政务信息越来越少，所推送的信息达不到民众需要了解的政务信息的标准。

4.舆论发展方向不平衡，沉默效应加剧

网络舆情能够反映和代表网民的意见，但由于短视频的推荐机制会造成话语权差异，公共话语权无法在网络上得到公正体现。短视频平台会以完播率、点赞数和评论数作为指标评估视频的优劣，优秀的视频会被"推荐"让更多人看到，容易形成强者越强、弱者越弱的现象。某些群体在某种情境下不在网络上发声或只有少部分人发声，这部分群体极容易被大趋势的群体所淹没，成为舆论中的弱势群体。短视频特殊的推荐机制又会加剧这种沉默效应，导致网络上大趋势的网民意见可能只代表少数利益群体。如果政府不能正确区分、不能获取正确的民意导向，就会影响决策的科学性和合理性，甚至做出错误的决策。

5.5.3　短视频时代网络舆情引导机制

1.加强风险防控意识，成立组织管理机制

短视频时代加快了舆情的发展速度，及时做好防控成为政府管理的必修课。

首先，相关部门必须提高舆情防范意识。在日常工作中，舆情工作人员在应对舆情事件时要秉承风险意识，防患于未然。同时，在新媒体部门的供给侧发力，提高重视度，加大资金投入。

其次，要建立一套适应"互联网＋"的人事机制、薪酬机制和绩效机制，加大培训力度，打造一支具备一定的政策理论和舆情传播知识，富有正义感和大局观，成熟完善、有责任心、专业能力强的短视频专业人才队伍。

最后，加强法制规范。严格制定网络空间的法律法规，明确网络犯罪的条款，对故意造谣者绝不姑息；加大普法力度，规范民众的网络行为。

2.建立自动分析系统，增强舆情防控机制

舆情控制要掌握"黄金 4 小时"原则，在舆情苗头显露时及时做出回应是最好的处理方式，这就要求相关部门利用大数据技术掌握社会舆情的全貌。

首先，实现工作联动。当前政府网络舆情引导不可能单独作战，需要依托互联网企业打造统一的数据平台，实现数字化转型，建立政府与政府、政府与短视频平台、政府与社会各界的工作联动，实现数据共享。

其次，建立网络舆情自动分析系统。针对全样本数据进行准确、急速的信息抓取后，通过文本挖掘自动获取关键词，进行关联分析、分类分析和聚类分析，获取舆情的具体内容和发展阶段。掌握一手的、全面的事实，有助于实现舆情的全面性管理，识破"伪舆情"，为舆情预警和应对提供数据。

最后，建立舆情预警机制。在大数据获取舆情信息后，利用专门的指标体系研判是否构成舆情，通过数学模型设置分级预警机制。将以往舆情信息和应对方法作为案例，依托现代化的算法技术和大数据技术，形成智能化的舆情预警体系。

3.提供主动推送服务，优化信息发布机制

信息传播过程中的重要节点有发布方和接收方。对于短视频接收方，应打破其"信息茧房"，做到重要信息的全面普及；对于短视频发布方，应加大监管力度，优化发布机制。同时，也要搭好发布方与接收方友好互动的桥梁。

首先，提供主动推送式服务。利用短视频平台的精准推荐算法，政务号可以快速将短视频推送给用户。对于国家新政策的出台、重大社会事件的告知、法律知识的普及等必要的新闻知识，利用短视频平台的便利，将这一类视频发布到每位用户的首页，保证每位用户能够及时获取国家重大新闻。

其次，优化视频发布的内容和形式。针对不同的内容制作不同形式的短视频，掌握不同场景下与公众沟通的技巧，并且根据场景调整官方话语体系。比如，对于严重的舆情事故，要设置紧迫感比较强烈的背景音乐，配文要正式，独白要严肃。

最后，进行有效的互动。通过大数据技术和倾向性分析获取民众的意见，及时进行评论区的互动或者发布议程来解决民众的困惑。

4.加强意见领袖管控，建立官民信任机制

在短视频平台上，官方视频号和"网络大 V"都属于信息传播的意见领袖，与民众形成一种一对多的传播模式。

首先，重视意见领袖引导。对于"网络大 V"等意见领袖，通过嘉奖和惩罚等方式对他们进行引导，使他们传递正确的价值观，发表正确的言论，借助他们对粉丝的影响力引导舆情。

其次，打捞"沉默的声音"。针对短视频时代极容易被埋没的声音，政府要构建"大舆情"观念，多元收集和听取意见。

最后，建立信任机制。针对某些视频号故意造谣、多次传播不正确的价值观、恶意诋毁污蔑等失信行为，建立一套"区块链＋网络治理"监督治理体系。区块链技术确保了数据可追溯，从而使网民发表视频时能够得到内外公开监管，确保网民能够规范自己的言行。

案例　　"狗比人命贵"短视频引网络围观，导致舆情失焦

2021 年 7 月 2 日，一段女子扬言"狗比人命贵"的短视频经"@1024 专员"等微博大

V传播后引起轩然大波。据视频及配文显示，安徽蚌埠一女子自称当地一餐饮企业徽州宴的老板娘，因遛狗时咬到小孩引起纠纷，其当着警察的面威胁称"敢动我的狗，就把你孩子弄死""你没我的狗值钱，几千万还是赔得起"。

女子此番言行激起众怒，网上掀起抵制徽州宴的浪潮，当地居民也纷纷退订酒席。另有部分网民指责视频中警务人员站在旁边无作为。

7月3日，网上流传一份署名"蚌埠徽州宴餐饮有限公司"的致歉信，信中称涉事女子行为纯属个人言行，该公司已与其解除聘用关系。舆论对此并不买账，有网民挖出涉事女子为该公司大股东（占股90%）盛某某的妻子邹某某。

7月4日，处理该纠纷的蚌埠市南湖路派出所有关人员做出回应，称网传视频被掐头去尾，现场民警已对女子进行训诫。

7月5日，蚌埠市公安局官方微博发布通报和现场视频，称邹某某出门遛狗未束犬链，致邻居邵某某的女儿受到惊吓，双方因此发生争执并相互撕扯。邹某某因殴打和语言威胁他人被南湖路派出所行政拘留7日，邵某某因殴打他人被行政拘留3日。舆论场中，多数网民对警方处置表示认可，称"大快人心""处罚得当"，但也有部分网民质疑警方拘留涉事双方是"和稀泥"执法。

此时，网红流量推动舆情热度达到高峰。上千名来自全国各地的网红主播到事发地徽州宴门口进行直播，当地居民不堪其扰拉横幅喊话抵制，警方安排大量警力维持秩序。《中国青年报》、红星新闻发文谴责网红以正义之名行流量交易之实的行为。与此同时，涉事女子邹某某遭到网络起底，如其被举报偷税漏税、一年只交一百元钱所得税，曾卷入交通事故致2人死亡，疑似女方外甥透露狗价值70万元等，部分网民猜测涉事公司背后有"保护伞"。一起邻里纠纷发酵至此，所产生的负面效应不断扩散，关联公司被列为经营异常，其他地区多家同名餐厅受到牵连，网上出现邹某某"仅拘留一天就保外就医"的不实传闻，舆情严重失焦。截至7月15日12时，全网信息量超374万条，"#徽州宴#"等相关话题阅读量超10亿次。

舆情点评

该事件引发全网高度关注，固然与遛狗女子目无法纪、言行恶劣有关，但网传视频截取其中一段颇具感官冲击力的视频进行传播，更是将该女子嚣张跋扈的形象表现得淋漓尽致，激起舆论公愤，连带现场民警处置工作也受到质疑。面对舆情延烧势头，当地公安机关首先通过本地媒体进行解释，有针对性地回应了网民对现场民警无作为的质疑；上级部门紧跟其后做出通报说明，详细交代事件成因和处理结果，并公布事发全过程视频佐证"双方互殴"的定性，对后续不实传闻也及时予以辟谣，整个过程表现出较强的舆情应对能力，值得肯定。然而，相对事件引起的广泛关注和热烈讨论而言，不少网民受负面情绪裹胁，仍拷问警方处置的合规性。若官方此时再添"一把力"，借助媒体、专家等第三方力量开展以案释法工作，普及相关法律知识，将更有助于获得舆论支持。

一起普通纠纷演变成全国性热点事件，此次舆情带来的警示意义远不止于此。事情发酵后，从网红线下围堵打卡到线上各种小道消息散播，某些不良自媒体为赚眼球设置议程，刻意激化仇富情绪，分化主流价值认同，这种非理性的围观严重干扰社会秩序，冲淡规则意识，增加社会治理成本。网络不是法外之地，"法不责众"不能成为公众不守边界的借口，相关部门需对这种无底线追热点、蹭流量的行为及时加以规制和处理，维护网络生态平稳有序。

5.6　负面信息概述

和传统媒体不同，网络平台打破了时间和空间范围的限制，这就使得网络舆情的传播非常迅速。特别是一个负面舆情事件借助网络平台的传播，可能在短时间内形成广泛深刻的负面影响，这既给当事者、责任单位和政府部门造成巨大的舆论压力，又使个人形象、组织形象和地方形象受损，不利于工作的正常运转，因此必须积极应对网络负面信息。

课堂讨论： 简单说说你所理解的负面信息是什么？负面信息与网络谣言有什么区别？

5.6.1　什么是负面信息

广义地说，信息就是消息。负面信息是信息论中的一个术语，常常把消息中不好的、坏的、消极的一面内容称为负面信息。

负面信息是指对企业的形象、产品、品牌或对政府形象带来不良效果的各类信息。随着互联网的发展，信息化的大环境给企业和政府带来了或多或少的不利信息，都称为负面信息。

当出现负面信息后，事件主体要及时通过网络回应并澄清事实真相，消除不实传言，正确引导舆情的走向。与此同时，还需要对负面舆情事件进行深入调查，公开负面舆情事件的过程和结果，主动接受网络媒体和公众的监督，从而确保舆情走向与事件事实的统一。

5.6.2　负面信息处理机制

出现负面舆情信息，坚决反对用"捂"和"瞒"这种传统处置思维消极对待网络舆情，这样只会使工作陷入更加被动的不利处境。通过积极应对网络负面舆情，可以对负面信息造成的形象受损予以消解、修复和重建。建立完善的负面信息处理机制，提高应对负面信息和引导网络舆论的能力，做到及时发现，及时处置，及时化解。

1. 做好负面信息分析

自媒体时代，网络不仅成为收集信息、表达民意、监督社会的重要渠道，而且是民主政治的一种重要表现。可以通过网络舆情监测系统收集不同网络舆论声音，掌握网络所反映的社会舆情动态，要做好分析和预警，一旦遭遇舆情危机，能够积极有效地加以引导。

由于网络匿名传播的特点，使网络舆论更加能够反映社会中的矛盾和问题，宣泄各种不满情绪，大量负面信息和批评意见都能够在网络中充分显现。面对公众意愿诉求，政府应以事实为依据，高度重视网络舆情，积极回应，充分保障公众权益的实现。做好舆情的分析预警是积极应对网络负面事件的基础，把网络舆情预警常态化，才能不至于在面对危机时手忙脚乱。

2. 建立负面信息处置预案

互联网信息的传播具有开放性和交互性的特点，信息的传播与扩散十分迅速、快捷，网络舆情的生成、发展和变化表现出快速、复杂、多变等不确定性特征，这样就给常规舆情处理带来了困难。

建立网络负面信息处置预案，在舆情预警的基础上未雨绸缪，预先对可能出现的情况加以判断和预设，制定相应的处置和引导预案，这样既可以进一步强化对互联网的宣传运用，主动在网络中发布权威信息和主导观点，加大日常网络宣传力度，又可以在面对突发网络负面事件和网络舆论危机面前，坦诚从容应对。

🖋 **小贴士：** 建立网络负面信息处置预案，有助于在处于网络舆论被动的情况下，抓住时机变被动为主动，赢得引导网上舆论良性发展的主动权和主导权，实现网络舆论和谐、健康发展的目标。

3. 明确负面信息处置流程

网络负面信息处置工作要警惕简单地从主观愿望和局部利益出发，以传统处置思维对舆论加以封堵、搪塞、推诿，更不能以虚假信息糊弄网民，而是要立足于事实，采取回应、疏导、说理的方法，坦诚地面对网络负面信息的曝光、质疑和批评，赢得网民的尊重、信任、理解和支持，将公共利益诉求、网络舆论诉求、工作目标诉求三者结合，谋求积极的舆论共鸣和社会共识。

要做到这一点，就需要政府部门之间相互配合，明确负面舆情处置流程，对相关信息及时共享，明确各部门在处置过程中的职责，保持统一口径，以防出现因表态偏差而激化矛盾。

4. 强化互联网媒体沟通协调

当一起突发的负面热点事件发生后，社会各种组织包括个体都可能根据自己的需要建立各种虚拟网络舆情环境，并获得相应的意见引导地位，对网络信息起到传播者和把关人的作用。

负面信息内容只有依托浏览量大的、有影响力的各类大型网站或平台的传播，才能放大议程影响，形成舆论危机；同时，也会被搜索引擎置于搜索结果的靠前位置，带动更多的网民参与到议程中。

因此，强化互联网媒体的沟通协调，特别是传播影响力大的网站平台的协调，通过加强供给和传播把关，一方面有助于控制和防范各种失实信息、有害信息等恶意传播所造成的社会不良影响，另一方面也为网络负面事件处置提供更为有效的信息传播平台和舆论引导阵地。

5. 有效引导网络舆论

网络是一种开放式的信息传播空间，由于不同的人群有着不同的利益诉求，网络舆论热点在总体反映公众关注的同时，也存在着由各种网络推手出于某种利益需要而制造的网络热点，并不能真实反映大多数人的共同关注和普遍诉求。

由于网络具有交互性，使得网络中的每个人都成为广义上的信息传播者和舆论制造者，网络中个体的参与虽然提高了传播的有效性，但个体的网上行为在缺乏有效监督的条件下，实现道德自觉是一个渐进过程，必然同时存在因个体差异、观点分歧、利益膨胀等因素所导致的舆论无序和混乱，客观上需要有组织地强化舆论引导，形成网上主流舆论。

因而，在网络舆论存在各种无序因素的客观情况下，有主题、有计划、有目标地组织网络舆论的有效引导，是应对网络负面热点事件传播的根本要求和实现途径。要充分发挥各网站媒体、网络发言人和网络评论员的作用，在互联网常态宣传，特别是在有负面热点事件的传播中，统一协调，形成合力，以正确的导向引领网上舆论的发展，服务社会公共利益和公众普遍诉求。

案例 **深圳市警察强制传唤女孩，处警不规范**

2016 年 6 月 10 日，网传在深圳宝安西乡流塘大门口，两名女孩被警察检查身份证，因无法提供清晰身份证明被依法传唤。女孩在去派出所的路上偷录下一段视频,曝光当事民警存在执法不规范的问题。

次日凌晨,深圳市公安局宝安分局发布微博回应称,民警陈某在执勤过程中言语失当,存在过错,已被停职。该分局领导和当事民警已向两名当事人做出了诚恳道歉,当事人表示理解。

舆情点评

舆情发生后,公安机关的执法全过程在网上受到全方位审视,执法不规范问题和少数仇警情绪相叠加,易导致涉警舆情发酵升级。此事之所以成为炒作热点,主要在于涉事警察执法理念存在误区,处警不规范、不文明授人以柄,在舆论场中陷入被动。

案例　四川省泸县太伏中学学生死亡案,研判不精准

2017 年 4 月 1 日上午 6 时左右,泸县太伏中学一学生在住宿楼外死亡。家属接到学校通知赶到现场,发现孩子背部、头部、胸部多处紫红淤血,疑生前遭殴打所致。事件发生后,县委、县政府立即启动应急预案,县委政法委、县教育局、县公安局、县政府应急办和太伏镇等部门赶赴事发现场调查处置该事件。

泸县太伏中学一学生赵某死亡事件发生后,个别网民不经查证,肆意通过互联网、QQ群、微信公众号等平台编造发布"五名学生打死同学,其中一人已自杀""孩子已经离开,全身被打得淤青死血,手脚被打断"等不实信息,造谣生事,煽动群众聚集滋事,严重扰乱了社会治安秩序。

4 月 2 日傍晚,"泸县发布"再次发布公告称:经公安机关现场勘验、尸表检验和调查走访,赵某损伤符合高处坠伤特征,现有证据排除他人加害死亡,具体死亡原因需依法按程序待家属同意后尸体检验确认。县教育局已牵头对学校常规管理情况开展调查。

此后,四川省升级应对层次,在推动线下尸检的基础上,泸州市委市政府召开媒体见面会,公布该案详情。泸州市主要领导表态,确保事件处置经得起法律和时间的检验。

舆情点评

对于公安工作来说,舆情既可以为警民沟通烘托良好的氛围,也可以把警民关系推向对立。此案中,当地警方、政府部门多次回应,而舆论风暴愈演愈烈,最后在上级党委政府、公安机关的强力介入下"硬着陆"。出现这些问题的重要原因是,一些公安机关在研判涉警舆情方面不够精准,没有找准舆情的"牛鼻子",导致回应乏力,出现"中靶不中环"现象。

案例　日本游客自行车被盗案

2012 年 2 月 17 日晚,武汉市武昌公安分局东亭派出所接到日本来汉旅游的一名游客报警,称其自行车在汉街入口处被盗。东亭派出所询问、调查后,根据案情,予以立案,并连夜组织开展侦查工作。

三天后,被盗自行车被警方追回,并连夜发还给该游客。此事在舆论场引发网民争议,有人质疑武汉警方"选择性执法"。

舆情点评

有些涉警舆情事件的导火索,与公安机关在执勤、服务等的具体行为有关。在本案中,武汉警方的积极作为并没有收获舆论场的善意,显得"不合时宜"。

在实际工作中，公安机关要注意准确把握案件性质，全面认识案情的敏感性，如此方能客观设置公众议题，否则极易自乱阵脚。此外，还可与新闻媒体、网站进行有效沟通，建立一整套行之有效的舆情应对措施和机制，强化正面引导，积极引导舆论。

5.7 加强网络违法和不良信息管理

不良信息的传播对互联网安全、社会运行秩序及大多数网民的利益构成了严重威胁。因此，世界各国都制定了相关法律法规并采取管制措施，在一定程度上遏止了网络不良信息的传播所带来的社会负面影响。

课堂讨论： 说说你所了解的有关网络违法和不良信息管理的法律法规都有哪些？

5.7.1 我国法律的相关规定

根据我国法律法规，网络违法信息是指违背《中华人民共和国宪法》和《全国人民代表大会常务委员会关于维护互联网安全的决定》《互联网信息服务管理办法》等所明文严禁的信息，以及其他法律法规明文禁止传播的各类信息。

我国《互联网信息服务管理办法》第 15 条明确规定，互联网信息服务提供者不得制作、复制、发布、传播含有下列内容的信息。

（1）反对宪法所确定的基本原则的。

（2）危害国家安全、泄露国家机密、颠覆国家政权、破坏国家统一的。

（3）损害国家荣誉和利益的。

（4）煽动民族仇恨、民族歧视，破坏民族团结的。

（5）破坏国家宗教政策，宣扬邪教和封建迷信的。

（6）散布谣言，扰乱社会秩序，破坏社会稳定的。

（7）散布淫秽、色情、赌博、暴力、凶杀、恐怖或者教唆犯罪的。

（8）侮辱或诽谤他人，侵害他人合法权益的。

（9）含有法律、行政法规禁止的其他内容的。

小贴士： 网络不良信息则是指违背社会主义精神文明建设要求、违背中华民族优良文化传统与习惯，以及其他违背社会公德的各类信息，包括文字、图片、音视频等。

就我国法律来说，目前对网络违法与不良信息的相关主要规定情况如表 5-2 所示。

表 5-2 我国对网络违法与不良信息的相关主要规定

违法和不良信息类型		相关法律依据
危害国家安全，泄露国家秘密	通过互联网窃取、泄露国家秘密、情报或军事秘密	《全国人民代表大会常务委员会关于维护互联网安全的决定》第 2 条 《互联网新闻信息服务管理规定》第 19 条 《互联网电子公告服务管理规定》第 9 条

（续）

违法和不良信息类型		相关法律依据
	危害国家安全，泄露国家机密	《电信条例》第 57 条、第 63 条 《互联网信息服务管理办法》第 15 条 《互联网上网服务营业场所管理条例》第 14 条 《互联网等信息网络传播视听节目管理办法》第 19 条 《互联网文化管理暂行规定》第 16 条 《互联网出版管理暂行规定》第 17 条
颠覆国家政权，危害国家统一	利用互联网造谣、诽谤或发表、传播其他有害信息，煽动分裂国家，破坏国家统一	《全国人民代表大会常务委员会关于维护互联网安全的决定》第 2 条
	危害国家统一、主权和领土完整	《互联网上网服务营业场所管理条例》第 14 条 《互联网等信息网络传播视听节目管理办法》第 19 条
	颠覆国家政权，破坏国家统一	《电信条例》第 57 条 《互联网信息服务管理办法》第 15 条 《互联网新闻信息服务管理规定》第 19 条 《互联网电子公告服务管理规定》第 9 条 《互联网文化管理暂行规定》第 16 条 《互联网出版管理暂行规定》第 17 条
损害国家荣誉		《电信条例》第 57 条 《互联网信息服务管理办法》第 15 条 《互联网上网服务营业场所管理条例》第 14 条 《互联网等信息网络传播视听节目管理办法》第 19 条 《互联网新闻信息服务管理规定》第 19 条 《互联网电子公告服务管理规定》第 9 条 《互联网文化管理暂行规定》第 16 条 《互联网出版管理暂行规定》第 17 条
破坏民族团结	在计算机信息网络中刊载民族歧视、侮辱内容	《治安管理处罚法》第 47 条
	利用互联网煽动民族仇恨、民族歧视，破坏民族团结	《全国人民代表大会常务委员会关于维护互联网安全的决定》第 2 条 《电信条例》第 57 条 《互联网信息服务管理办法》第 15 条 《互联网新闻信息服务管理规定》第 19 条 《互联网电子公告服务管理规定》第 9 条

（续）

违法和不良信息类型		相关法律依据
	煽动民族仇恨、民族歧视，破坏民族团结或侵害民族风俗、习惯	《互联网上网服务营业场所管理条例》第14条 《互联网等信息网络传播视听节目管理办法》第19条 《互联网文化管理暂行规定》第16条 《互联网出版管理暂行规定》第17条
破坏国家宗教政策，宣扬邪教和封建迷信	利用互联网组织邪教组织、联络邪教组织成员，破坏国家法律、行政法规实施	《全国人民代表大会常务委员会关于维护互联网安全的决定》第2条
	破坏国家宗教政策，宣扬邪教和封建迷信	《电信条例》第57条 《互联网等信息网络传播视听节目管理办法》第9条 《互联网信息服务管理办法》第15条 《互联网上网服务营业场所管理条例》第14条 《互联网新闻信息服务管理规定》第19条 《互联网电子公告服务管理规定》第9条
散布谣言	散布谣言，扰乱社会秩序，破坏社会稳定	《电信条例》第57条 《互联网信息服务管理办法》第15条 《互联网上网服务营业场所管理条例》第14条 《互联网新闻信息服务管理规定》第19条 《互联网电子公告服务管理规定》第9条 《互联网文化管理暂行规定》第16条 《互联网出版管理暂行规定》第17条
	散布谣言，谎报险情、疫情、警情或者以其他方法故意扰乱公共秩序	《治安管理处罚法》第25条
散布淫秽、色情信息	在互联网建立淫秽网站、网页，提供淫秽站点链接服务，传播淫秽书刊、影片、音像、图片	《全国人民代表大会常务委员会关于维护互联网安全的决定》第3条
	利用计算机信息网络、电话及其他通信工具传播淫秽信息	《治安管理处罚法》第68条
	以牟利或不牟利为目的，利用互联网及其聊天室、论坛、即时通信软件、电子邮件等方式，以及移动通信终端制作、复制、出版、贩卖、传播淫秽电子信息	《最高人民法院、最高人民检察院关于办理利用互联网、移动通信终端、声讯台制作、复制、出版、贩卖、传播淫秽电子信息刑事案件具体应用法律若干问题的解释》第1条、第3条

（续）

违法和不良信息类型		相关法律依据
	多次发送淫秽信息，干扰他人正常生活	《治安管理处罚法》第 42 条
	散布、宣扬淫秽、色情	《电信条例》第 57 条 《互联网信息服务管理办法》第 15 条 《互联网上网服务营业场所管理条例》第 14 条 《互联网等信息网络传播视听节目管理办法》第 19 条 《互联网新闻信息服务管理规定》第 19 条 《互联网电子公告服务管理规定》第 9 条 《互联网文化管理暂行规定》第 16 条 《互联网出版管理暂行规定》第 17 条
散布暴力、恐怖信息	多次发送恐吓信息，干扰他人正常生活	《治安管理处罚法》第 42 条
	散布暴力、凶杀、恐怖	《电信条例》第 57 条 《互联网信息服务管理办法》第 15 条 《互联网上网服务营业场所管理条例》第 14 条 《互联网等信息网络传播视听节目管理办法》第 19 条 《互联网新闻信息服务管理规定》第 19 条 《互联网电子公告服务管理规定》第 9 条 《互联网文化管理暂行规定》第 16 条 《互联网出版管理暂行规定》第 17 条
	互联网出版内容含有诱发未成年人模仿违反社会公德的行为和违法犯罪行为内容，以及恐怖、残酷等妨碍未成年人身心健康的内容	《互联网出版管理暂行规定》第 18 条
侮辱或诽谤他人，侵害他人名誉权	利用互联网损害他人商业信誉和商品声誉	《全国人民代表大会常务委员会关于维护互联网安全的决定》第 3 条
	利用互联网侮辱他人或捏造事实诽谤他人	《全国人民代表大会常务委员会关于维护互联网安全的决定》第 4 条
	多次发送侮辱、恐吓或其他信息，干扰他人正常生活	《治安管理处罚法》第 42 条

（续）

违法和不良信息类型		相关法律依据
侮辱或诽谤他人，侵害他人合法权益		《电信条例》第 57 条 《互联网信息服务管理办法》第 15 条 《互联网上网服务营业场所管理条例》第 14 条 《互联网等信息网络传播视听节目管理办法》第 9 条 《互联网新闻信息服务管理规定》第 19 条 《互联网文化管理暂行规定》第 16 条 《互联网出版管理暂行规定》第 17 条
侵害他人隐私权	向他人泄露上网用户的个人信息	《互联网电子公告服务管理规定》第 12 条

5.7.2　多管齐下治理网络违法和不良信息

从监管实践来看，当互联网信息的发布与传播危害到国家安全、社会秩序及公共利益时，政府都会运用法律、技术等多种手段进行管理。

1. 政府部门

在互联网非法信息的预防和惩治阶段，世界各国的不同政府部门拥有不同的职能，发挥不同的作用。总体看，在预防阶段，各国电信监管机构、文化管理部门拥有较多职能，发挥较大作用；在惩治阶段，各国行政司法、公共安全、国家安全等安全管理部门拥有较多职能，发挥较大作用。

在我国，安全管理部门穿插在互联网非法有害信息的预防和惩治阶段之间。在预防阶段，与电信监管机构、文化管理部门一起实行"分工负责、齐抓共管"；在惩治阶段，独立行使查处和事后惩治等职能。这种监督管理体制被称为"多线混合监管体制"。

依据相关法律与文件，在非法不良信息的预防阶段，工业和信息化部负责互联网行业的行政处罚和清理整顿，工业和信息化部、国家互联网信息办公室、文化和旅游部、国家新闻出版署、国家广播电视总局、公安部等共同负责互联网非法公共信息的举报受理、发现报告和审计检查；在实践中，互联网非法不良信息专项清理整顿工作多由包括公安机关在内的多部门共同发起、组织、实施，形成预防阶段的"混合监管体制"。

在非法有害信息的惩治阶段，工信部负责经营性互联网网络安全的应急协调，网信办负责互联网新闻信息服务、意识形态重大问题的应急处置，公安部负责网上违法犯罪活动的应急协调，事实上形成惩治阶段的"混合监管体制"。

🖈 **小贴士：** 在互联网违法和不良信息的治理过程中，如果仅仅依靠政府部门的管制，是无法完成互联网有效管理工作的。只有充分利用各方资源，统筹兼顾，综合运用法律、行政、自律、教育、技术等多种手段，进行多方协调与合作，才能够实现互联网不良信息综合治理的目标，维护社会的和谐与稳定。

2. 行业协会

我国最大的互联网行业组织是中国互联网协会，成立于 2001 年 5 月 25 日，由国内从事互联网行业的网络运营商、服务提供商、设备制造商、系统集成商及科研、教育机构等 70 多家互联网从业者共同发起成立。协会设有行业自律、反垃圾邮件和网络与信息安全工作委员会。在行业自律方面，协会组织制定、颁布了《互联网行业自律公约》和《博客服务自律公约》，成立了垃圾邮件举报受理中心，组织开展了"网络公益日"和"绿色网络文化产品推荐"等宣传活动，在互联网不良信息治理中发挥了重要作用。

2004 年 6 月，互联网违法和不良信息举报中心正式成立，负责受理网民对网上违法和不良信息的举报。

　🖋 **小贴士：**　互联网相关行业协会一般隶属于政府部门，在宣传相关互联网法律法规，向政府部门反映会员和行业的愿望，参与国际交流与合作，遏制互联网违法和不良信息的传播方面发挥了重要作用。

3. 互联网企业

互联网企业是推动互联网违法和不良信息治理的中坚力量。开展互联网违法和不良信息治理，从根本上是符合互联网企业根本利益的。

近年来，多家互联网企业发起行动，主动从自身做起，配合开展互联网违法和不良信息治理工作，如"新华网"的违法举报通道和典型案例"曝光台"、"百度"实行的网站信誉评级系统及其与中国互联网违法和不良信息举报中心联合发起的"打击互联网不良信息、共建和谐网络环境"的"阳光行动"，以及"优酷网"等视频网站采取的"先审后发"制度等。2014 年，百余家网站共同签署《积极受理网民举报承诺书》，全年共有效处置公众举报近 2.5 亿件次。

4. 网民

加强网民的网络道德教育，呼吁网民举报各种互联网不良信息，引导网民积极主动抵制互联网不良信息，对于互联网违法与不良信息的治理至关重要。

案例　一大学生网上散布"针刺"谣言被拘

2011 年 10 月 20 日，重庆交通大学土木建筑学院 06 级本科生皮某某在百度重交吧发帖，引起许多网友关注并回帖。"针 ci"信息很快在该校部分学生中传播，并引起了一定程度的不稳定情绪。

皮某某后来在发出的"个人声明"中说，他在与母亲通电话时，听说老家永川出现犯罪分子疑似用毒针扎小孩的事件，而母亲在电话中一再要求其注意安全，于是他在未经核实真实性的情况下以"'针刺'闹到重庆"为题在网上发帖。

皮某某主观上是想提醒同学们注意安全，保持警惕，但客观上违反了国家的相关法律规定。根据《中华人民共和国治安管理处罚法》第二十五条第一款规定：散布谣言，谎报险情、疫情、警情或者以其他方法故意扰乱公共秩序的，处五日以上十日以下拘留，可以并处五百元以下罚款；情节较轻的，处五日以下拘留或者五百元以下罚款。鉴于皮某某认识到自己违法行为的实质，警方依法对其做出治安拘留 3 日的处罚。

重庆市公安局网监总队一位陈姓警官说，公民在网上散布和传播"针刺"言论，原则上定性为刑事犯罪。鉴于皮某某是在校大学生，尚未有证据证明皮某某是主观故意，警方才做出这样的处罚决定。

案例 散布"响水爆炸18名消防员牺牲"谣言被拘

2019 年 3 月 21 日，江苏省盐城市响水县陈家港镇某化工有限公司化学储罐发生爆炸事故后，一条"18 名消防员因吸入大量致癌气体而牺牲"的消息引发网民关注。网传的消息中称，"他们冒着熊熊烈火，冲进了满是有毒气体的工厂，不幸的是，经过两个小时的战斗，消防员们陆续被有毒气体所吞噬……截至北京时间 3 月 22 日 12 点 30 分，已有 18 名消防员不幸遇难，愿逝者安息"。

事实上，在 24 日上午，参与救援的江苏省消防救援总队参谋长、事故处置现场指挥部副总指挥陆军接受《环球时报》采访时就表示，到目前为止，消防员无一伤亡。

24 日晚，盐城网警对"18 名消防员牺牲"的消息进行辟谣。警方通报指出，事故发生后，史某康（男，21 岁，山西人）在网络发帖称"18 名消防员因吸入大量致癌气体而牺牲"，编造虚假信息，混淆视听，扰乱公共秩序，因涉嫌犯罪已被公安机关依法采取刑事强制措施。

网络空间不是法外之地，对故意歪曲事实散布谣言、制造恐慌情绪等扰乱社会秩序的违法犯罪行为，警方将依法严惩。人民群众应做到不造谣、不信谣、不传谣，共同维护清朗的网络空间。

5.8　网络直播舆情管理

伴随着网络直播行业的蓬勃发展，直播行业出现了许多问题。近几年来，涉及网络直播的舆情事件时有发生，而且每一次网络直播舆情事件都造成了巨大的负面影响。所以，要想最大限度地减少舆论的负面影响，规避网络舆论的风险，需要在直播舆情出现后及时做好直播舆情管理工作。

🎤 **课堂讨论：** 你认为网络直播中的哪些行业或内容会引发网络舆情？

5.8.1　网络直播舆情滋生的原因

网络直播舆情滋生的原因主要表现为以下 3 种。

（1）网络直播带货过程中，虚假宣传、信息公示不全及缺乏售后保障等损害消费者权益等行为，往往成为直播舆情爆发的主要原因。

（2）一些主播在进行音乐、视频等创作过程中，由于涉嫌抄袭等知识产权问题，常常引发舆论的不满。

（3）明星艺人、企业高管等在网络直播过程中，由于措辞不当、言语过激等行为，造成舆论误解，从而致使危机产生。

5.8.2　网络直播舆情风险管理

从以上的网络直播舆情的主要原因来看，作为明星艺人上面的经纪公司/团队、企业品牌/市场部门、网络达人等为了能够防患于未然，避免危机损失，就亟需加强网络直播舆论舆情风险管理。具体应该从以下几个方面入手。

1. 舆情风险管理思想

必须将舆情风险管理从舆情"消防员"的角色定位中摆脱出来，不能等网络直播舆情事件爆发后再采用一些堵塞传播渠道、删除传播内容的方式来解决问题。应该定期或不定期开展网络舆情风险排查工作，具体可以利用人工搜索的方式，也可以借助大数据舆情监测平台，实时自动地采集全网舆情，自动识别，发现网络直播舆情后主动向用户发出告警，防止舆情事件爆发。

2. 舆情风险管理方法

要更加深入地将科学的调查分析方法引入网络直播舆情风险管理体系，依托大数据舆情监测平台的信息采集和数据挖掘功能，全面准确地获取与己相关的直播网络舆情数据信息，充分发挥社会调查、数据挖掘、相关性分析等科学分析方法的作用。

3. 舆情风险管理硬件

需要建立专业的舆情风险管理，构建舆情监测和情报预警体系。具体可以通过采购专业的大数据舆情监测平台，实时收集和监测与己相关的各类直播言论和情报数据，自动挖掘网络直播舆情演化过程中的传播趋势、关键传播节点、传播范围、传播情感等，便于用户分析，制定有针对性的危机应对措施。

5.8.3　直播电商背后的舆情风险

目前，抖音和快手等短视频平台都宣布推出了各自的电商节，直播与电商发生了"化学反应"，"带货"能力惊人。然而，直播电商迎来业绩"狂欢"之余，也屡屡成为舆情的焦点。认识到并积极化解此类舆情风险，是监管部门和从业者都需要正视的问题。

1. 直播电商常常在哪里"翻车"

电商直播带动销售的营销模式近年来逐渐在网络上风行，源自其为广大网民营造了新颖而刺激的购物体验，既是一种创新，也创造了一定的经济效益。但乱象丛生也是客观现状，"翻车"事件不时出现，成为热点话题的风险无处不在。

首先，涉嫌销售假冒商品是直播电商最为常见的"翻车"原因。直播带货受到欢迎的主要原因之一就是价格相对低廉，主播们以"双 11"的购买欲，打着"买一赠一""直接 3 折"等噱头兜售商品，刺激消费者的购买欲，然而却真假难辨。曾有媒体报道过某网红让 3000 多副涉假的韩国品牌眼镜在上架 5 分钟后就被抢购一空，营收 190 多万元，盈利数十万元后潜逃出境，目前已落网。

其次，劣质产品和欺诈销售也是困扰直播电商健康发展的典型问题。主播推荐的产品常常被打上"亲鉴好用"等字眼，但背后质量的参差不齐却让人担忧。直播电商销售"三无"的化妆品、食品、减肥药品，乃至农资产品的事件也屡见不鲜。

再次，主播在销售过程中的不当言行引发争议的案例也在增多。某知名主持人在直播中介绍一条号称"光腿神器"的打底裤时称"不知道中国有没有，反正香港是有的"，将中国和香港并列，犯了原则性错误。

2. 制定规则中要注重风险管理

直播电商的持续走热，无论是对电商平台，还是对短视频平台，都是很大的增量。因此，各大平台都在制定和改进销售规则，给予带货能力突出的主播更好的位置，促进直播电商的更大发展。同时，毫无疑问，风险管理和应急处置的机制也需要各大平台在直播销售过程中不断完善。

电商平台和直播平台都要根据常规管理经验和实际出现的问题，逐步探索出一套成熟的平台治理和消费者保护体系,特别是在"双11"之类的重要时间节点之前做好舆情风险评估工作,实时加强对各类突发情况的监测和预警,从苗头发现问题,保证直播电商销售的正常秩序,维护消费者的合法权益。在直播平台上活跃的商家店铺,都应该坚守诚信经营的原则和底线,保证货品质量和供应链顺畅。一旦出现情况,纠错机制也是不可或缺的,无论是平台方、店铺方,还是主播个人,都要正视问题,积极纠正并致歉,表现出对问题负责到底的态度。

3. 政府监管部门不能缺位

面对高速发展的新业态,政府部门要重视和研究可能出现的风险,监管不能缺位。从直播电商行业发展涉及的分工看,市场监管部门、商务部门、广电部门,乃至对违法行为进行打击的公安机关,在其中都负有一定的管理责任,需要树立风险意识,明确职责,守好各自领域,同时加强协作与配合,共同规范和管理好直播电商,使其健康发展。

目前,很多部门已经在关注直播电商这个新行业。商务部发言人表示,将继续会同有关部门一起,推动电子商务的规范化发展,切实维护电子商务市场的秩序和广大消费者的合法权益。在"双11"前,国家广播电视总局发布加强网络视听电子商务直播节目和广告节目管理的相关通知,要求加强管理,节目用语要文明、规范,不得夸大其词,不得欺诈和误导消费者。而主播利用自身名义或形象对产品进行推荐的行为,是否符合广告法中对代言行为的定义,如何承担连带责任,也是需要市场监管部门明确的。

案例 **直播带货引发纠纷,各退一步调解结案**

当前,"直播带货"作为一种网络消费新业态正逐渐成为潮流,在"网红经济"持续发展的背景下,许多企业跃跃欲试,纷纷希望搭上便车蹭蹭"网红"热度,以扩大自己旗下商品的知名度。然而,潮流虽热,合作方之间却也时常派生出一些矛盾。近日,福建省福州市鼓楼区人民法院就审结了这样一起因"直播带货"不成而引发的服务合同纠纷。

福州某信息科技公司是一家主要从事宠物食品加工、销售的企业,为拓宽销售渠道,该公司找到旗下拥有许多网红资源的武汉某网络科技公司,想要试试"直播带货"这种时兴的宣传与销售方式。

2021年1月,双方签订《产品直播推广协议》,约定武汉某网络科技公司为福州某信息科技公司在网络直播平台上推广、销售指定的品牌产品。福州某信息科技公司按照约定足额支付了服务费,但武汉某网络科技公司却未能按时安排直播。后经多次催讨,武汉某网络科技公司仅退还部分服务费。由于协商未果,福州某信息科技公司诉至法院,并申请财产保全,冻结了武汉某网络科技公司名下的银行账户。

福州市鼓楼区人民法院在审理过程中发现,本案原、被告双方均系2020年疫情期间刚刚成立的小微企业,注册资本不高,债务承受能力有限,且主营的都是与网络平台相关的业务。为了更好地解决原、被告之间的纠纷,法官通过电话向被告了解了案涉合同的履行情况,并询问其为什么没能"带货"成功,被告也向法官说出了背后的原因:原来,被告在与旗下主播协调的过程中出了问题,无法按原定计划安排相应的直播,并非有意不履行合同义务。且被告对原告诉请的金额和事实并没有什么异议,只是目前资金周转困难,一下子实在拿不出这么多钱,希望原告能够在时间和金额上给予宽限和减免。

为了最大限度地降低诉讼成本,尽可能地提高调解成功率,法官决定安排一场远程视频"云庭审",帮助双方解开心结,尽力促成调解。

2021年4月15日,法官通过"云上法庭"成功连线此时正在外地的被告公司法定代表人,与现场的原告协商调解事宜。

调解过程中，经办法官分别耐心地做了双方的思想工作，细数调解在当前阶段对双方的有利之处，力劝这两家"年轻"的公司放下芥蒂、重归于好，以便日后能继续合作，共同追求更加长远的利益。被告本着诚恳的态度向法官和原告说明了自身情况，原告认真听取了法官的建议，对被告所处的困境也表示了理解。

最终，在法庭的主持下，双方当庭成功达成了调解协议，原告对被告所需退还的款项做出了"打折"让步，被告承诺分期按时向原告退还相应的款项。

调解协议签订的当天，被告就凑款主动退还了第一期服务费。次日，法官依原告申请立即对被告银行账户做出了解除冻结措施。双方纠纷终于圆满解决，并达成了长期合作的意向。

舆情点评

"直播带货"实质上是"网红"利用其自身流量通过网络直播平台向观众推广指定商品的一种线上商业模式，一般是以"网红"现场讲解、试用的方式，直观、鲜活地向观众展示商品信息，从而达到促成交易、提高商品销售量的目的。

近年来，随着我国电子商务的蓬勃发展，"直播带货"模式应运而生，不仅成为许多商家提高产品销量和知名度的重要法宝，也在促进就业、扩大内需等方面发挥了重要作用。同时，由于受到新冠肺炎疫情影响，各大、中、小微企业分别受到了不同程度的冲击。面对无法开工的困境，许多企业开始转变思路、积极自救，从线下到线上，从"面对面"到"屏对屏"，各大当红主播都加入其中，开启了"全员带货"的新潮流。

就本案来说，虽然只是看似简单的合同纠纷，但它背后则关系着小微企业在新经济业态下能否顺利生存。

5.9　本章小结

谣言始于怀疑，止于公开。在网络媒体中，如何及时有效地控制和应对谣言与负面信息的传播，需要社会、政府和媒体的共同努力。通过对本章内容的学习，需要能够理解什么是网络谣言，以及网络谣言的应对与引导方法，并且需要了解我国对于网络违法和不良信息管理的相关规定。

5.10　案例分析——广西救护车舆情的 4 个引爆点

2021 年 3 月，一段关于广西巴马瑶族自治县 120 急救人员救护交通事故伤者的视频在网络热传，舆论聚焦于医方在处置过程中是否专业进行讨论，事件发酵过程中还衍生出急救资源外包的谣言，随后卫健部门回应失当，不仅未能平息舆论，反而引发新的争议。透过这起舆情事件，从话题发酵、再到医疗救护领域的问题，以及问题带来的刻板印象，都值得我们关注与思考。

1. 医方不专业引爆舆情

健康博主"@ 荷珥萌与宝莉萌"是较早介入该事件网络传播的知名网友。3 月 14 日，其发布视频并配文"受到了二次伤害的车祸伤者"。视频显示，身穿橙色衣服的伤者扑倒在血泊中，两名身着白大褂的女工作人员直接抓起女子衣服将其翻身。随后在抬担架过程中，参与其中的男性工作人员被现场车辆绊倒，导致伤者从担架上摔落。

简单的描述及短视频画面直接呈现的不良观感，话题相关舆情迅速升温，公众普遍质疑急救人员的处理方式不专业。

有网民指出，医护人员在现场并未进行任何专业判断的前提下直接改变伤者体位，完全违反事故急救的常识。此外，伤者遭到被"拎"而非"抬"上担架的"粗鲁"对待也受到部分网民的诟病。微博网民"@协和医生Do先生"称：作为院前抢救和转运人员，从头到尾几乎没有一个动作是专业的。但也有声音认为，医护人员是忙中出错导致伤者摔下担架，实属"意外"，对于"失误"应表示理解。

2."外包"谣言带歪舆论方向

值得指出的是，话题升温的第二个关键因素在于"私人承包"的说法。在舆情发酵早期，"@荷珥萌与宝莉萌"在与网友互动时称，某地救护车资源没几个专业人员，由私人承包。

该微博被大量转发后，许多网友质疑救护人员的做法，而出于对公立医院的信任，推测救护车为"私人承包"。15日，超过55万粉丝的认证博主"@北京的晖子"转发该视频时评论：这个视频体现了一部分医疗私人承包的恶果，降低成本，不需要专业，一切都是生意。该条博文获得了2.5万余次转发和超过19万点赞，传播力不容小觑。

知名博主的转发使话题讨论更加深入，有观点称，由于一些医院自负盈亏、急救资源紧缺、服务范围大等因素，医院出于成本考虑，倾向于将部分救护车业务外包，救护车资源紧张是当前的普遍现象。从短视频发布到被广泛转发，相关部门在舆情发酵期未能及时反应，给"急救外包"谣言留下了滋长空间，成为舆论关注的一大焦点。

事件在媒体介入后发生了反转。16日，广西壮族自治区河池市120指挥调度中心工作人员接受观察者网采访时表示，河池市辖区、县的120救护系统不可能外包，这是不允许的，巴马当地救护车不可能外包。官方回应中也确认了上述说法。

3. 卫健部门回应引发争议

官方在3月16日才对外做出回应，巴马瑶族自治县卫生健康局通过微信公众号"今日巴马"发布通报回应称，医务人员抵达交通事故现场后，确定伤者已经死亡。针对网友对出诊医务人员急救不专业的质疑，该局称将对涉及人员做进一步调查，如发现救护过程中存在不规范医疗行为，会按照有关规定进行处理。

回应中"伤者在现场已经死亡""出于人道主义运送尸体"的说法迅速点燃公众不满情绪。"#卫健局回应急救伤者从担架摔落#"话题于3月17日登上微博热搜榜，截至15时阅读量已超过1.8亿。

首先，公众对于官方回应中"伤者在现场已死亡"的说法持怀疑态度，现场视频中并未显示医护人员对伤者伤情做专业性检查和判断，回应中"已死亡"的说法遭质疑。对此，急救专家贾大成称，有无生命体征不光要看，必须得有诊断依据，需描述病人状态，如意识丧失、呼吸停止、脉搏消失等，还需要留一段心电图。而视频中的两名急救医护人员未做任何检查与处理。

此外，面对官方回应也有声音指出，"缺乏对生命最基本的尊重"，现场医护人员并未体现任何"爱伤观念"，官方"出于人道主义"的回应更是充满对死者的漠视和高高在上的姿态。

4. 长期偏负面的急救服务印象成为话题升温的大背景

近年来，有关救护车乱象的新闻频出。人员不专业、缺乏责任心、医护人员与司机推卸责任、救护人员不搬动患者、缺乏急救用药等问题屡见不鲜。刻板印象成为助燃话题的遍地干柴。

微博网民"@急诊夜鹰"评论指出，县级120多由当地人民医院承担出车责任，出车医生多为轮岗医生，没有经过规范化培训，从业积极性很低，多以应付为主。最终展示了一个毫无职业素养、大众愤恨的角色。

网民分享的个人经历实际暴露了公众长期以来对急救服务领域的不满问题。因此,当伤者在被救治过程中出现跌落担架的情况时,根植于长期形成的负面舆情土壤,公众首先对急救医护人员的做法发出声讨和质疑。

舆情点评

回顾整个事件,快餐式的信息传播降低了信息获取门槛,一些网民为博取关注,断章取义,有意或无意传递不实信息,带歪了舆论关注事件的方向。但是也应该看到的是,针对急救专业性、舆情应对合理性、急救领域乱象等业务问题的讨论。

这起由短视频发酵而起的舆情事件,也提醒有关部门要提升自身认识,加大对短视频的关注,重点监测、分析与研判,以便针对相关舆情进行迅速响应,及时应对。在负面舆情大面积发酵前,及时通过权威途径说明厘清事实真相。

第6章 突发事件网络舆情应对

突发事件的发生，会使社会偏离正常发展轨道并向失衡状态发生质变，因而是网络舆情监测的重点对象，也是网络舆情处置应对的难点问题，2007年我国通过了《中华人民共和国突发事件应对法》。本章将介绍有关突发事件的相关知识，包括突发事件的分类与特征、突发事件的网络舆情、突发事件网络舆情应对的基本原则、突发事件的处理机制等内容。

6.1 突发事件概述

当前，我国面临着错综复杂的国际国内形势。一方面，西方敌对国家与势力运用政治、经济、文化等各种手段对我国实行挤压，从政治、经济、文化、军事等多个方面钳制我国；另一方面，我国政治、经济、文化等领域的改革进入攻坚克难的深水区，各种社会矛盾日益加深，传统安全与非传统安全问题相互交织。在此背景下，我国突发事件进入多发期、高发期，处置突发事件的难度进一步加大。

课堂讨论： 简单说说你所理解的突发事件是什么？列举一两个你所知道的突发事件。

6.1.1 什么是突发事件

美国国家安全部将突发事件定义为"一种自然发生的或人为原因引起的需要紧急应对以保护生命或财产的事故或事件，可以包括重大灾难、紧急事件、恐怖主义袭击、荒野和城区火灾、洪水、危险物质泄漏、核事故、空难、地震、飓风、龙卷风、热带风暴、与战争相关的灾难、公共卫生与医疗紧急事态，以及发生的其他需要积极应对的事件"。

欧洲人权法院对突发事件的解释是"一种特别的、迫在眉睫的危机或危险局势，影响全体公民，并对整个社会的正常生活构成威胁"。

根据2006年我国公布的《国家突发公共事件总体应急预案》的说明，突发事件是指突然发生，造成或者可能造成重大人员伤亡、财产损失、生态环境破坏和严重社会危害，危及公共安全的紧急事件。

2007年8月，第十届全国人民代表大会常务委员会第二十九次会议通过的《中华人民共和国突发事件应对法》（以下简称《突发事件应对法》）第三条第一款明确规定："本法所称突发事件，是指突然发生，造成或者可能造成严重社会危害，需要采取应急处置措施予以应对的自然灾害、事故灾害、公共卫生事件和社会安全事件。"

6.1.2　突发事件的分类

根据看问题的角度、现实或者理论研究目的和判断标准的不同，国内外对突发事件的分类也有所不同。我国的《突发事件应对法》根据突发事件发生的原因、机理、过程、性质和危害对象的不同将突发事件分为 4 类，即自然灾害、事故灾难、公共卫生事件和社会安全事件。

1. 自然灾害

在《全国科学技术名词审定委员会公布名词》的规范用词中，生态学学科中，自然灾害是"对自然生态环境、人居环境和人类及其生命财产造成破坏和危害的自然现象"；地理学学科中，自然灾害的定义为"自然环境对人类生命安全和财产构成危害的自然变异和极端事件"。

简单来讲，自然灾害就是指那些由自然原因而导致的突发事件，主要包括水旱灾害、气象灾害、地震灾害、地质灾害、海洋灾害、生物灾害和森林草原火灾等。具体有高温、严寒、台风、雷电、冰雹、大雾、高温、大风等气象灾害，山体滑坡、崩塌、泥石流等地质灾害，风暴、海啸、赤潮等海洋灾害，重大生物灾害和森林火灾等。

图 6-1 所示为自然灾害的特点。

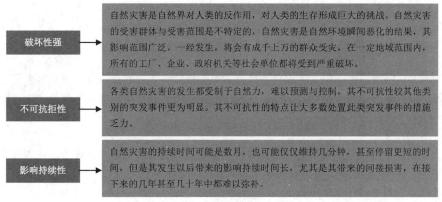

图 6-1　自然灾害的特点

2. 事故灾难

"事故"是指意外的损失或灾祸，"灾难"是指天灾人祸所造成的严重损害和痛苦。从这个角度看，事故灾难是指非自然因素或者人为因素导致的，超出人类主观意愿的，并且造成严重损害和痛苦的突发事件。

（1）环境污染。

环境污染是指由人为原因引起的环境中某物质的含量或浓度达到有害程度，危害人体健康或者迫害生态与环境的现象。

环境污染包括空气污染、水污染、固体废弃物污染、噪声污染等。常见的环境污染有严重雾霾、工厂排污、生产废弃物等；不常见但是危害严重的环境污染有危险化学品、有毒物质、放射性物质引起的环境污染。

（2）火灾事故。

火灾是一种常见的事故，也是伴随着人类社会发展历史的一类事故。火灾是指失去控制的燃烧所造成的灾害。据统计，在我国每年发生火灾 20 万起以上，造成直接经济损失达十几亿元，人员伤亡数千人。

（3）交通事故。

根据发生地点与交通工具的不同，交通事故可分为道路交通事故、铁路事故、内河航运事故、空难、海难等。其中道路交通事故为人们所熟知，几乎每天都会发生。

道路交通事故是指车辆在道路上因过错或者意外造成的人身伤亡或者财产损失的事件。

随着经济的发展、人均收入的不断提高，汽车已经成为当代绝对主流的交通工具。然而，当前公路设置存在一定的缺陷，人们的驾驶知识不够丰富，技术不够熟练，给道路交通秩序埋下了隐患。目前，道路交通事故成为所有事故中伤亡人数最多的一类事故。资料显示，我国每年道路交通事故的死亡人数超过国内各种生产事故的非正常死亡人数的总和。

（4）生产事故。

工矿商贸等企业的各类安全事故的频发与我国过去相当长时间的经济发展模式密切相关。改革开放以来，我国处于工业化加速发展阶段，粗放式的经济发展模式带来物质财富迅速积累的同时，也带来大量的生产事故问题。

生产事故是指生产经营单位在生产活动过程中，由人为的过错或者失误所造成的损失严重的突发事件。主要包括建筑安全事故、矿山事故及其他特殊物质生产事故。

（5）爆炸事故。

爆炸事故主要包括物理爆炸事故、化学爆炸事故或物理化学爆炸事故。这里所关注的主要是民用爆炸物品和易燃易爆化学品引起的爆炸事故。

爆炸事故往往会带来巨大的危害和损失，给人民带来生命财产损失的同时，也给社会增加大量不安定因素。由于相关的管理制度落实不到位、相关政府部门及企业负责人员安全意识淡薄，以及爆炸物品在生产、运输、使用、储存、销售等任何一个环节都易出现问题，因而各种爆炸事故层出不穷。

3. 公共卫生事件

公共卫生事件是指突然发生，造成或者可能造成社会公众健康严重损害的重大传染病疫情、群体性不明原因疾病、重大食物和职业中毒，以及其他严重影响公众健康的事件。

根据事件自身的性质与特点，公共卫生事件可以分为以下几大类：自然灾害、环境污染引起的公共卫生事件；法定甲、乙、丙类传染病及群体性不明原因疾病；食品、药品质量原因引发的安全事件；群体性食物中毒及职业中毒事件；医疗事故、预防接种或药物引起的不良反应事件；核事故、放射性事件造成的突发公共卫生事件。

公共卫生事件治理比较困难，其原因主要表现在以下两个方面。

一是危害群体广泛，不易控制。

危害群体不仅包括感染群体，而且涉及从事疑似确诊病人治疗的医护人员、从事试验室研究的人员、流行病学调查人员、海关出入境检疫人员，以及公共设施运行和服务人员等，这些人群都被看作高风险人群，所涉及的职业与活动范围不确定，给处置工作带来了极大不便。

二是公共卫生事件专业性较强。

首先，它在名称上就与自然灾害、事故灾难有很大的不同。例如，地震、爆炸、火灾等一目了然，知名便知事，而公共卫生事件则不同，如 SARS、H1N1 等，大众仅从名称无法得知其危害如何。其次，在处置上专业性特征明显，事件发生的原因、趋势、对公众的危害及控制与治疗方法都不是普通群众能够把握与预测的。

4. 社会安全事件

社会安全事件对人民安居乐业与社会和谐稳定带来了巨大挑战，一直是我国国家管理和公众生活的重点和热点。

社会安全事件可以从多个角度进行分类。从事件是否涉及暴力的角度，可分为暴力型社会安全事件和非暴力型安全事件；按照事件矛盾的性质，可分为人民内部矛盾的社会安全事件和敌我矛盾的社会安全事件；从严重程度、可控性与影响范围的角度，可分为 I 级（特别重大）、Ⅱ级（重大）、Ⅲ级（较大）和Ⅳ级（一般）社会安全事件；按照事件本身的性质，社会安全事件一般包括恐怖袭击事件、经济安全事件、涉外突发事件、民族宗教事件、重大刑事案件、群体性事件等。

　　📌 **小贴士：**　根据《国家突发事件总体应急预案》，各类突发公共事件按照其性质、严重程度、可控性和影响范围等因素，一般分为四级：I 级（特别重大）、Ⅱ级（重大）、Ⅲ级（较大）和Ⅳ级（一般）。此外，国务院 2011 年公布的《国家特别重大、重大突发公共事件分级标准（试行）》中，根据重大突发事件的性质、社会危害程度、影响范围等因素，将其分为特别重大（I 级）、重大（Ⅱ级）和一般重大（Ⅲ级）等三级。

6.1.3　突发事件的特征

　　突发事件的发生往往出乎人们的意料，是事物内在矛盾由量变到质变飞跃的过程，也是通过一定的契机而诱发的。突发事件的诱因具有一定的偶然性和隐蔽性，对于复杂多变的网络而言更是如此。

　　1. 突发性

　　突发性是突发事件的首要特征。以迅雷不及掩耳之势爆发是人们对突发事件的直观认识。从字面意义上讲，"突发"是指突然发生、出乎意料、令人猝不及防的状态。突发事件不可防备的突然性让公众措手不及，给社会带来极大的危害和威胁。突发事件的爆发往往出人意料，具有很强的随机性与偶然性，这也是其根本属性。

　　2. 危机性

　　第一，危机中孕育突发事件。事物发展的联系性与发展过程的连续性决定突发事件不可能毫无准备地发生。突发事件发生的一般过程为：一个系统内潜藏的危机因素积累到一定程度后，可能会引爆某个突发事件，危机因素的继续积累可能会引发另外一个或者几个突发事件。在这种关系中，如果能够及时遏制危机因素的聚集，突发事件将不会发生。

　　第二，突发事件诱发危机。突发事件可能会成为一场危机发生的诱因，在这里突发事件是诱发危机的一件大事，是一个"点"，既是危机开始的诱因，又是危机开始的标志。在这种情况下，突发事件如果能够得到有效处置，危机将不会发生，或者危机带来的损失将会减少。

　　3. 破坏性

　　一般而言，突发事件是一个负面性质的事件，而不是中性的事件，它必然会造成不同程度的破坏。在宏观上，其造成国家经济重大损失、社会秩序重大紊乱；在微观上，会造成社会公众生命、健康、财产及心理的破坏。由于突发事件的突发性，很难提前预知，更不用说采取措施提前预防，而且其爆发后事件的发展非常迅速，再加上期间的偶然因素作用，带来的危害很难控制，因此突发事件的破坏性非常大。

　　4. 不确定性

　　所谓不确定性，就是突发事件在爆发以后的发展变化受到诸多内部或者外部偶然因素的影响，很难用经验去判断事件发生的趋势，基本无章可循。突发事件从开始到结束始终处在不断变化的过程中，没有固定的模式与轨迹，其发生的时间、地点及中间过程等都存在较大的偶然性。

突发事件的不确定性主要表现在如图 6-2 所示的 3 个方面。

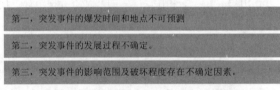

第一，突发事件的爆发时间和地点不可预测

第二，突发事件的发展过程不确定。

第三，突发事件的影响范围及破坏程度存在不确定因素。

图 6-2　突发事件不确定性的主要表现

5. 连带性

连带性也可称为连锁性，是指突发事件的发生往往不是一个孤立的事件，复杂的深层次矛盾可能会在突发事件发生时引爆，因而牵连出其他的社会危机，甚至出现"多米诺骨牌"现象，产生一系列连锁性负面效应。

图 6-3 所示为突发事件连带性的主要表现。

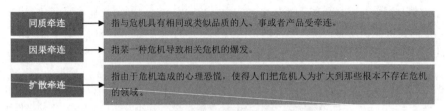

同质牵连　　指与危机具有相同或类似品质的人、事或者产品受牵连。

因果牵连　　指某一种危机导致相关危机的爆发。

扩散牵连　　指由于危机造成的心理恐慌，使得人们把危机人为扩大到那些根本不存在危机的领域。

图 6-3　突发事件连带性的主要表现

案例　上海突发男子持刀砍人事件

2019 年 12 月 15 日晚，多位网民发微博称，上海新闸路疑似发生持刀砍人事件。据网络视频显示，一名男子两手持刀在路边挥舞，有民警持枪对男子进行警告，部分市民在旁围观、逆行靠近、追踪拍摄。相关内容引起网民关注。

当日 23 时 25 分，上海市公安局静安分局官方微博通报称，15 日 20 时许，静安公安分局接持刀砍人报案后迅速到场处置，肇事男子对民警多次警告置若罔闻，挥舞菜刀冲向群众和民警。为确保周边群众安全，民警果断开枪将其击伤并迅速送医救治（暂无生命危险）。该通报还提到，肇事者周某今年 57 岁，居住在事发地周边，曾多次因酗酒滋事被公安机关处理。16 日，大众网等媒体报道称，民警连开 7 枪将周某击伤，疑有 2 名现场群众受伤。

该事件曝光后迅速引发热议，多数舆论肯定民警规范执法、处置果断，媒体和政法官微也援引相关法律说明警察开枪的合法性。如自媒体"牛弹琴"的文章指出，"警察多次警告，没有骂人，抓到后没有暴打，而是迅速送医，执法水平确实不一般"。同时，网络上浮现出警察连开 7 枪及误伤路人等追问，认为警察执法能力有待提高。对此，《新京报》刊文驳斥称，要求警察在紧急情况下一枪击准运动中的目标，且避开关键部位，是一种上帝视角。

如何评价围观群众行为也是舆论热议话题之一。多数网民调侃围观群众"心理素质真好"，指责他们影响警方执法，"拿生命当儿戏"。比如"@平安北京"在事发后第一时间向公众科普相关知识，强调"流弹威力很大！这样的热闹要少看！"《新民晚报》刊发文章指出，如果不是群众里三层外三层围堵事件现场，警方开枪制服歹徒会方便得多；《新京报》的评论文章也提到，遇到危险状况迅速撤离是最理想的"警民合作"。

12 月 16 日，红星新闻援引网络和附近居民消息称，静安分局已组织专班安抚 2 名受伤路人、周某疑为精神病患者，但上述说法均未得到警方证实。静安分局一名工作人员称，出警人员隶属于静安区江宁路派出所，具体情况以警方通报为准。截至 12 月 19 日 12 时，相关报道、客户端文章近 4000 篇，微博 25000 余条，微信文章近 800 篇，微博话题"#上海一男子持刀砍人警方开枪#"阅读量 2.5 亿，讨论量 1.3 万条。

舆情点评

纵观整个事件处置和舆情应对工作，静安警方的表现都可圈可点。面对涉嫌危害公共安全的持刀肇事嫌疑人，民警在多次警告无效之后，才用枪击伤肇事者并及时将之送医救治，这一整套规范化的执法流程是获得舆论支持的根本，同时体现了上海警方较强的执法能力和临场应变能力。

案例　江苏常州突发严重车祸事故

据《现代快报》报道，2019 年 7 月 17 日 10 时 47 分许，江苏常州市发生一起严重交通事故，一辆黑色奔驰小客车失控驶入同向非机动车道，共造成 10 人受伤，3 人死亡。事故发生后，相关视频在网络大规模传播。据网传视频和图片显示，肇事车上的一男一女被警方控制并带走，女乘客打电话大哭"我们撞了好多人"，还有目击者称"车上一男一女发生争执抢夺方向盘引起事故"。事件涉及的"奔驰""女乘客"等词汇，引发网民对肇事者身份和事故原因的猜测，讨论热度迅速攀升。

当日 13 时，常州市公安局交警支队通过官方微博"@常州交警在线"通报事故伤亡情况，并表示肇事驾驶员徐某某已被警方控制。该通报引爆舆论，央视网、人民网、《新京报》、《中国青年报》等多家媒体报道此事，舆情热度达到第一次峰值。此时舆论对事故原因较为关注，部分网民认为可能涉嫌"酒驾、毒驾"，少数媒体报道称事故原因是副驾驶员争夺方向盘导致车辆失控。

同日 22 时，"@常州交警在线"发出第二次通报，称经调查排除酒驾、毒驾，肇事司机徐某某为汽车修理工，在送车途中出现晕厥致车辆失控。突发加意外的情况，使得舆论关注点转移到"责任认定"方面，车主是否担责、如何担责激起了舆论讨论，部分网民激愤地建议判处肇事者死刑。据"@第一视频"发起网络投票显示，6.2 万参与者中有一半选择了"死刑没商量"。舆情出现第二次峰值。

舆论场上还流传着肇事司机徐某某"有背景"、伤亡人数不止通报数量等猜测。7 月 18 日上午，常州市公安局天宁分局副局长通过央视新闻回应社会关切，披露事故中所涉车辆数目、事发时车辆状况、警方在第一现场的目击情况等内情。常州市公安局网络安全保卫支队官微"@常州网警巡查执法"通报称，一网民散布事故造成 12 死 8 伤的不实信息，公安机关已对其予以行政处罚。

7 月 20 日，常州交警在微信公众号"常州发布"通报事故最新调查情况，就肇事驾驶人是否癫痫发作、是否发生争吵抢夺方向盘等七大热点问题进行解答。此后舆情快速回落。截至 7 月 25 日 12 时，相关媒体报道共 230 篇，微博 2 万余条，微信文章 440 篇，多个微博话题累计阅读超 4.8 亿次。

舆情点评

这一惨烈事故发生后，现场视频被大规模传播，舆情瞬间引爆。面对愈加高涨的舆论关注态势，常州交警通过三次通报，兼顾舆情回应的"时度效"，有效推动了舆情平稳降温。具体说来，事发后交警部门反应迅速，在"黄金 3 小时"内发布首次通报，回应舆论场中最为关注的伤亡人数及处置措施问题，避免舆论产生不作为、慢作为等质疑；对于事故原因的舆论猜测，常州警方在 12 个小时后再次公布更为详尽的情况续报予以排除；事发 3 日后，针对网民关切的七大热点问题，常州交警跟进第三次通报，一一做出解释，最终实现舆情快速降温的目的。

6.2 突发事件的网络舆情

随着博客、微博、微信、短视频等新技术、新交流手段、新平台的开发，突发事件在网络上会以什么方式出现，会在什么时候出现，以及会以什么形式和内容出现，都是人们无法把握和预料的，人们对于突发事件发生的具体时间、实际规模、具体形态及可能的影响均难以预测。

🖋 **课堂讨论：** 简单说说你认为突发事件与网络舆情之间存在什么关系？

6.2.1 突发事件网络舆情的传播特点

每当突发事件产生之际，网络舆情极易因此聚集，引发舆情风暴，并且能够使网民在这场舆情风暴里获得狂欢式的关注效果。随着网民的过度关注，网络舆情又有可能会把初期的突发事件推向更加难控的高潮局面。

1. 网络舆情发展迅猛，社交媒体作用明显

随着互联网技术的发展，突发事件发生后，通过微博、微信等社交媒体和短视频等平台，相关信息越来越能够以接近直播的形式呈现，以极快的速度和极宽的覆盖被公众获取，这种传播的即时性使得高度互动成为可能。它以独特的开放性和匿名性，推动参与人群愈加广泛，舆情爆发也更为迅猛。

近年来，多起重大突发事件中，大众媒体的报道角度、议程设置一度都来自社交媒体平台的讨论，其在舆情引导的时效性和主动权上逐渐失去优势。同时，信息发布具有明显的自发性，人与人、人与组织、人与社会之间能够出现更多互动，人人都可以成为传播、表达的主体，抢占舆论引导先机。

案例 **重大事故发生后仅4分钟即在社交媒体发酵**

2011 年 7 月 23 日 20 时 30 分 05 秒，甬温线浙江省温州市境内，由北京南站开往福州站的 D301 次列车与杭州站开往福州南站的 D3115 次列车发生动车组列车追尾事故。

"7·23"甬温线特别重大铁路交通事故是一起因列车控制中心设备存在严重设计缺陷、上道使用审查把关不严、雷击导致设备故障后应急处置不力等因素造成的责任事故。

"7·23"甬温线特大动车事故中，就在事故发生 4 分钟后的 20 点 38 分，车内乘客"袁小芫"发出第一条消息，称"D301 在温州出事了，突然紧急停车了，有很强烈的撞击"。20 点 47 分，车内乘客"羊圈圈羊"发出第一条求助微博，转发突破 10 万次，两小时后该乘客获救。事发两小时后，新浪微博网民发布消息号召献血，上千名微博网民前往献血站，网民"yaoyaosz"发布的献血站现场照片被转发超过 10 万次。

舆情点评

社交媒体在发挥即时性和互动性特点的同时，也助推了网上质疑声音的扩散。有报告指出，对动车追尾事件的负面评论在网上占压倒性优势，网民质疑主要集中在事故发生原因、救援措施、伤亡人数与善后、列车残骸处理、中国高铁安全、铁道部、铁道部新闻发布会、主流媒体表现等8个方面、41点。网民从质疑、不信任再到不理智的谴责和愤怒声讨，舆论环境逐渐失序。

2. 网络谣言容易泛滥

互联网舆情繁杂，尤其是现实社会中的各种矛盾往往使网民的情绪带有倾向性。在突发事件中，弱者利益容易受损，网民极易受非理性情绪感染。此外，在互联网虚拟世界中，网民以匿名身份出现，削弱了虚假信息传播者应当担负的责任和义务，客观上导致谣言更易产生和传播。

在网络上，谣言一旦形成规模，经过意见领袖的传播和网络水军的炒作，很容易操纵网络民意，成为激化社会矛盾的催化剂。在突发事件中，谣言往往制造恐慌，给政府对舆情的引导增加了难度，也加大了对信息准确性和有效性进行甄别的难度。

案例 网络谣言引发疯狂的食盐抢购风潮

2011年3月11日，日本东海岸发生9.0级地震，地震造成日本福岛第一核电站1-4号机组发生核泄漏事故。谁也没想到这起严重的核事故竟然在中国引起了一场令人咋舌的抢盐风波。从3月16日开始，中国部分地区开始疯狂抢购食盐，许多地区的食盐在一天之内被抢光，期间更有商家趁机抬价，市场秩序一片混乱。引起人们抢购食盐的是两条消息：食盐中的碘可以防核辐射；受日本核辐射影响，国内盐产量将出现短缺。

经查，3月15日中午，浙江省杭州市某数码市场的一位网名为"渔-翁"的普通员工在QQ群上发出消息："据有价值信息，日本核电站爆炸对山东海域有影响，并不断地污染，请转告周边的家人朋友储备些盐、干海带，暂一年内不要吃海产品。"随后，这条消息被广泛转发。16日，北京、广东、浙江、江苏等地发生抢购食盐的现象，产生了一场全国范围内的辐射恐慌和抢盐风波。

3月17日中午，国家发改委发出紧急通知强调，我国食用盐等日用消费品库存充裕，供应完全有保障，希望广大消费者理性消费，合理购买，不信谣、不传谣、不抢购。并协调各部门多方组织货源，保障食用盐等商品的市场供应。18日，各地盐价逐渐恢复正常，谣言告破。

3月21日，杭州市公安局西湖分局发布消息称，已查到"谣盐"信息源头，并对始作俑者"渔-翁"做出行政拘留10天，罚款500元的处罚。

舆情点评

在大地震这样的极端事件发生后，恐慌心态往往导致人们更倾向于负面信息。而类似于抢购食盐的非理智从众行为，也被社会心理学称为"社会惊遁"现象。这使得在重大突发事件发生时，谣言更容易传播且更容易对社会造成破坏性危害。但如果政府抓住机会，处理得当，决策过程透明，信息发布及时，就能够开展一场生动的"公民教育课"，增加政府与民众之间的信任感。

3. 舆情存在衍生和反弹隐患

由于重大突发事件的复杂性，在事件发展过程中处于消退状态的网络舆情很可能结合新的刺激性信息而产生新的变异，导致新一轮舆情信息的快速传播。传统媒体对于重大突发事件的报道和传播速度不如网络等新媒体，存在一定的滞后性，在巨大的公众心理落差下，容易出现舆情反弹的情况，也给政府的监测工作带来挑战。

案例　马航MH370客机失联事件，网络舆情多次反弹

2014 年 3 月 8 日，马航 MH370 客机失联事件发生后，相关消息不断披露，网络舆情也经历了多次起伏，特别是部分网民对马航方面处置工作及相关各方协调机制的不满，被多次触发。

事件发生后的初期，马航新闻发布会时间屡次变动导致网民批评马方"缺乏诚意"。

3 月 24 日马来西亚总理纳吉布宣布"机上无人生还"，被网民指"搜索不充分不应急于宣布"。

2015 年 1 月，马方宣布 MH370 航班失事，并称将对乘客和机组人员做出赔偿，网上流传"接受赔偿将无法继续追责"的说法。

2015 年 3 月，马航发布有关事件的中期报告，又有网民对报告的有效信息含量和价值表示质疑……

舆情点评

在重大突发事件中，每个环节的信息公开与舆情处置，如果处理不当，都可能引爆网络负面舆情，政府在处置重大突发事件舆情时必须做到环环相扣，步步严谨。

6.2.2　网络舆情与突发事件的关系

第一，突发事件是网络舆情产生的根源。

突发事件的发生会造成严重的危害，给社会带来巨大的影响。在很短的时间内，网络中就会掀起关于突发事件的大讨论，以及一些倾向性很强的意见、态度与意愿聚集，进而形成网络舆情。

第二，网络舆情的消退是突发事件合理解决的表征。

网络舆情经过一段时间的发酵，逐渐走向消退。舆情的消退无非是现实社会中的利益纠纷得到合理解决的结果，网络舆情的消退在一定程度上表明突发事件得到了合理解决。

第三，网络舆情与突发事件相互影响。

突发事件爆发后，社会影响与网络舆情的被关注程度成正比。突发事件越严重，网络舆情越高涨。网络舆情的演变对突发事件的发展有着不可估量的作用，如果网络舆情得到了合理引导，那么将有利于突发事件应急工作的开展；如果对网络舆情控制不当，那么不仅会给突发事件的处置工作带来困难，还有可能引发更严重的社会危机。

6.2.3　突发事件网络舆情的类型

根据突发事件的发生过程、性质和诱发机理，可以将其分为自然灾害、事故灾难、公共卫生事件和社会安全事件 4 类，相应的，突发事件网络舆情也分为以下 4 类。

1. 自然灾害类网络舆情

自然力是不可控的，自然灾害带来的损失是不可逆转和无法挽回的，人们对遭受自然灾害的民众拥有发自心底的同情。当自然灾害发生时，社会生活中的矛盾与争议会暂时被搁置下来。与此同时，与自然灾害相关的网络舆情展现出明显的人道主义情怀。

自然灾害类网络舆情表现在如图 6-4 所示的 3 个方面。

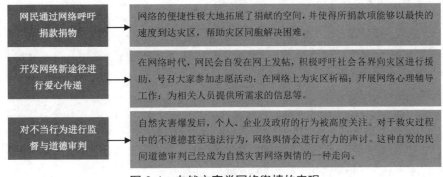

图 6-4 自然灾害类网络舆情的表现

小贴士： 在互联网的帮助下，网民从情感上给予灾区巨大的、无私的爱心与关注，对同胞的遭遇表达了高尚的人道主义关怀。

2. 事故灾难类网络舆情

自然灾害属于"天灾"，那么事故灾难便是"人祸"。事故发生以后，查明事故原因的工作也随之展开，网络中出现大片情绪激昂与质疑之声，网民情绪化的特点非常明显。这种情绪化带动着事故灾难网络舆情的走向。

当然，在网民宣泄情绪的同时也不乏理性的声音，如对事故原因的真相的追求、相关责任人的追究，以及事故背后的行业反思等。随着社会文明程度的进一步提高，这种理性的声音应该占据事故灾难网络舆情的制高点。

3. 公共卫生事件类网络舆情

公共卫生事件的危害之一是带给社会贯穿始终的恐慌情绪。由于公共卫生事件的爆发没有地域限制，任何地点都有可能成为易感区，因此群众的恐慌心理不断蔓延。现实中的恐慌情绪往往会在网络中得以放大，对于人身安全与健康的关切使得一部分网民宁愿夸大事件的危害，也不去求证事实真相，草木皆兵的恐慌贯穿事件始终，这也是网民主观情绪的体现。

4. 社会安全事件类网络舆情

社会安全事件往往是由一个案件或事件所引发，当其演变为社会安全事件后，原案事件中的关键人物的具体情况便会成为网民搜索和关注的对象，"人肉搜索"就是由此而来。

社会安全事件呈现出不同于其他类型突发事件的复杂性，其中涉及包括社会管理、相关规章制度、政府政策等在内的许多问题。某个案件之所以会演变为大规模集会、游行和示威等活动，除了案件自身有蹊跷或者冤情，与事发地的行政、治安等深层次原因是分不开的，往往这些问题会成为网络舆情的焦点。

案例 山西襄汾突发饭店坍塌事故

2020 年 8 月 29 日 13 时许，"@央视新闻"发布微博称，当日 9 时 40 分左右，山西省临汾市襄汾县一村庄饭店发生坍塌事故，多人伤亡、被埋。随后大量媒体转发该消息，有媒体跟进报道称，当天该饭店一名 80 岁老人正在办寿宴，伤亡人员多为其亲属。微博话题"#山西临汾一饭店坍塌#"也在短时间内登上热搜榜。舆论在表示痛心、关注救援情况之外，还强烈呼吁"严查工程质量问题"。当晚21时许,中华人民共和国应急管理部官方微博发布通知,称该事故将由国务院安全生产委员会挂牌督办。

8月30日8时30分许,"@新华视点"等媒体官微陆续发布消息称,截至当日3时52分,事故抢险救援工作结束,共搜救出57名被埋人员,其中29人遇难,7人重伤,21人轻伤。随后,该事故抢险救援指挥部通过媒体公布了29名遇难者名单。另据《中国安全生产报》官方微信公众号"中国应急管理"消息,山西省成立包括省应急管理厅、公安厅等部门在内的重大事故调查组,对该事故展开调查。

与此同时,个别媒体针对涉事老人的报道激起较大争议。8月30日17时,"@齐鲁晚报"发布"襄汾饭店过寿老人下跪道歉"的短视频,遭到舆论一致抨击"吃人血馒头","@中国长安网"评论称"把镜头对准事故背后的责任人,深究如何堵住安全生产漏洞,才是正确方向"。次日,"@齐鲁晚报"发布道歉声明。

事故发生后,饭店坍塌原因引发网民关注,据新华社等媒体追踪报道,事发饭店房子为1982年左右的村民自建房,十多年间扩建五六次,相关专家和专业人士认为,该事故暴露出农村自建房安全与监管问题。新华社、央视、《新京报》等媒体从事前审批、立法保障、实体监管、常态化监督等多方面探讨如何加强农村自建房安全保障。9月3日,据媒体报道,涉事饭店负责人祁建华涉嫌过失以危险方法危害公共安全罪被刑事拘留。该进展引发舆论对事故责任的争论,部分网民认为监管方的责任更大。

舆情点评

综合来看,此次事故处置级别高,各部门反应迅速高效,善后工作妥善有序。在舆论引导上,以抢险救援指挥部、新闻通气会等权威信源统一向媒体发布信息,及时清晰的事故通报满足了公众的基本信息需求,特别是公开死者信息减少了舆论场中关于瞒报死亡人数的质疑。事故发生后,山西省政府决定在全省范围内开展城乡领域安全隐患专项排查整治,也是从社会层面填补漏洞和工作不足的有力举措。

但复盘此次舆情传播过程,发现媒体对过寿老人的过多关注,不仅对受害者造成二次伤害,还挤压了公众对核心问题的讨论空间,削弱了官方舆情引导的效果。例如在公安机关将饭店负责人刑拘的消息中,仍有大量网民在评论区呼吁追究涉事媒体责任,忽略了公安机关的最新处置进展。

此外,由于饭店坍塌原因及农村自建房的审批、监管等问题没有得到及时回应,导致舆论场仍有不满情绪。当地政法机关需警惕同情饭店负责人、质疑监管部门的声量累积,影响办案效果,在后续处置工作中需主动释疑引导,向公众介绍刑拘理由和责任划分依据等,将公众注意力引导至依法处置的轨道上来。事故猛于虎,安全重于山。当地相关部门还需将排查、监管、整顿等"举一反三"措施落实到位,摒弃形式主义作风,以实际工作消除同类问题重复发生的隐患,同时冲淡负面个案带来的消极影响。

6.2.4 突发事件网络舆情的影响

突发事件本身就具备成为网络舆情关注的要素,如事故灾难、公共问题及社会治安等,这些元素通常都是网络舆情关注的热点问题,所以当突发事件发生时,会对网络舆情产生重大影响。

1.激化社会矛盾,影响社会稳定

在网络社会中,人们通过互联网去认识身外世界,人的行为已经不再是对客观环境及其变化的反应，而是对网络提供的某种经过人为改造环境的反应。网络媒体通过选择、加工、报道重新加以结构化并呈现给受众的信息，大多数具有特定的倾向性。

经过互联网加工的事件不仅制约着人的认知行为，而且对客观的现实产生影响。尽管网络环境在绝大多数时候报道全面、评论详尽，但它提供给人们的事实毕竟是"媒体真实"。对某些极富矛盾冲突的事件过度炒作，这可能会导致民众过多地看到社会的阴暗面，从而引起内心惶恐，进而影响社会稳定。

2. 对核心价值观产生冲击

核心价值观是一个社会和群体判断事物最根本的是非判断标准和遵循的行为准则。培育和弘扬核心价值观，是社会系统得以正常运转、社会秩序得以有效维护的重要途径。但在现实中，尤其是网络空间，核心价值观往往缺失，网络核心价值观缺失的一个重要表现就是信仰与日常生活脱节。

在突发事件网络舆情的传播过程中，常常会出现忽略社会主义核心价值观的现象，相反，利己主义、极端个人主义和享受主义充斥其中，突发事件网络舆情的传播对我国核心价值观的树立产生了不可忽视的影响。

3. 影响政府与民众的关系

网络作为虚拟空间，鼓励了异质性权利的成长，这种权利在虚拟空间中越膨胀，就越容易引发其与原有公共领域的摩擦和冲突。这一点较好地解释了很多突发事件中谣言的大肆传播现象。

案例　广州一医院发生暴力伤医突发事件

2020年10月30日1时许，"@一个有点理想的记者"等多名网民发帖称，广州中山大学附属第三医院发生持刀伤人事件，疑似有医护人员受伤。12时24分，广州市公安局天河区分局官方微博通报称，"当日10时许，天河区一男子持刀伤人后跳楼自杀。经初步调查，犯罪嫌疑人赵某是一名曾在医院就诊的病人，2名伤者正在治疗"。

警方通报未点明事发地，但网民均将该案看作是网曝的伤医案，追问具体经过。与此同时，案发现场犯罪嫌疑人追砍医生的监控录像在网络上传播，录像显示"保安没有前去迎敌，而是慌慌张张地跑在医生和护士前面，钻进旁边一个房屋内关上了门"，引起部分网民批评。

13时50分，实名认证为知名健康博主的"@许超医生"发布附图微博，曝光疑似伤医者赵某的微博及遗书，赵某自称在广州动物园工作期间受到不公正待遇，在中山大学附属第三医院求医后被"威胁吓唬开了精神分裂症的药""这个把我的一生都毁了"。

当日下午及晚间，"南方pus"、红星新闻等多家媒体及微信公众号"医学界"陆续披露伤者情况，起底赵某的"维权"和伤医经过。报道提及：受伤医生陶某今年2月24日前往武汉支援，还曾参与2008年汶川抗震救灾；嫌疑人赵某2019年2月曾在天涯论坛发帖举报广州动物园管理人员违规操纵职工年度考核结果，打击报复残疾人职工；今年7月以来赵某长期受到上级领导言语辱骂与不公待遇，以名誉侵权起诉广州动物园获立案，对此广州市动物园回应"正在调查"。此后几日，陆续有媒体报道回顾此事，如《中国经营报》发文《广州中山三院伤医案始末：行凶者的"AB面"》，称上述名誉侵权案件已于2020年8月28在广州市越秀区人民法院开庭审理。

舆论强烈谴责此类伤医的恶性行径，广东医师协会发表严正声明谴责伤医行为。部分医学界人士和网民认为保安失职，呼吁加强医院安保工作，如建议医疗机构全部实行安检制度等。"@央视新闻"评论认为，"一万句道德谴责，都比不上一个专业的安保措施"；从事心理疾病研究的人士提示"大众应警惕这类偏执型人格障碍患者"。截至 11 月 6 日 12 时，相关新闻报道、客户端文章 1800 余篇，微博 1874 条，微信文章 154 篇。

舆情点评

近年来，暴力伤医案件多发，如北京民航总医院医生杨某遇害案、广西来宾市第二人民医院男护士黄某某被精神病患者刺死、北京朝阳医院眼科医生陶某被砍伤等案件，其中施暴者有预谋伤害行凶、患有精神疾病、个人工作和生活不顺遂报复社会等情况较为显著。对于政法机关而言，除了要及时对暴力伤医案件作出处置，还需要充分研判此类事件的特征，并深入基层做好相关人群的矛盾排查和风险调控工作，减少社会戾气，有效防范化解风险。

6.3　突发事件网络舆情应对的基本原则

在移动互联时代，突发公共事件与网络舆情往往相伴共生，如何在重大突发事件发生期间积极引导舆情成为头等重要的大事。突发事件网络舆情应对的基本原则是信息发布及时准确；发布的突发事件信息内容公开透明；突发事件舆情的应对处置规范有序；遵循新闻传播规律，坚持戒堵宣疏、科学适度的引导原则。

6.3.1　及时准确

在重大突发事件发生后，公众高度关注，都希望第一时间获知相关的准确信息。

及时准确是重大突发事件舆情应对的首要原则。按此原则，政府应第一时间赶至事发现场，第一时间了解情况，第一时间制定对外口径，第一时间发布准确信息，第一时间设置传播议程，第一时间展开民意互动，抢占信息的"第一落点"，形成"首声效应"，引导舆论走向。在此基础上，才能谈及稳定公众情绪，把握事态处置的话语权。

小贴士：　如果此时政府不能及时发布权威信息，正确有效地引导舆情，网上谣言就可能迅速传播扩散，误导公众甚至导致事态恶化。

在重大突发事件的舆情应对处置中，政府不仅要第一时间介入，第一时间发声，在事件处置的整个过程中都应及时准确地回应舆论关切。在跟踪研判舆情的基础上，发现公众关注点的变化，及时有针对性地进行回应，才能避免网上谣言的"一波未平一波又起"，才能在重大突发事件的整个过程中保持稳定的主要话语解释者位置，这也体现出政府"舆论执政"的水平。

6.3.2　公开透明

无数事例证明，在重大突发事件舆情应对中，政府能否顺利处置事件与相关信息的公开透明度有很大相关性，透明度越高，公众对政府的信任度就越高，公众情绪就越稳定，事件处置也就越顺利。

2007 年实施的《中华人民共和国突发事件应对法》规定，各级政府部门必须及时、准确、客观、全面地发布各种有关突发事件的新闻信息，对于因瞒报、谎报、迟报、漏报而延误处置时机或造成重大影响的，要追究相关人员的法律责任；2008 年实施的《中华人民共和国政府信息公开条例》规定，突发公共事件的应急预案、预警信息及应对情况应重点公开。这些法律和条例的颁布和实施，扩大了政府信息公开的广度和深度，并使信息公开从理念走向现实，成为各级政府舆情应对的共识。

按照公开透明原则，除涉及国家秘密、商业秘密、个人隐私等依法需要保密的信息，政府应将突发事件的人员伤亡、财产损失、发生原因、处置过程和结果等信息，根据其危害程度和影响范围，及时通过相应的大众媒体公布，最大限度地保障公民的知情权与监督权。

在"人人都有麦克风"的自媒体时代，政府只有以开放的心态改堵为疏，主动全面、多渠道、高效率地将突发事件信息向公众发布，才能通过满足公众知情愿望来压制谣言和负面舆论空间，赢得舆论引导的主动权。当然，公开不等于无节制，透明不等于无秘密。在信息公开的过程中，政府也应把握信息发布的度与量，在规范操作的空间内实现信息公开的积极效果。

🖋 **小贴士：**　在以往的案例中，有些地方官员因为担心"家丑外扬"而对媒体报道进行压制，但实际情况往往是事与愿违，一旦事件真相被揭出，不但没能起到保护形象的目的，反而使得公众对事件的关注程度和批评力度大于正常公布后应有的情况，对自身形象造成了更严重的损害。

6.3.3　规范有序

在重大突发事件舆情的应对处置中，政府应严格按照法律法规和政策文件进行操作，树立较好的公信力；同时考虑到普通民众的心理认知，在公布事件进展和结论时应注意对社会常识常理的回应。在合法性与合理性冲突的情况下，充分考虑网民的情绪化特点和心理承受底线，在不损害法律权威的情况下，通过对法律法规的灵活适用，理顺网民情绪。

具体来说，政府在舆情应对处置时的表态并不代表要迅速为事件定性定论，更不能借此压制舆论；在权威调查结果出炉前，应对事件原因、后果、责任等信息的发布持谨慎立场，避免轻率言行造成公众视听混乱，引发更大的舆情危机。

首先，在进行定性定论时，应综合考虑实情和舆情，用词必须规范到位、合理合法，避免"躲猫猫死""喝开水死"等超出常理的定性，避免触动网民"老不信"神经后又缺乏值得信服的合理解释。

其次，应注意避免因不合理的法律或事实认定情况，如"广州许某取款案""北京东城法院引《孝经》判决案"等引起舆论反弹。

再次，对于不同于常理的事实情况，在发布信息时应力求以常人易于理解和接受的表述的方式呈现，避免"越说越离奇"的情况。

🖋 **小贴士：**　近年来，我国相继出台了多个法律法规和政策文件，对突发事件的新闻发布和舆情引导给予了高度重视，如《中华人民共和国突发事件应对法》《中华人民共和国政府信息公开条例》《国家突发公共事件总体应急预案》等，为政府做好重大突发事件舆情引导工作提供了法律支持和制度保障。

6.3.4　科学适度

在重大突发事件舆情的应对处置中，政府应遵循新闻传播规律，坚持戒堵宣疏、科学适度的引导原则，以疏为主，因势利导。具体来说，应注意以下几点：

第一，突发事件发生后，开放的信息传播渠道有利于避免谣言和猜疑，但由于公众对突发事件的态度不同，利益受影响情况不一，看问题的角度有差异，可能会使舆情向不利于处置的方向发展。因此，政府需要事先科学评估信息发布可能引起的各种社会反应，指定专业宣传部门及人员负责信息发布。

第二，突发事件发生后，即使信息公开到位，也难免出现谣言苗头，因此应意识到，辟谣已成为突发事件舆情应对处置中的"常态"。相关部门应在及时提供全面确凿的事件真相信息的同时，充分动员有说服力的各方力量，如相关领域专家、意见领袖、名人等有社会影响力的人员，通过多种渠道澄清谣言，降低负面影响。

第三，突发事件发生后，应在重视传播规律的基础上，把握好发言的尺度。首先，说话不要过于绝对，如在答记者问时发言应留有余地，以免授人以柄，陷入被动。其次，说话要避免过度承诺，一旦承诺无法兑现，政府将面临更大的舆论压力，在舆情处置上会付出更大的代价。

案例　湖南浏阳瞒报爆炸事故死亡人数被问责

2019 年 12 月 4 日，湖南省浏阳市某烟花制造有限公司发生一起烟花爆炸事故。当日中午，浏阳市政府通过"掌上浏阳"第一次对爆炸事故进行通报，称伤亡人数为 1 人死亡、1 人受伤，引来舆论质疑。同日晚间，长沙市政府官方微信公众号"长沙发布"称事故共造成 7 人死亡、13 人受伤。

12 月 23 日，应急管理部发布消息称，经湖南省政府成立调查组对该事故提级调查，发现并核实另有 6 人遇难，事故最终造成 13 人死亡、13 人受伤。日前，国务院安委会办公室约谈了长沙市、浏阳市政府主要负责人和湖南省、长沙市、浏阳市应急管理部门主要负责人，并指出"事故发生后，当地隐瞒死亡人数，性质恶劣，影响极坏"。湖南省相关部门调查认定，这是一起由违法违规生产引发，且存在谎报、瞒报和失职渎职行为的重大生产安全责任和违纪违法行为的事故，湖南省已启动对事故相关责任人追责问责；湖南公安机关对事发企业股东和法人代表、安全管理员等进行刑事调查，并对 10 名涉案嫌疑人采取刑事强制措施；湖南省纪委监委会同公安机关对涉嫌失职渎职和谎报瞒报安全事故的 4 名地方官员立案调查并采取留置措施。此外，长沙市委对浏阳市委常委、副市长吴某，浏阳市副市长沈某某，浏阳市副市长屈某某 3 人做出先期免职的处理决定。图 6-5 所示为应急管理部官方微博发布的消息。

图 6-5　应急管理部官方微博发布的消息

"瞒报"事件被公布后，引发了舆论的强烈关注。大众网披露了事发后记者采访时遇到的当地政府盯梢记者、抢尸、封锁现场等异常行为，多家媒体纷纷刊发评论，观点主要如下：一是指责"瞒报"行为性质恶劣。《新京报》评论称，"瞒报始终是安全生产领域的大忌"；中华网评论指出，瞒报反映了当地官员扭曲的"政绩观"。二是探讨从此次事故中需要吸取的教训。《北京日报》评论称，"在有明文规定的报告流程中，瞒报谎报是如何完成的，如何动手脚、做假象，才是最应该追问的一环"；《光明日报》评论文章进一步指出，"浏阳 3 年前就有过瞒报'前科'，上次瞒报事件之后，亡羊补牢的工作为什么没有生效？这无疑也是本次调查需要彻底厘清之处"。三是点赞此次严查问责的力度。西安网评论称，"不含糊、不护短、不遮丑，凸显了从中央到地方从严查处瞒报事故的决心和态度，体现了安全生产领域'严刑峻法、重典治乱'的法治精神"。

舆情点评

突发安全生产事故瞒报伤亡情况，在当下渠道如此发达、信息如此畅通的媒介环境下竟仍然存在，难怪有媒体直接开怼"都什么时候了，还瞒报？"尤其 2006 年修订的刑法中新设了"不报、谎报安全事故罪"，精准打击瞒报犯罪，使如今重大安全生产事故中瞒报的情形几乎绝迹。而此次浏阳烟花厂爆炸事故中政府竟然瞒报死亡人数达 6 人之多，舆论震惊的同时也感到不可思议。

这一事件从侧面反映出个别地方面对突发事故和网络舆情时，限制、管控、隐瞒的思维仍然根深蒂固，"捂删堵"恶习难改。一旦出事，涉事部门不积极救援、反思监管失职、填补工作漏洞，而是将心思放在上报材料的"涂抹修改"上，实在令人惊愕。尤其此次事故中死亡人数不止一次被瞒报，面对媒体的强烈追问，其目无法纪、推脱责任的思维模式可见一斑。由此警示，新媒体时代，任何政府部门都必须牢固树立科学的舆情引导观，要把保障群众的知情权摆在首位。防民之口，甚于防川。任何"捂删堵"的做法，不但无助于危机消解，反而可能导致次生舆情，相关责任人也难逃严厉问责和制裁。

6.4　突发事件网络舆情与危机管理

突发事件网络舆情如果没得到妥善处置，将会激化社会矛盾，影响社会稳定，对核心价值观产生冲击并影响政府与民众的关系。为了应对突发事件网络舆情，政府相关部门应该建立相应的危机管理体制和危机管理法规，同时进行网络舆情的风险评估，进而根据处置预案化解网络舆情的不良影响。

课堂讨论：　简单说说你所理解的危机是什么？突发事件与危机之间有什么联系？

6.4.1　什么是危机

危机是指一种情境状态，在这种形势中，其决策主体的根本目标受到威胁且做出决策的反应时间很有限，其发生也出乎决策主体的意料之外。

危机是对一个社会系统的基本价值和行为架构产生严重威胁，并且在时间性和不确定性很强的情况下必须对其做出关键性决策的事件。危机具有 4 个显著特征，即急需快速做出决策、严重缺乏必要的训练有素的员工、相关物资资料紧缺、处理时间有限。

　　危机管理的一个特征是"事态已经发展到不可控制的程度"及"一旦发生危机，时间因素非常关键，减小损失将是主要任务"。

　　危机与突发事件的区别主要表现在 3 个方面。

　　第一，危机多是指人为造成的、已经或者将会置较多人于不利处境的事件，而突发事件既有人为因素也有自然性因素造成的。

　　第二，突发事件的负面影响一般是显性的、现实的，而危机事件的负面影响既可以是显性的、现实的，也可以是隐性的、潜在的。

　　第三，突发事件强调即时性，危机强调事件可能带来的负面结果，是一个比突发事件更有弹性的概念。

　　📌 **小贴士：** 突发事件包括自然灾害、事故灾难、公共卫生事件和社会安全事件。突发事件的突发性、危机性、破坏性、不确定性和连带性导致了相关网络舆情具有主体广泛性、客体复杂性和内容多元性的特点。

6.4.2　什么是危机管理

　　危机管理是专门的管理科学，它是为了应对突发的危机事件，抗拒突发的灾难事故，尽量使损害降至最低点而事先建立防范、处理体系和应对措施的活动。

　　所谓危机管理，可以理解为有关组织、国家乃至国际机构为避免或者减轻危机或者紧急事态所带来的严重威胁、重大冲击和损害，而有计划、有组织地学习、制定和实施一系列管理措施和应对策略，包括危机管理的准备、危机管理的运作、危机的解决与危机解决后的复兴等不断学习和适应的动态过程。

　　危机管理包含 3 个方面的基本理论，分别是制度论、公共关系论和全面整合论，如图 6-6 所示。

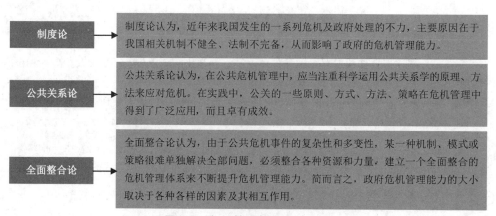

图 6-6　危机管理基本理论介绍

6.4.3　突发事件网络舆情的危机管理

　　突发事件网络舆情根源在于突发事件，同时又反作用于突发事件。突发事件网络舆情的危机管理必须与实际相结合，突发事件网络舆情与突发事件的危机管理体制一脉相承。

小贴士： 根据《中华人民共和国突发事件应对法》第四条规定，针对突发事件，我国已经建立起"统一领导、综合协调、分类管理、分级负责、属地管理为主"的应急管理体制。

突发事件网络舆情危机管理机制是指突发事件网络舆情应对各个环节所需的运行方式，目的是确保突发事件网络舆情应对工作有序化、规范化，减少随意性、盲目性，增强科学决策、高效处置的胜算。

实践证明，突发事件网络舆情的合理应对离不开高效、科学的工作机制。

突发事件网络舆情危机管理机制包含以下几个方面内容。

1. 媒体应急机制

当前，各地各部门高度重视突发事件应急预案编制工作。作为其中重要一环，制定媒体应急预案，做好舆情应对准备，有利于防患于未然与及时反应，增强信息发布主动性，打好舆情引导主动仗，掌握处置工作主动权。突发事件发生后，能否按照事先制定的媒体应急预案及时披露信息、引导报道方向，往往决定了突发事件网络舆情博弈的成败。

2. 网络监管机制

加强互联网监管，需要社会各界关注，必须依靠政府、业界、公众三方共同努力，形成政府监管、行业自律与公众监督相结合的管理格局。就我国而言，要有效应对突发事件网络舆情，必须构建党委政府统一领导、宣传部门牵头、国家互联网信息办公室主抓、相关单位协同的领导与监管机制，强化网络舆情工作的统筹能力、管理能力与引导能力。

3. 新闻发布机制

新闻发言人不是自然人，而是机构与组织的代表，其工作需要相应的制度和机制保障。新闻发布机制主要表现在 3 个方面。

第一，要成立服务团队，确定联络媒体记者、搜集分析舆情、撰写发布材料、拟定答问口径、策划组织活动及相关部门沟通协调等工作的负责人。同时要建立舆情研判平台，及时全面地研判舆情。

第二，建立快速反应机制，对涉及本地的突发事件网络舆情苗头，要快速核实情况，制定口径，准确发布。

第三，建立重要信息汇集机制，保障新闻发言人及时掌握相关重要信息。

4. 联动合作机制

突发事件的现实成因错综复杂，处置中需要采取的工作千头万绪，仅靠宣传部门显然独木难支，因此需要建立突发事件网络舆情联动机制。联动机制可以采取信息交流会、重大舆情会商、处置情况通报等形式，努力实现政府议题、媒体议题和公众议题的有机结合，引导突发事件网络舆情朝着有利于事件处置的方向发展。

5. 责任追究机制

问责有利于避免突发事件网络舆情升级与事态扩大，维护政府的形象和威信。2009 年 6 月，中共中央办公厅、国务院办公厅印发了《关于实行党政领导干部问责的暂行规定》，在问责的 7 种情况中，包括"对群体性、突发性事件处置失当，导致事态恶化，造成恶劣影响的"情形。这是责任追究机制建立的现实依据，同时也有利于突发事件网络舆情应对工作顺畅开展。

6. 总结评估机制

突发事件网络舆情消退以后，要认真总结评估突发事件事发前、事发中、事发后 3 个阶段的舆情特征和应对效果。要采用定性与定量相结合的方法，详细分析和全面评估整个事件特别是关键点的舆情应对措施及成效，深刻总结经验教训，研究舆情生成原因，掌握舆情处置规律，并及时修改突发事件舆情应对预案，不断改进方式方法，提高处置效率。

7. 资源保障机制

资源保障主要是指法律保障、人才保障和经费保障，充足的保障是突发事件网络舆情有效解决的坚强后盾。我国实行依法治国的基本国策，法律是我国一切活动的依据与保证，加强与突发事件网络舆情相关的法律法规保障是当前解决此类问题的关键。人才保障与经费保障是应对突发事件网络舆情的基础，吸收专业性人才能够提高应对突发事件网络舆情的效率，更好地减少突发事件网络舆情带来的负面影响。

6.4.4　突发事件网络舆情的风险评估

对于突发事件网络舆情来讲，风险评估就是指运用科学的分析方法和手段，系统地分析社会所面临的突发事件网络舆情威胁及其存在的脆弱性，评估突发事件网络舆情一旦发生可能造成的危害程度并提出有针对性的防护对策和整改措施，以防范和化解风险，或将残余风险控制在可接受的水平，从而最大限度地保障社会的和谐稳定。

突发事件网络舆情的风险评估包含如图 6-7 所示的 4 个方面的内容。

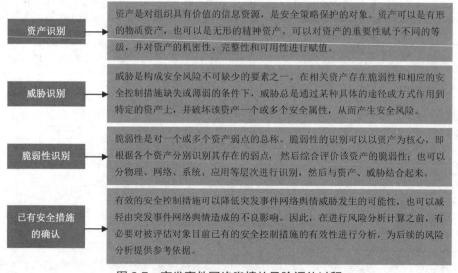

图 6-7　突发事件网络舆情的风险评估过程

突发事件由于对现实社会及民众心理冲击极大，因此相关的网络舆情出现与传播也非常迅速。在突发事件及网络舆情发展过程中，二者相互影响、相互作用，共同影响着现实与网络社会中事件的走向。

6.5　突发事件网络舆情处置机制

突发事件网络舆情同一般的网络舆情事件一样，在处置应对上讲求政府响应、信息透明、网络技巧、动态反应、技术处理等策略，其中要尤其重视动态反应，应时刻跟踪事态的发展变化，做出相应的应对策略调整。

课堂讨论： 在突发事件网络舆情的处置应对上，应该力求做到"抢时、抢势、抢巧"，那么你认为应该如何应对突发事件的网络舆情？

6.5.1　建立突发事件舆情应对处置的组织机制

无论是突发事件网络舆情的监测、分析还是处置应对，都离不开各部门之间的沟通与协作。这些部门既包括相关的兄弟单位，也包括媒体机构、司法机构、公安部门等。

1. 建立专门的组织机构

（1）建立应对处置领导体系。

成立重大突发事件舆情处置预警领导小组和顾问团，作为突发事件舆情应对的最高决策机构和参谋机构，把握全局，给相关处置部门提供整体行动方针，协调上下级或各部门的利益关系，及时大范围调集人、财、物，制定措施并监督执行。领导小组常设成员应来自宣传、公安、消防、卫生、安监等经常参与突发事件处置的部门。在事发后，可根据具体处置要求增加相应部门的人员。该小组在突发事件应急工作小组的领导下开展工作。

（2）建立处置协调中心。

该中心包括各级新闻宣传主管部门、政府有关部门和相关重要领域、系统宣传部门代表。机构中可吸收当地主要新闻媒体负责人，在舆情应对中注意听取他们的意见和建议，也便于通过媒体渠道了解和掌握更为广泛的舆情。

2. 明确相关部门的职责

具体来说就是建立科学的分工协作机制。例如在舆情应对中，政府主要负责制定应急预案、方案和规定，汇总各方信息，联络协调各部门开展工作；宣传部门主要负责媒体记者管理，搜集舆情信息，制定舆论引导方案，对外发布信息；各职能部门主要负责搜集本部门与舆情应对相关的信息，并做好对媒体记者的接待工作，就本部门相关工作对舆情应对提出建议等。

3. 保障常态协调运作

（1）建立顺畅的上下级沟通机制。

建立值班制度，确保一旦发生重大突发事件，各部门能够迅速获取信息，建立密切的沟通；加强与上级部门的联系，掌握舆论应对的方向；加强对新闻单位的指导，明确突发事件报道的有关要求；以此保证把握全局，心中有数。

（2）健全新闻联系人制度。

在领导小组成员所在单位或部门，建立新闻联系人制度，便于随时联系；新闻联系人发生变动时及时进行通报；在重大突发事件的舆情处置中，做到有新闻发言人、有协调组织人、有稿件审核人等多节点分工合作。

6.5.2　建立完善突发事件的信息发布对策

信息发布是政府信息公开的重要手段。政府在选择信息发布方式时，应考虑媒体的特点、传播的范围和受众的心理等。政府发布信息可以采取如图 6-8 所示的 4 种形式。

为了达到信息发布的效果，应考虑信息发布的时机、地点、人员、内容及对象等。

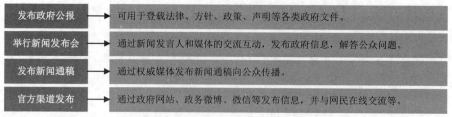

图 6-8　政府发布信息的 4 种形式

1. 选择合适的信息发布时机

应根据突发事件的性质、舆情的波及范围及舆情动向进行评价，对发布信息的最佳时机进行研究。如果事件性质比较严峻，引起全社会普遍讨论，此时不及时发布信息就可能导致谣言传播、公众情绪激化、社会混乱，应第一时间及时公开信息。如果舆情波及范围有限，或是一些基本事实尚不清楚，此时大张旗鼓地发布消息可能会引起公众恐慌和猜测，应谨慎处理，或在事件处置有一定进展时再行发布权威信息。

2. 确定恰当的信息发布地点

以新闻发布会为例，发布地点可以在突发事件的现场、突发事件附近适合办公或人群聚集的场所，或者在专门的新闻发布会场所。突发事件的新闻发布会不同于一般的新闻发布会，地点的选择不一定对环境设施要求高，但应便于记者采访和发稿。

小贴士： 根据国内外突发事件新闻发布的成功案例来看，选择在事发地附近作为主要的发布地点，既能保证发布的时效性，又能引起较高的关注度。但也应根据实际情况客观选择。

3. 选择称职的信息发布人员

突发事件的信息发布准备时间短，因此对信息发布人员的能力有较高要求，既要熟悉突发事件处置过程，又要有应对媒体的较高能力。被指定的信息发布人员应尽快参与突发事件的处理，熟悉各环节情况，并与有关人员商讨要发布的信息。对一些涉及较多专业知识的突发事件，应邀请专家共同讨论，或出席发布会对专业问题提供更专业的解释。同时，统一信息发布口径，严禁没有信息发布职权的部门和个人私自发布信息。

4. 对信息发布内容进行把关

发布的信息要遵循"快讲事实，慎讲原因"的原则，对已查清的事实进行阐述。同时，发布的内容要抓住重点，不能长篇大论或是谈论与事件无关的内容，否则会引起公众反感。

5. 选择适当的信息发布对象

考虑到突发事件的性质、范围和影响程度，有针对性地选择信息发布对象是高效率的方式。在对全国或国际有影响的突发事件上，应邀请中央主流媒体和外媒发布信息；在地方性的突发事件上，可以本地区的主流媒体为主进行发布。

6.5.3　建立完善工作人员的舆情素养培养机制

突发事件的网络舆情通常涉及社会敏感问题，牵涉范围涵盖政府、企事业等单位，所以工作人员面对突发事件网络舆情的素养的重要性不言而喻。

1. 有针对性地深化和普及舆情素养理论与技能教育

当下，正确掌握与媒体打交道的方法和技能，已成为工作人员特别是官员从事社会管理不可或缺的重要素养。长期以来，我国政府保持着以行政命令指导媒体行动的工作方法，在官员培养中也很少涉及对其媒体交往技能的重视。这也造成近年来发生多起由于官员在面对媒体时呈现出的"本能反应"而引发的舆情事件。随着政务信息化水平不断发展，重大突发事件舆情处置对于官员的要求不断提高，科学系统地增强政府工作人员特别是官员的舆情素养，已成为各级政府提高执政能力的当务之急。

工作人员的舆情素养背后涉及传播学、公共关系学和行政学等多个学科，培训中应注重从传播规律、宣传策划、形象塑造、事态处置、舆论研究等多个层面进行全方位提升。同时，针对政府管理对象和内容的变化，以及重大突发事件舆情中出现的新特点、新问题进行培训内容的调整，将舆情素养纳入干部培训的固定课程，全面提升各级政府应对舆论的基本能力。

2. 加强重大突发事件情景模拟培训

重大突发事件舆情处置重在"养兵千日，用兵一时"，舆情素养的提升效果最终也需要在实际与媒体打交道的实践过程中呈现。因此，有必要在日常状态下，通过案例教学、情景模拟等途径，帮助工作人员适应突发事件处置的工作与心理状态，体会舆情应对的重要性，掌握正确面对舆论的方法，学会与媒体沟通的技巧。

3. 将舆情素养纳入领导干部的选拔考察内容

由于重大突发事件的舆情处置效果影响巨大，一旦处置不当，可能对社会经济乃至人民的生命安全产生严重影响，因此，为了提升舆情素养在各级政府工作中的重要性，有必要将舆情素养作为领导干部选拔考察内容的一环，增加领导干部与媒体交往的积极性、主动性，增加其与媒体接触的机会，促使其在实践中不断丰富经验。

6.5.4 建立完善突发事件的网络舆情搜集分析与研判机制

新媒体移动客户端的快速发展加深了网民对新闻事件和网络信息的社会参与度。因此，成熟稳定的网络舆论引导对现实政治和社会生活意义重大，建立科学完备的舆论监督机制，对突发事件进行及时的舆情研判，提供科学的舆论引导，是构建和谐社会的必要条件。

1. 拓展舆情搜集渠道

建立基层舆情搜集渠道，在基层设置信息员和信息直报点，加强对重大突发事件线索的搜集和快速上报机制；建立媒体舆情搜集渠道，促使媒体在接到重大突发事件报道线索和安排报道的同时，向新闻宣传主管部门通报；建立互联网、移动互联网、通信网的舆情搜集渠道，强化对新闻网站、论坛、博客、微博、微信、短信的舆情监测能力，搜集网上有关重大突发事件的线索，及时了解苗头性、倾向性信息。

2. 完善舆情分析与研判机制

对于搜集到的重大突发事件舆情信息，应建立专门的研判机制，组织力量对舆情信息进行归纳整理和分析研判，将加强正面引导与堵截有害信息等手段有机结合，为突发事件处置部门提供信息支持和决策参考。这一机制应充分吸纳多种专业力量参与，如高校和科研机构学者、政府智库人士、舆情机构专家、媒体资深从业者等。

案例 四川凉山"3·28"森林火灾

2020年3月28日19时许，四川凉山州木里县发生森林火灾，造成19名地方打火队员牺牲，引发舆论震动。恰逢新冠肺炎疫情防控时期和清明前夕，且该县曾在去年同时期发生过一起导致31人遇难的森林火灾，舆论悲痛记忆再次被唤醒。面对火情，当地政府部门积极开展处置，最终扑灭火灾。

1. 凉山木里再发森林山火，19人牺牲震惊舆论

3月30日，据四川省凉山州木里县森林草原防灭火指挥部办公室消息，28日19时许，凉山州木里县乔瓦镇锄头湾村与项脚乡项脚村交界处发生森林火灾，目前已调集多方力量参与扑救。当晚，凉山州、西昌市召开紧急联席会议，安排部署火情处置工作。西昌市公安局官方微博"@西昌公安"、凉山州西昌市人民政府新闻办官方微博"@西昌发布"连发十余条微博，从消防力量增援、群众疏散、交通管制、火场情况通报等多个方面通报事件进展。突如其来的大火引发舆论关注，网民纷纷跟帖祈祷消防员们平安归来。

3月31日，习近平总书记做出重要指示，要求坚决遏制事故灾难多发势头，全力保障人民群众生命和财产安全。当日10时，"@西昌发布"突然公布噩耗：由于火场风向突变，有19名打火队员在救火途中不幸遇难，其中18名为宁南县组织的专业打火队员，1名为当地向导，另有3名队员负伤。打火队员牺牲一事令舆情热度迅速攀升。网民第一时间联想到，2019年3月30日，凉山木里县曾发生森林山火致31人死亡，不少人一度怀疑是假新闻，还有网民追问当地为何山火频发、当地政府部门是否履职不力。媒体方面，《新京报》、澎湃新闻推出十余篇聚焦英雄生平的人物侧写稿。31日下午，西昌市政府召开发布会通报目前大火救援情况，提出为牺牲的19名扑火英雄启动烈士申报程序；"@西昌发布"先后转发《川报观察》等媒体解读文章，向公众解释了凉山一带为何林火高发、扑火救援危险高等问题，累计阅读量超10万次，一定程度上减弱了网民疑虑。

2. 清明期间舆情热度触顶，起火原因公布引发热议

此后，舆情随着火情持续，仍在燃烧的山火牵动人心。尤其是木里北线火势加剧，当地应急部门立即出动多架直升机增援。起火原因是公众最为关注的话题，据媒体报道，西昌市公安局指挥部相关人士透露，火灾未排除人为因素。4月4日清明节，西昌为牺牲的19名打火队员举行追悼会，宁南县万名群众走上街头，手拉横幅迎接英雄"回家"。"@央视新闻"等推出清明追思主题微博，公众对牺牲英雄的缅怀之情达到高峰。4月6日，木里火场北线明火完全扑灭。此后相关舆情热度逐步回落。另据官方信息显示，国家、省级相关部门已组成核查组对19名扑火队员牺牲过程进行核查。

4月12日，木里县政府官微"@微木里"发布通报称，经公安调查，木里县"3·28"森林火灾案起火原因告破，系犯罪嫌疑人田某某（男，11岁）在后山用打火机点燃松针和木罗松烟熏洞内松鼠时不慎失火引发，目前案件正在进一步侦查中。如此惨痛的事故，诱因却如此之轻，这一结论令舆论惊愕。部分网民呼吁惩罚肇事"熊孩子"，讨论如何追究责任及监护人是否需要担责；部分舆论呼吁重视"孩子贪玩诱发火灾"问题，加固防控链条上的薄弱环节。

截至4月12日，与西昌森林火灾有关的媒体报道（含客户端）共11.7万篇，微博话题"#西昌火灾#""#悼念西昌森林火灾牺牲勇士#""#西昌森林火灾牺牲人员名单#"等阅读量超9亿次，微信文章3.5万篇。

舆情点评

火灾事故发生后，各级政府部门有序开展，积极进行应急处置和正面宣传工作，表现出专业的突发事件应对和舆情引导能力。

1. 积极应对舆情——多渠道、多层级、多部门有序发布

此次火灾事故中，各级政府部门在回应速度、发布渠道和职能分工方面都有序进行，并

未触发负面舆情。火灾事故一爆发，官方就积极组织扑火、搜救、善后等工作。同时，凉山州政府等多次以新闻发布会、微博通报等形式将救灾工作进展实时公布。在层级和部门应对上，各级政府职能部门各有侧重又秩序井然：应急管理部在信息发布方面"统领全局"，主动发布火灾信息，并设置"＃逆火英雄＃"等多个微博话题，引导工作更具针对性；四川省政府官微"＠四川发布"以关键性的进展通报及权威媒体信息再加工为主，实现信息的二次传播；凉山州政府新闻办官微"＠微凉山"主要负责动态发布火势及救援情况，与前二者形成补充。官方将舆论引导的主动权牢牢握在自己手上，有效避免了负面和不实声音的出现。

2. 切中舆论焦点——火场救援和缅怀英雄双线引导

该事件中，森林火灾引发众多扑火人员牺牲，事件性质突发性和人物形象正面性的双重属性，决定了官方的舆情引导工作采取了信息发布与正面宣传同步并行的方式：突发事件的应对处置有序进行，有效满足了公众的信息诉求，为正面宣传创造了有利条件；正面宣传工作的推进增加了舆论对消防员职业群体的认可，进一步强化了官方的舆论引导效果。一方面，应急管理部、四川省和凉山州三级政府官方微博发布从火灾发生到现场处置进展再到对复燃山火的控制，官方信息发布始终围绕"火场救援"这一舆论关注核心；另一方面，在牺牲人员的善后工作上，官方的信息发布也较为细致，不论是通报设立全州哀悼日，还是授予牺牲人员烈士称号，官方微博都以悼念、缅怀活动引导社会舆论形成崇敬英雄的基调。总体来说，舆情引导兼具完整性和连贯性，有效促进了舆情平稳过渡。

3. 科学适度引导——专业解读化解网络质疑

本事件中，以官方人士为代表的多名专业人士分别从事故原因、救援模式、消防配置等方面进行科普，以有理有据的科学解释化解网络质疑，有力击退了舆论场中的错误言论，增进了舆论对官方救援工作的认可与理解。

4. 把脉舆论情绪——新媒体时代舆论引导"益疏不益堵"

此次官方在网络情绪疏导方面的作为可圈可点：有关部门快速认定牺牲人员的烈士身份，应急管理部设置专题悼念页面引导网民表达哀思，四川凉山州将 4 月 4 日定为全州哀悼日，各地警方依法处置辱骂英雄的违法网民等，很好地纾解了舆论场中的不安、焦虑、悲痛等负面情绪，减轻了突发事件给公众造成的情感冲击。

6.6　网络直播负面舆情的应对

随着网络直播的火热发展，直播乱象频频发生，进行舆情监测十分必要。需要及时发现负面舆情苗头，采取相应措施解决矛盾，了解消费者们迫切需要解决的问题，做好网络直播带货舆情监测。

🎤 **课堂讨论：** 你有没有观看过网络直播，说说你在网络直播中都遇到过哪些负面舆情？

6.6.1　直播带货应警惕舆情风险

直播带货是目前最热的风口，无论是品牌、小店，还是线下商圈，直播正在成为各行各业数字化升级的标配。各种带货神话吸引了一波又一波网红纷纷下场直播带货，同时越来越多的明星也从高大上的秀场涌入直播间，卖力地吸引粉丝注意力，吆喝起各路商品。然而，在野蛮生长、迅速扩张之下，直播行业也面临良莠不齐、缺乏监管而带来的诸多乱象。随着直播带货频频"翻车"，其背后的乱象问题也不容忽视。

1. 商品质量问题

网络直播带货中，"名品"变赝品、"好货"变水货的现象时有发生。有的所谓"网红爆款单品"，其质量与安全得不到保障，甚至有的还是"三无产品"、假冒伪劣商品；部分不良商家希望通过网红效应提高商品价格，刷单、买粉成了业内潜规则，特别是网红保健品，有的商家还会非法增添药品成分。这些问题不仅会影响消费者的预期品牌效应，还会给消费者的身心带来不良影响。

2. 虚假宣传问题

当下，一些主播在推荐某项服务与产品时过分夸大，消费者购买后发现商品存在以次充好甚至宣传和现实严重不符的现象；某些平台在直播时会在数据上造假，平台借助技术方式编辑后台数据，打造虚假人气。从中国消费者协会发布的《直播电商购物消费者满意度在线调查报告》中可以发现，消费者反映最多的是直播间不能说明商品特性、主播虚假宣传和夸大售卖等问题。

3. 知识产权问题

由于直播带货的流量成本很低，一些主播在商务审核时，即使商品资质不全，甚至有些商品涉嫌抄袭，但考虑到经济收益仍会大肆售卖，这也是直播带货频频"翻车"的主要原因。面对美肤、女装、生活日用品、母婴用品及食品饮料的网络直播，"单价低、高频购买"成了消费常态，这就导致知识产权很难保障。从长远来看，随着直播相关法律法规的建立健全，直播电商品牌也会重新洗牌，相关监管机构要加强直播行业的法律监管，提高直播带货的违法成本，让直播带货真正为民众带来福利。

4. 售后服务问题

从《直播电商购物消费者满意度在线调查报告》中可以看出，约37%的受访者在直播购物及消费中遭遇过售后问题，约14%的受访者在遇到问题后会选择投诉。因为商品质量不达标，一些直播平台采用微信、支付宝等便捷方式交易，外加一些直播商家所出售的商品被发现是假冒产品后，便会很快下架，导致消费者难以取得购买凭证。如果出现纠纷与矛盾，后续退货流程将难以保障，导致消费者维权难。

🎖 **小贴士：** 2020年7月1日，《网络直播营销行为规范》正式实施，这是国内出台的第一个关于网络直播营销活动的专门规范。该行为规范指出，网络直播营销主体不得利用刷单、炒信等流量造假方式虚构或篡改交易数据和用户评价，不得进行虚假或者引人误解的商业宣传，不得欺骗、误导消费者。这意味着，人气、流量并不是商品销量的保证书，只有全面、真实、准确地披露商品或者服务信息，才能促进行业良性发展。

6.6.2 如何治理直播带货乱象

很多消费者认为直播商品存在鱼龙混杂、假货太多等诟病。虽然相关部门已经出台文件要求网络视听广告节目与直播节目用语要规范、文明，不得夸夸其谈、诱导并欺骗消费者，但仅靠行业自律远远不够。那么，应该如何治理直播带货乱象呢？

1. 加快直播带货法治化监管

2019年6月，市场监管总局与公安部、工业和信息化部等联合开展2019年网络市场监管专项行动，对虚假的网络宣传、存在侵权行为的互联网销售等行为进行重点打击，依法查处利用互联网销售假冒伪劣商品违法犯罪活动，依法依规处置互联网侵权假冒有害信息。2020年《网络直播营销活动行为规范》这一行业自律性规范的实施，有利于遏制行业乱象，未来还需要制定直播带货的行业法规，实现法律性的硬约束。

2. 加强主播群体的管理和规范

多元化的平台给直播带货带来很多机会的同时，也增加了电商直播的管理难度。直播平台要严格把关直播内容，提高直播的"门槛"，提高主播的诚信意识和职业素养，同时配合监管单位，对引导交易、虚假宣传等行为进行惩处，严格按照售前、售中及售后等服务标准，将消费者需求作为发展导向，确保消费者权益。另外，要戳破"看上去很美"的营销泡沫，就要对数据造假和流量造假严查严打；对"最"字频现的夸大营销广告严格取缔；对"只管卖钱不管售后"的行为严惩不贷，支持消费者维权，倒逼行业净化。

3. 落实主播责任制

主播带货必须严格按照《互联网广告管理暂行办法》执行，在诚信带货、实事求是的情况下，践行服务承诺，以消费者的正当权益为依据，与监管部门、平台共同发力，努力为消费群体创造出健康、向上的直播环境，这样在"万物皆可播"的时代，消费群体才能放心购买。如果主播在直播带货时，对消费者的权益造成影响，带货主播、直播平台及商家需要共同承担责任。

6.6.3　做好网络直播舆情监测

发生网络直播突发事件引发舆情，不仅会消耗粉丝对主播的信任，更重要的是会消费整个网络直播行业的信誉值。为了有效避免舆情的发酵升级，防止舆论方向走偏，做好网络直播舆情监测是非常有必要的。

1. 潜在舆情风险实时监测

网络视频直播具有互动性、及时性、不确定性、直接冲击性等特点，所以往往直播平台突发事件会更容易引起网民的关注。对此，网络直播舆情监测除了对已经产生的舆情动态变化进行监测，还需要做好日常舆情监测工作，以便能及时发现舆情，预防各类潜在的舆情危机，也有利于及时了解网络舆情的发展动向，避免舆情方向的跑偏。

2. 多渠道全方面监测

现如今，网络直播形式和平台越来越多样化，网络直播突发事件的传播范围和来源渠道都非常广。因此，对于网络直播舆情的监测需要全方位覆盖式监测，这样才可以确保舆情监测的全面性。通过采用全网舆情实时监测系统工具进行监测，可以实现全网直播舆情信息的实时监测搜集，有效提升舆情监测的效率。

3. 定义相关关键词监测搜集

网络直播行业问题频发，如直播带货售假、网络表演违规、播放内容侵权、网红主播欠薪跳槽、"美颜骗局""美声骗局"等。网络直播舆情频繁，不仅会给主播流量带来不利影响，也会损害用户对直播平台的信誉值。所以，对网络直播舆情的监测要做到有针对性地进行监测。可通过借助全网舆情监测系统定义与自身相关性高的舆情监测关键词，全天自动实时监测。

6.6.4　网络直播突发事件的处置

随着网络直播行业的蓬勃发展，网络直播行业也出现了许多问题。近几年，涉及直播的舆论突发事件时有发生，而且每一次直播舆情突发事件都造成了巨大的负面影响。所以，要想最大限度地减少网络直播舆论的负面影响，规避网络直播舆论的风险，需要在直播舆情出现后及时做好网络直播突发事件舆情处置工作。

1. 及时响应直播突发事件舆情

及时响应舆情，把握事件发生后的时间点，及时处理突发事件，并将事件处理的时间安排在短时间内，以最快的时间处理突发事件。要实现对网络直播舆情的早期反应，首先要做好舆情监控。可以采用智能舆情监控系统，自动对直播舆情进行实时跟踪和分析，生成详细的舆情分析数据图表，为直播舆情应急管理与处置方案的制订提供参考依据。

2. 健全直播舆情管理机制

网络直播舆情的爆发具有突发性，而迟缓的直播舆情应急处置工作极容易引起舆论的质疑和批评、追问、谣言甚至谩骂，从而导致舆情愈演愈烈。为此，必须建立网络直播突发事件应急管理机制，做好直播突发事件的引导工作，防止舆情持续升级。

3. 通过新媒体引导舆论走向

收集分析舆论信息，并有针对性地加以处理，一旦发生网络直播突发事件，为防止事态演变为舆论危机，在网络直播突发事件处理工作中需要充分发挥短视频、微博等新兴媒体的宣传作用，利用这类新媒体展现态度，发布权威信息，引导舆论走向正确。

在信息发布过程中，也要做好舆情的动态收集整理，提炼关注的舆论焦点，以便在信息公开过程中有针对性地解答公众的舆论质疑。

案例 **"3·15"消费维权日，直播带货乱象问题引关注**

2020年3月15日，第三方消费投诉平台黑猫投诉发布《黑猫315十大行业乱象》，其中"直播平台：网红带货质量不堪售后无保障"成为乱象之一，并指出"直播带货"中的产品质量不堪、平台数据造假、售后无人理等现象频频出现，影响了公众的消费体验，诸多"直播带货"造成的"两头坑"事件也引发了不少舆论争议。在微博平台上，@黑猫投诉的相关微博转评量达4000余人次。#315十大行业乱象发布#话题阅读量1825.5万人次。

同日，@经济观察报发表"#经观315播报台#李某直播涉嫌违法，网红带货同样受法律约束"称，中国消费者协会专家委员会专家邱某某指出，湖南卫视前主持人李某在3月13日的直播间里推荐一款羊肚菌，涉嫌使用"绝对"语言、暗示治病功能、虚假宣传等，违反三部法律。与此前的名人涉嫌违法代言不同，随着直播平台的快速崛起，网红带货成为各大平台最重要的流量和销量驱动。但是，这种"野蛮生长"的背后出现了诸多问题，其中最典型的就是消费者权益如何保障及平台如何承担起应尽的责任。直播带货同样要受法律约束，但现实中平台和主播的法律意识仍然不足，目前主要是在夸大宣传、产品质量参差不齐、售后无法保证等问题上"翻车"。网民普遍表示虚假宣传是直播带货的"通病"。

3月19日，某手机品牌创始人罗某某在微博上发文称要进军电商直播，立刻引发高度关注。3月30日，微信公众号"盒饭财经"发表《"李佳琦们"频频翻车背后，网红直播是时候"冷静"了》称，3月，是电商直播之月，就连罗某某也进入电商直播。从头部主播直播带货创纪录到罗某某转行做直播，直播被赋予了新的商业任务和更高的期待。水大鱼大的同时，也代表着水浑鱼杂，"直播带货"是否真如表面看起来的那样"美好"？主播们在带货中夸大其词的推荐，产品宣传的"货不对板"，甚至爆款产品的"质量问题"等都已经屡见不鲜，成为当下直播带货中亟待监管及解决的核心问题。

律师认为，目前中国《广告法》《电子商务法》《反不正当竞争法》《产品质量法》《食品安全法》《消费者权益保护法》等法律对网红带货涉及的虚假宣传、数据造假、产品质量、食品安全、消费者权益保护等法律问题都已有较为完善的规定。但显然直播带货的主播们至今尚未认识到这一点。有专家强调，对于出现假冒伪劣、侵犯知识产权、侵害消费者权益的"带货"行为，应依法从严查处。保护好消费者权益，才是"直播经济"得以生存和健康发展的基础。针对火热的电商直播现象，我们不禁要提出一些疑问：网红主播带货的法律边界是什么？网红与代言人所要承担的法律风险是否一样？直播带货中，消费者的权益如何被更好地保护？直播带货对于企业营销及品牌的真正价值是否存在？

3月31日，中消协发布《直播电商购物消费者满意度在线调查报告》显示，60.1%的受访者直播购物中首选性价比高的商品；消费者对主播夸大和虚假宣传、有不能说明商品特性的链接在直播间售卖问题反馈较多；有37.3%的受访消费者在直播购物中遇到过消费问题，但仅有13.6%的消费者遇到问题后进行投诉。《人民日报》刊发《促进"网红带货"持续健康发展》《"直播带货"带火消费》，《工人日报》刊发《直播购物热背后3成多消费者遭遇问题》，《经济日报》刊发《被带货网红"种草"后，质量与售后成槽点》，以及人民网、中国新闻网等进行报道。@中国新闻网发表的相关微博转量较大。很多网民认为，在罗某某直播前日，中消协发布的直播购物调查报告时间节点非常耐人寻味，调侃罗某某为"指路冥灯"，可能又要结束一个行业的命运。有评论认为，这是对罗某某等进入直播行业的人的警醒，直播带货将被整顿，强监管将到来。罗某某也转发该微博表示，从业人员必须高度自律，不能因为粉丝信任自己就胡来，否则大家就没得玩了。

4月1日晚被称为一场直播圈的"魔幻夜"：罗某某个人直播首秀如期开播，3个小时交上了带货1.1亿元的成绩单；另一位知名主播辛某的徒弟宣战老罗，当晚共计带货4.8亿元。直播带货再次引发舆论聚焦。此后，罗某某带货产品日期不新、迟迟不发货、并非所说的全网最低价等问题开始被诟病。

舆情聚焦

1. 认为"全网最低价"的直播带货容易出现假劣货

例如《每日经济新闻》发表《罗某某们会带来电商直播又一"春天"吗？》称，"冲量"让商家的利润率偏低，主播们对于价格的依赖也决定了他们在选品时对于质量标准的把控门槛不会太高。近期中消协发布报告显示，37.3%的受访消费者在直播购物中遇到过主播涉嫌夸大和虚假宣传、有不能说明商品特性的链接在直播间售卖等问题，也说明电商直播的泛价格化策略如果定型，平台与商家缺乏自律，将带来日益严重的质量纠纷。这对罗某某、李某某等头部主播将构成考验，选择空间无法相提并论的大量底部主播更容易陷入要卖货还是要质量把关的两难选择中，因为利益诱导而选择前者。也因此，无论罗某某们的直播卖货之路能走多远，电商直播产业都必须尽快解决以上问题，不能沦为"假货"倾销风口。否则，"罗某某们"带来的直播繁华只会是昙花一现，而不会拥有真正的"春天"。

2. 分析主播的法律责任，并认为主播带货的法律责任应该进一步确定和厘清

例如《法治日报》刊发《主播带货，还得带上法律责任》表示，根据有关法律规定，主播显然不能只是带货而已，而应对自己所推荐的商品质量承担相应的法律责任。网红或明星直播带货的行为完全符合替商家宣传商品并因此获利等要件，依然属于代言人或推荐人。如果其所推荐的商品或服务存在质量问题，或者存在虚假宣传，理当承担相应的法律责任。《华西都市报》刊发《警惕"电商直播"的温柔陷阱》称，很多被带飞的"网红爆款"都是不知名甚至是"三无产品"。杂牌小厂更精于"线上走量"，并且给予"主播"的经济回报也更为可观。这一大架构决定了"电商直播"的源头生态是存有缺陷的。当务之急应该尽快明

确"电商直播"的广告属性并厘清其法律适用，而不是继续将之等同于线上的网络视听节目加以轻纵。看看新闻发表《一亿流水，四千万火箭，直播带货是风口还是一阵风》称，中国政法大学传播法研究中心副主任、中消协专家委员会委员朱某表示，虽然直播带货的经济效益及前景看好，但不能脱离法治经济的大框架，直播经济仍需规则引导及监管保障。在立法方面，《电子商务法》虽然已经出台，但在落实过程中，还并未将直播平台特别是类似抖音、快手这样的综合类直播平台纳入其中。同时，由于行业的特殊性，平台在直播带货过程中到底扮演着什么样的角色？主播、销售商又该如何定位？都需要早日厘清法律责任，从而更好地予以规范。

3. 认为应该加强监管

例如人民网发表《直播电商火爆，市场监管不能缺位》称，当直播带货在网络视频端成为普遍现象时，相应的监管规则还不完善。市场监管不是一味强调政府要严格管理责任，而是控制电商直播产业野蛮生长的必然配套要求。要积极营造健康有序的法治环境，提升直播带货准入门槛和准入要求；要建立电商直播的诚信评价机制；要建立多元主体参与的监管体系，市场监管部门、网络直播平台、电商行业协会、市场监督员和广大消费者都应该积极参与到直播带货的监管中。翻阅这两年的直播带货史，很多违法事件还历历在目。对此，国家市场监督管理总局已经释放出从严监管直播带货的明确信号，相信整个行业的健康发展指日可待。

6.7 本章小结

处理好突发事件网络舆情有利于正向疏导突发事件引发的危机问题，将突发事件对社会的影响减小到最低程度。完成本章内容的学习后，需要能够了解什么是突发事件，以及突发事件的分类、特征等基础知识，并掌握突发事件网络舆情的应对方法与技巧，能够正确地对突发事件网络舆情进行引导。

6.8 案例分析——河南原阳 4 名儿童被埋身亡事件

2020 年 4 月 18 日 17 点 30 分至 22 点 40 分，在河南省原阳县盛和府小区堆放的土方中陆续发现 4 具 5 至 11 岁儿童尸体。

19 日凌晨，河南省原阳县委宣传部 19 日凌晨发布通报，河南原阳一小区土方中发现 4 具儿童尸体，初步判断或因压埋窒息死亡。目前，包括项目法人代表吴某在内的 7 名相关责任人已被控制接受调查。调查结果将第一时间向社会公布。

4 月 19 日，"@ 新京报我们视频"报道 4 名儿童身亡土方涉事项目未办手续，家属称遗体挖出时还有温度。经查询，9 日，曾有网友咨询涉事小区开发商问题，河南省原阳县委称，其暂未办理相关建设手续。

4 月 19 日下午，红星新闻报道"小区土方发现 4 名儿童尸体"涉事项目：未获施工许可，事发前曾被要求停止施工。

4 月 21 日，据新乡日报消息，河南 4 名儿童被土方压埋原因初步查明，施工车辆违规倾倒土方。4 月 19 日，公安机关依法对涉嫌重大责任事故罪的 8 名开发商及施工人员刑事拘留。

4 月 21 日 14 时许，原阳县人民政府官网发布通报，河南 4 名儿童被土方埋压致死，原阳县住建局局长等 2 人被免职。

4 月 21 日晚 10 时许，2 名在原阳县采访 4 名男童被埋事件时被抢手机的记者收到了被送还的手机，但手机被刷机，所有内容都被清空。

舆情聚焦

1. 4 名男童究竟是如何进入工地的，是公众最关心的问题

4 月 19 日，据原阳县调查组查看监控视频后发现，4 名男童从围栏"豁口"处钻进盛和府小区项目工地。遇上了本应停工的施工人员，悲剧旋即发生。4 名男童是怎么掉进深坑的？

澎湃新闻发文称，对于缺乏危险认知和自我保护能力的儿童来说，这是一个蕴含巨大危险的场所。不让未成年人进入这样一个场所，避免其陷入危险境地，是工地施工方的职责。所以，哪怕 4 名孩子是主动进入工地而非受人强迫，没人阻止本身也暴露出工地监管的稀松，坐实施工方重大事故责任，其中不排除直接责任人的刑事责任。

2. "违建"迅速成为舆论关注核心点

随着网友和媒体对死亡原因的质疑声音，"# 发现 4 名儿童尸体小区曾被举报违建 #""#4 名儿童被压埋初查系施工车辆违规作业 #"相关话题不断引发舆论围观，河南原阳 4 名儿童被压埋致死，背后公司多重违规，涉事项目未获得施工许可证，该小区还曾被举报违建等问题一经曝光，再次引发网友讨论，网友追责气氛浓烈。

3. 涉事工地漠视安全违规施工，政府部门是否存在执法不力成焦点

既然县住建局已要求工地停工，为何案发当日涉事工地还在施工？原阳县委值班室工作人员介绍，违规施工说明了县城管执法监察局执法不力。4 月 21 日下午，原阳县人民政府官网发布通报，河南 4 名儿童被土方埋压致死，原阳县住建局局长等 2 人被免职。这一问责一定程度上压低了公众对官方的质疑和谴责声浪。

4. 家长监护不力也成为网民讨论热点

"4 名儿童被埋"初步认定为刑事案件后，央视等各大媒体发声。央视发表评论：拿什么保护你，我们的孩子。部分网友对事件中家长的监护不力发出评论。有媒体评论称，在进入工地之前的那段时间，如果 3 个家庭中哪怕有一个监护人盯紧孩子，悲剧都不至于发生。"拿什么能保护我们的孩子"，更严密的法网、为人父母的责任心、作为公民的良心，一样都不可或缺。

5. 记者在原阳被打再次引发公众质疑

21 日下午，河南原阳 4 名遇难男童在当地公墓安葬。在现场采访的多名媒体记者遭到不明身份人员推搡拖拽，有记者被掐脖按倒在地，有记者眼镜被损坏，衣服被扯破，2 名记者手机被抢走。4 月 21 日晚 10 时许，2 名在原阳县采访 4 名男童被埋事件时被抢手机的记者收到了被送还的手机，但手机被刷机，所有内容都被清空。这一舆情再次引发网友围观和质疑。

有网友觉得此事不简单，也有网友对记者硬闯拍摄提出质疑。

舆情点评

诸多案例表明，在信息传播越来越快的今天，官方权威声音缺位，易导致谣言传播。"河南 4 名儿童被埋压致死"事件发生后，事件初步调查结果及追责情况相继公布，政府部门快速发声，及时满足网民对事故的知情权，快速的办案进程让公众看到了当地有关部门对这起恶性责任事故追究到底的决心。从舆论关切来看，详细的调查结果及追责情况是后续发布重点。

4 月 21 日晚，事件出现转折，记者采访遭多名不明身份人员殴打被媒体曝光，更加剧了公众对事实真相的渴求，同时引发了舆论新一波的质疑。有网友评论"还有黑恶势力？那这个案子不简单，大家都推一把，看看谁是幕后老板这么牛，让案件真相大白！"。打记者、将记者手机刷机，记者"被打"时，"现场有至少一名原阳县政府工作人员在场"。种种疑点耐人寻味，更为舆论增添了几分狐疑。

目前，当地最应调查清楚的是"儿童被埋"的完整真相，这不仅涉及安抚逝者和追责问责，也关乎痛定思痛，尽快补齐安全漏洞。与此同时，绝不能让"记者被打"一事悄悄抹去。某种程度上说，这两起事件产生背后都有着某些共性——都是由于对法律、对规则、对安全规范等的轻视麻痹而导致。因此，任何一件事情的处理结果都容不得烂尾。从目前舆论关切的态势来看，建议有关部门杜绝"捂盖子"行为，舆情应对应妥善处理好与现场媒体的沟通和合作关系，保证事件信息及时、全面、高效传播，回应核心关切，满足公众对信息的渴望。

第7章 网络舆情报告

网络舆情报告可以以简洁、明晰的形式呈现纷繁复杂的舆情，帮助人们认识舆情，并在需要时确定着手实施舆论引导的策略。本章将介绍有关网络舆情报告撰写的相关知识，包括网络舆情报告的目的和作用、网络舆情报告的分类、网络舆情报告的原则、网络舆情报告的要素、网络舆情报告的撰写要求和技巧等内容。

7.1 网络舆情报告概述

对网络舆情进行分析和研判后，应该形成书面形式的分析报告，即网络舆情报告。网络舆情报告无论是对于决策者还是对于大众了解和分析判断舆情都是十分重要的。

✎ **课堂讨论：** 你认为网络舆情报告有什么作用？

7.1.1 什么是网络舆情报告

分析网络舆情，通常会划定特定的范围，在一定时间、地域范围内，或是针对特定的事件来讨论。整合特定范围内的舆情，辅以相关的分析信息，并以报告的形式发布，就是网络舆情报告。

网络舆情报告是一种非常灵活的应用文体，在服务对象、针对范围、时效性等方面拥有较大的灵活性，既可以针对某一个主题、某一次事件，或是一段时间、地域或领域范围内的某类、某几类事件，也可以针对一定的时间范围或地域范围内的所有事件。它有一定的时效性，但一般不像新闻报道的时效性那么强。

7.1.2 网络舆情报告的目的

虽然意见领袖仍然存在，权威渠道在一定程度上仍然不可替代，但是传统的传播者和受众的关系已然改变，报纸、电视、广播等传统媒体的传播模式已经被颠覆。

在一定程度上，网络是一个自由市场，"把关人"相对缺席，平台丰富而广阔，无形也无际。面对纷繁复杂的网络信息和四面八方声音的喧嚣，要想做到相对简便、快捷又比较科学地认知网络舆情，就需要网络舆情报告的帮助。

对网络舆论信息进行有效的汇集、整理和分析，以简洁明晰的形式呈现舆情的重点，帮助客户认知和把握舆情，是网络舆情报告的基本目的。

7.1.3　网络舆情报告的作用

在认知和把握舆情的基础上，网络舆情报告还可以帮助客户对舆情的发展情况做出一定的预测。基于这些认知和预测，客户可以根据需要决定进一步的应对策略。这对及时应对网络突发公共事件和全面掌握社情民意具有相当重要的意义。

对于一些政府部门来说，及时掌握网络舆情，有效应对和引导，化解危机，对维护社会稳定、促进经济社会发展具有重要的现实意义。如果处置不善，负面的网络舆情会对公共安全和经济建设环境构成较大威胁。对企业、社会组织和个人而言，质疑的声音形成舆论足以伤害品牌、企业、组织和个人的形象，造成直接的经济损失和负面的社会影响。在临时的危机管理或是长期的机构形象维护与构建中，舆论引导都是必不可少的，而引导舆论的前提，正是了解舆情。

网络舆情报告是网络舆情监控结果的呈现。网络舆情报告不仅是一种应用文体，为不同机构的形象维护、公共关系、新闻发布等工作提供参考，更是一种具有商业价值的信息产品。作为一种信息产品，网络舆情报告服务于政府机关、企业等不同的客户，针对其不同关切和需求提供相对个性化的信息与服务。

案例　**执法人员踹门查补课短视频热传，官方两度回应扭转舆情**

2021 年 8 月 5 日晚，一则执法人员踹门叫停补习班的短视频在网络热传。在这则一分钟左右的短视频里，一名身穿蓝色上衣、佩戴红色防疫字样臂章的男子率先踹门进入屋内，用手按住补课教师的后颈将其带离至隔壁房间大声训话。男子身后还有两名身穿白色执法衣服人员，其中有人未佩戴口罩。

当日 22 时许，微博大 V"@ 傅蔚冈"转发视频，批评执法人员"抓老师就像抓犯罪分子"，该微博获上万次转发，获评 5000 余次。随着短视频进一步热传，有网民表示，事发地点应为安徽省含山县。网民除对教育培训机构改革讨论外，还质疑执法人员未以身作则、粗暴执法。

8 月 6 日 10 时许，含山县政府官微发布情况说明称，8 月 5 日下午，含山县环峰镇接到群众举报，称有人违规补课，公安民警和防疫人员赶赴现场，将 30 多名学生劝解疏散，其中一个房间敲了 10 多分钟拒不开门，不得已破门而入。说明还指出，当日上午，现场负责人贾某某刚在同一地方补课被举报，他承诺关闭但仍不关停；补课场所无办学许可证，且学生未佩戴口罩严重违反当地疫情期间暂停校外培训机构线下培训的相关规定；对于个别工作人员执法方式简单、急躁、不规范问题，政府将认真对待，严肃处理。

官方回应未能使舆论质疑平息，网民持续批评执法人员的粗暴方式，央视新闻认为"违规补课应被处理，粗暴执法也应被处理"。当日，《新京报》、封面新闻等媒体对涉事主体进行采访，呈现了更多细节：补课老师贾某某称是迫于经济压力开课，自己也很后悔，但官方通告部分不实，如自己未做停课承诺等；培训机构负责人也表示孩子不是网传的 30 个。不过，"@ 庄志明律师""@ 韩东言"等法律人士认为，不应与违法者共情，在防疫工作如此紧张的情况下，面对拒不开门的违法者，执法人员如此强制也无可厚非。

8 月 8 日 9 时许，含山县政府进一步回应称，已对该培训机构没有培训资质等问题立案调查；对暴力执法及未佩戴口罩的社区工作人员分别给予党内警告和诫勉谈话处理。本次通报后，多数网民认为处分结果客观公正，对立情绪缓解。截至 8 月 12 日 12 时，相关新闻报道4823 篇，客户端文章 15257 篇，微信文章 3803 篇，微博 37740 条。

舆情点评

此事发生在疫情之下、"双减"政策落地之后，执法背景和执法对象都具有特殊性。一方面，由于全国疫情不断反复，各地疫情防控政策趋于严格，网民对此普遍给予理解；但另一方面，执法者破门而入，对教师"掐脖训话"而让学生目睹全程的画面确实强烈冲击了网民的视觉和情感，成为舆情爆发的关键。网民愤慨之处在于，补课教师固然有错，但暴力执法亦属不该。

舆情曝光不到一日，含山县政府做出第一次回应，解释了执法背景与起因，但过于强调涉事补课教师的违规之处，对于舆论热议的粗暴执法、防疫人员未戴口罩等问题交代较少，引发公众情绪反弹。此后县政府吸取教训，在第二次通报中调整口径，既对涉事教师违规之处进行了更详细说明，也对执法人员执法不规范等问题给出处理决定，最终引导舆论风向转好。

其实，这起"双减"背景下发生的涉疫情防控执法舆情事件中，确实存在着多层矛盾，但也正如媒体所说的那样，让防疫的归防疫，补课的归补课，执法的归执法，哪里出现问题"点"哪里，将其统一在法治和人文的序列里，就能理性看待。此事提醒各地执法部门，执法人员执法时应当对执法情境、事件性质、执法手段等进行充分考虑，在保证执法过程合规合法的同时，也需妥善化解各类情法冲突，如此方能让公众心悦诚服。

7.2　舆情报告的分类

随着信息技术与舆情工作的融合日益紧密，网络舆情报告的形式也日益多元化，既包括纸质版的文字、图表报告，也包括电子版的文档、PPT、视频等丰富形式。除此之外，根据报告的内容、时间跨度及客户的不同需求，又可以将网络舆情报告划分为不同的类型。

课堂讨论： 网络舆情报告没有统一的分类方式，那么你理解的网络舆情报告应该如何分类？可以分为哪几种类型？

7.2.1　根据编写内容划分网络舆情报告

根据编写内容的不同，网络舆情报告可以分为动态舆情报告、综合舆情报告、舆情专题报告、舆情原文报告等，本节将重点对上述 4 类报告进行介绍。

1. 动态舆情报告

动态舆情报告主要反映最近发生或即将发生的新情况、新问题。这类报告往往是在原始信息材料长期跟踪基础上形成的，主要宗旨在于迅速反映动向和问题，且这些动向和问题应是经过仔细甄别后的结论。因此，对于动态类舆情报告，要求舆情工作人员应把握以下两个要领。

一是广泛浏览舆情信息，在日常工作中注意掌握网络舆情的总体状况，尤其是网民留言和帖文较多的论坛、博客等，应对这些渠道进行搜集、整理和分类，通过长期跟踪，及时准确地把握一些与以往不同的新迹象、新苗头。

二是报告的篇幅讲究短小精悍，快写快报，以顺应动态性的舆情发展形势，尤其是对于一些带有苗头性、倾向性和突发性的事件反映，更要讲求语言精练、反应灵敏、一事一报。

从格式上看，动态舆情报告通常采用"一段式"写法，即"标题 + 正文"的编写样式。

2. 综合舆情报告

综合舆情报告是综合地反映某一段时间内网络舆情及网上热点舆论概况的报告。

由于网民关注热点的转移率高，所涉及的话题也较为松散，且舆情发布与传播的渠道多元，网络舆情及舆论热点的跳跃度较大，用户难以全面把握舆情的总体走向。同时，对于一些职能范围较广、业务领域宽泛的用户而言，其舆情需求并不总是局限于某个小小的领域或仅仅针对某一问题。这就需要舆情工作人员在编写动态类的舆情报告之外，还要适时汇集和编写综合类的舆情报告，为用户提供相对完整的报告内容。

通常，综合类舆情报告所涉及的主题主要包括：归纳网民对国内外重大事件的各种反映；概述网民对党和政府重大决策的种种看法；概括网民关于某一行业、某一领域的意见建议等。在撰写这类舆情报告时，需要对大量材料进行全面归纳和综合，既要罗列相关的基本现象，又要做到重点突出，主要应把握以下3个要领。

一是各类信息的点面结合，要把某一主题下的同类信息加以集中和归纳，与全局性的情况加以结合和比较，从中找出带有普遍性、规律性的问题。

二是定性分析与定量描述相结合，不能只摆出一堆数字或只笼统地定性，应把二者结合起来。

三是描述现状与梳理问题相结合，既要描述现状，又要分析和整理网民提出的问题和建议。

3. 舆情专题报告

舆情专题报告是面向特定问题或情况，经过一段时间的跟踪、调查及合并分析后形成的舆情报告。这类报告讲求深刻透彻，其主要构成部分如图7-1所示。

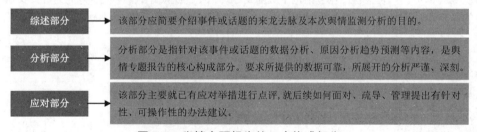

图7-1 舆情专题报告的3个构成部分

舆情专题报告撰写应把握以下3个要领。

一是切忌空洞的表述和公式化的概括，务必以广泛而客观的事实和数据为基础和依据。

二是注重研判和预测，要由浅入深、条理清晰，尤其是要对问题的苗头、倾向及发展趋势有清晰的预见和判断。

三是注重提出解决问题的办法，而且这些办法要切实可行。

4. 舆情原文报告

一些网民（尤其是具有专家背景的国内外知名学者、智库、评论员等）针对我国经济、社会发展等重大问题发表的分析和评论性文章，由于对我国相关问题的决策者具有重大的参考借鉴价值，加之原文已对问题进行了深入、全面的分析和研究，甚至对存在的问题提出了相应的对策建议，因而可直接以原文的形式上报。对于这一类舆情报告的完成，一方面要求舆情工作人员对信息本身进行有效的判别，包括判别主题的重要性、作者的权威性、内容的专业性和科学性等，并最终对信息的价值做出准确判断；另一方面，在原文上报的基础上，报告还需包括一个导语部分，对文章的主要内容（即核心价值点）进行概要式提炼，以便用户预先对信息有一个全面的了解。

7.2.2　网络舆情简报、网络舆情专报和网络舆情快报

根据舆情监测工作及服务客户的不同需求，网络舆情报告可以分为网络舆情简报、网络舆情专报和网络舆情快报。

1. 网络舆情简报

网络舆情简报是根据网络舆情监控系统采集的舆情信息自动分类分析生成，或是人工整理相关信息生成的比较初级的舆情报告，只求呈现基本情况，解决"是什么"的问题，让人们对相关舆情有一个大致了解。网络舆情简报既可以是相对宽泛的社会舆情报告，也可以是服务特定客户的客户报告。

2. 网络舆情专报

网络舆情专报通常以某一事件或观点为核心，根据搜集的舆情信息对事件进行全面、深入的分析，内容包括事件发生或观点产生、流传的背景、原因、过程，以及媒体关注情况、网友关注情况、引发的社会影响等。通常还会包括事件的未来走向，对各利益相关方的短期和长期影响，或是观点的传播与演变情况、对社会观念造成的影响等。

3. 网络舆情快报

网络舆情快报对时效性的要求极高，往往在事件发生初期或者爆发期之前就需要生成。在事件发生初期，舆情快报往往带有预警功能，提醒政府机关或企业注意问题的苗头，做好应对准备工作。在针对性上，舆情快报和舆情专报一样，往往是以某一特定事件为核心；在时效性上，对舆情快报的要求不亚于新闻报道，只有敏锐地发现网络舆情才能为事件处置和舆论引导争取时间，以积极有效的应对避免陷入被动和蒙受损失。

7.2.3　思想反应类、对策建议类和专题分析类网络舆情报告

根据网络舆情报告在相同事件或话题上的不同侧重，网络舆情报告又可以分为思想反应类、对策建议类和专题分析类。

1. 思想反应类舆情报告

思想反应类的网络舆情报告着眼于网友对热点问题的观点，对此进行搜集和梳理。这些观点既包括某一事件发生或话题发表后网友表达的看法，也包括网友在长期关注的问题上，在一定范围内形成的一种或几种比较具有影响力的观点和主张。

2. 对策建议类舆情报告

对策建议类网络舆情报告主要针对某一热点问题提出解决问题的对策建议。这类报告一般会综合媒体、网友、有关专家学者的具体意见和建议，做出归纳总结，侧重于为促进问题的解决提出可供采纳的办法，目标明确，思路清晰。

3. 专题分析类舆情报告

专题分析类网络舆情报告是对某个专题性或综合性的舆情进行比较深入的分析，综合分析某一类事件，剖析这类事件及其相关舆情的共性，为政府部门或企事业单位以后应对类似情况提供可借鉴的意见。这类网络舆情报告带有一定的总结性质，无须具有较强的时效性。

7.2.4 网络舆情日报、周报、月报和年报

根据网络舆情报告覆盖的时间周期，网络舆情报告可分为网络舆情日报、网络舆情周报、网络舆情旬报、网络舆情月报及网络舆情年报等。

网络舆情报告可以根据覆盖时间和内容交叉分类，比如关于某一事件的网络舆情日报、关于某一领域的网络舆情周报、关于某一地区的网络舆情月报等。通常，网络舆情报告所覆盖的时间越短，时效性和针对性也越强。在一些矛盾爆发较为集中、关注度较大的热点事件发生时，用网络舆情日报追踪每日舆情变化，为解决问题、应对舆情提供最直接、最及时的依据，是非常必要的。

案例　**未成年人禁止在直播中打赏**

2020 年 11 月，针对网络秀场直播平台频频出现的问题，国家广播电视总局发布《关于加强网络秀场直播和电商直播管理的通知》，要求网络秀场直播平台要对网络主播和"打赏"用户实行实名制管理。未实名制注册的用户不能打赏，未成年用户不能打赏。

1. 舆情爆点

2020 年 11 月 23 日，人民日报官方微博"@人民日报"发文【国家广电总局：#封禁未成年用户直播打赏功能#，未实名注册用户不能打赏】，舆情进入发酵阶段。24 日，北京商报发文《实名制、限额度 直播打赏迎强监管》，引发网民和新闻媒体纷纷转发评论，舆情正式进入传播高点，单日信息转载量近 4000 篇。微博平台中微话题"#封禁未成年用户直播打赏功能#""#广电总局要求封禁未成年用户打赏功能#"相关阅读量超 2.9 亿次，讨论量超 1.1 万条。

2. 舆情统计

截至 2020 年 11 月 26 日 14 时，相关关键词信息量共计 9140 篇，客户端 4192 篇，微博 2542 篇，微信 1044 篇，网站 623 篇，新闻 395 篇，论坛 142 篇，视频 114 篇，报刊 46 篇，外媒 21 篇，政务 20 篇，博客 1 篇。

图 7-2 所示为舆情信息传播渠道统计，从统计图中可以看出，客户端、微博和微信是舆情传播的主要渠道，总量占比达 84.75%。

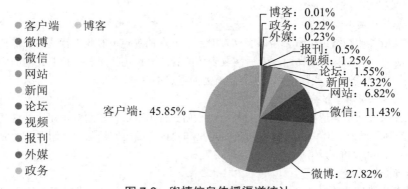

图 7-2　舆情信息传播渠道统计

图 7-3 所示为舆情信息新闻类媒体活跃度统计，从统计图中可以看出，新浪微博和微信是新闻类媒体中最活跃的区域，总量占比达到 61.56%。

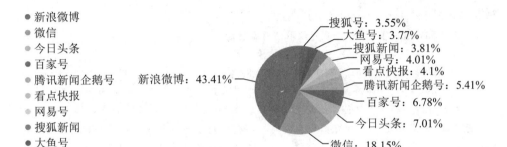

图 7-3 舆情信息新闻类媒体活跃度统计

3. 舆情点评

图 7-4 所示为网民评论分布，对"未成年人禁止在直播中打赏"网民观点进行汇总后发现，51.22% 的网民对"封禁未成年用户直播打赏功能"表示支持；22.50% 的网民表示建议在打赏时进行人脸识别，以防孩子冒用家长身份信息绕过监管；14.63% 的网民表示家长对孩子的教育与监督尤为重要；7.32% 的网民表示建议关闭直播打赏功能；4.88% 的网民表示希望相关规定能真正落到实处。

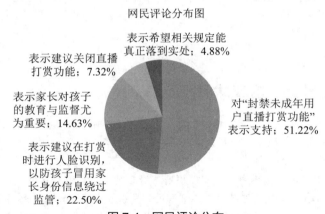

图 7-4 网民评论分布

1）对"封禁未成年用户直播打赏功能"表示支持，占比 51.22%

网友"@何一豪啊"评论：是该实行相关措施了。支持！！

2）建议在打赏时进行人脸识别，以防孩子冒用家长身份信息绕过监管，占比 22.50%

网友"@关于慕城_"评论：我建议再加个身份认证人脸识别。如果孩子拿家长的手机不是一样可以操作？建议每次充值都进行人脸识别功能。

网友"@铁锅炖自己不放香菜"评论：加入人脸识别吧，不然还会有熊孩子拿着父母的账号打赏的。

3）表示家长对孩子的教育与监督尤为重要，占比 14.63%

网友"@闪闪发光的派小星"评论：家长也该引导好孩子，喜爱上阅读，领略阅读的魅力被转移注意力后，就比较难被这些东西吸引了。

网友"@ZJ粟蓬"评论：有些父母也要管好孩子。

4）建议关闭直播打赏功能，占比 7.32%

网友"@Destiny_kty"评论：建议取消打赏功能。

网友"@宇宙监察者"评论：应该直接禁止打赏。

5）希望相关规定能真正落到实处，占比 4.88%

网友"@不得鸟"评论：规定是好的，希望有落到实处的办法！继续加油！

网友"@薄晓蟾光"评论：这个管理办法实施得好！！！希望能真正有效落实下来！

近日，"未成年人禁止在直播中打赏"一事引发众多网民热议，超过半数网民对此表示支持，建议在打赏时进行人脸识别，并表示希望相关规定能真正落实到实处；还有部分网民表示家长对孩子的教育与监督尤为重要，不能忽视。有效落实禁止未成年人打赏，除了家长充分尽到监护责任，还需强化对平台的监管，应强制平台执行"注册实名认证＋支付前二次识别"的双认证系统。此外，还需加大惩治力度，对诱导"打赏"等违规行为严查严惩，通过多方合力才会事半功倍。

7.3　网络舆情报告的原则

完成了网络舆情信息的采集、分研研判后，舆情工作人员需要通过编写网络舆情报告的形式将监测所得结果上报给用户。对于网络舆情报告的编写，同样需要遵守其相应的原则。

✎ **课堂讨论：** 简单说说你认为在撰写网络舆情报告时应该遵循哪些原则？

7.3.1　客观准确，实事求是

网络舆情报告用于呈现网络舆情监控结果，服务于舆论引导、企业形象维护等工作，是制订下一步工作计划、采取下一步行动的基础。因此，"客观准确，实事求是"是撰写网络舆情报告要遵守的首要原则。

首先，关于事件或话题本身，反映的事情本身必须真实，确有其事，不能捕风捉影，更不能凭空编造。其次，要如实反映事件的重要程度和严重程度，不夸大，不缩小，既不夸大成绩，也不回避问题。最后，要尽量全面地反映各利益相关方的声音，不刻意隐瞒或无故忽略任何一方面的意见表达。

7.3.2　形式简洁，观点鲜明

网络舆情报告服务于舆论引导、品牌建设、维护社会稳定等现实工作，从传播效率和传播效果的角度考虑，需要能够比较明确地表达意思，事实清晰，观点鲜明。

7.3.3　兼顾深度与时效

网络舆情的发展迅速而多变，在很多情况下，如果不能在第一时间掌握情况，做出反应，就会陷入被动。此时，网络舆情报告的时效性就显得非常重要。对于国内国际的重大事件或是某一类客户非常关注的领域的重要事件，要迅速反应，搜集和整理相关舆情信息，撰写并报送舆情报告。

对于一些特别重大的事件，还要在第一份舆情报告报送之后，以网络舆情专报、日报、周报等形式连续跟踪事件的发展和相关舆情变化，方便有关部门、客户等随时掌握最新情况。在事件发生之初，可以根据事态的发展，决定网络舆情报告生成和报送的频率。

案例　**不满16岁不得开通网络直播**

2021 年 6 月 1 日起，新修订的《未成年人保护法》正式实施。其中第七十六条规定，网络直播服务提供者不得为未满十六周岁的未成年人提供网络直播发布者账号注册服务；为年满十六周岁的未成年人提供网络直播发布者账号注册服务时，应当对其身份信息进行认证，并征得其父母或者其他监护人同意。相关内容经"@ 央视新闻"等媒体报道后，引发网络热议。

1. 舆情统计

以 2021 年 5 月 31 日 0 点至 5 月 31 日 16 点 30 分为周期，以"不满 16 岁不得开网络直播"相关关键词进行信息检索发现，舆情走势从 5 月 31 日 8 时开始陡然升高，10 时攀升至最高点，之后逐渐回落，整体呈现为"山峰"状，如图 7-5 所示。

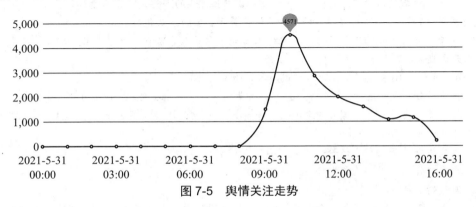

图 7-5　舆情关注走势

5 月 31 日上午，"@ 央视新闻"官方微博发布"转存！# 新修订未成年人保护法变化 #"。其中提到："# 不满 16 岁不得开网络直播 #"、未经允许手机不得带入课堂、加强未成年人入住酒店登记管理。6 月 1 日起，新修订的《未成年人保护法》正式实施。随后，相关微博被多家媒体和广大网友转载、转发，相关舆情信息量迅速攀升，截至 5 月 31 日上午 10 时，达到舆情顶点，实时舆情信息量达到 4571 条。

2. 舆情观点

对"未满 16 周岁不得开网络直播"相关网络评论汇总后发现，39.28% 的网友对此表示强烈支持，14.29% 的网友表示期待相关规定得到严格落实，28.57% 的网友表示希望更多乱象被妥善治理，17.86% 的网友对未满 16 岁直播播主进行调侃。

1）对"不满 16 岁不得网络直播"表示强烈支持，占比为 39.28%

网友"@ 艺生兴有你 L"评论：国家这个规定太好了，就应该防止未成年人太沉迷于网络，非常好，点赞。

网友"@ 追光者 biubiu"评论：我觉得这样做确实很好，不管是出于什么理由直播，但未成年人直播对其影响还是很大的。

网友"@ 泰安说"评论：早就该整治这方面了，用潘长江的话说：孩子，这里面的水太深，你把握不住。

网友"@ 撑一把白色伞"评论：支持，引导正确的未成年人价值观。

网友"@你算哪片小姜块"评论：确实该管一管这个了，现在不管多小的孩子都出来直播，价值观都变了！

网友"@妈猫"评论：网络空间，还是过于娱乐化，各种信息纷繁复杂，应该加强管理。

网友"@园暇窈巧haoyijox5807"评论：太赞了！！！

2）表示希望政策能好好落实，起到良好效果，占比为14.29%

网友"@邱仙韵丨健康"评论：抓紧事实（实施），落实到位！

网友"@大女mitao-jiu09"评论：真要严格管理才行。

网友"@医生妈妈欧茜"评论：都挺好，希望能落到实处。

3）希望更多乱象也得到治理，占比为28.57%

网友"@瓜葛012"评论：建议关闭所有直播平台，百害无一利蚕食青少年。

网友"@让我们祝福鹿晗关晓彤分手"评论：我认为不仅不能直播，不满16岁也不能男团出道。可以演戏。

网友"@就想改个名字嘻嘻"评论：那10岁拍视频的那些呢？管不管？

网友"@我是大写的锦鲤"评论：父母带着开直播的怎么算啊？

网友"@sunalex1032"评论：我觉得根本就不该出镜，除了必须要出镜的情况。杜绝成年人开通直播，却让未成年人直播。

4）对未满16岁直播播主进行调侃，占比为17.86%

网友"@_-是子安呐-"评论：@时代少年团-刘耀文 你只能跟着哥哥们开直播了。

网友"@限定女友心动小丸"评论：我们阿拉小文还有几个月也十六啦，可是十六岁生日直播可能没有了吗？

网友"@东辰西黎"评论：文文 你什么时候能到十六啊。

网友"@你才是胖虎啊"评论：达子凉了。

3.舆情点评

6月1日起正式实施的新修订《未成年人保护法》中规定，不满16周岁不得进行网络直播。此前，在《未成年人保护法》修订公开征求意见时，已经引发了一轮网络热议。此番"@央视新闻"等媒体对相关内容进行再次报道后，再度引发热议。综合网民观点，近四成网友对此表达强烈支持，近三成网友表示还有更多相关乱象也需要进行治理，15%左右的网民表示一定要抓紧落实，争取实现良好效果。

近年来，我国直播电商保持高速增长态势，直播电商行业成为今年疫情之下逆势发展的又一个新风口。但与此同时，也存在直播带货低龄化等突出问题，其危害和影响不可小觑。在一些直播平台上，未成年人的"土味情话"等成人化表演短视频无处不在，一些孩子甚至在全家的合力经营下成为赚钱工具，沉浸在成人化的直播氛围中而不自知。在各种成人化表演的视频背后，一些孩子的身心健康明显被扭曲。未成年人开始网络直播后，很容易被金钱迷惑或者因打赏等误入歧途，很容易迷失在盲目追求流量的道路上一去不复返，进而影响他们正常的学习和生活。

未成年人过度参与网络直播等网络视听节目的乱象，虽然相关的治理、监管也一直在发力，但却屡禁不止，很重要的原因就在于，在平台等的自觉性不够的背景下，监管部门对未成年人过度参与网络节目的刚性约束制度不够。如此看来，禁止未满16周岁做直播带货，很有必要。

希望新修订《未成年人保护法》中的相关规定能够得到落实，真正起到作用，有效遏制网络直播低龄化趋势，净化网络直播环境，为广大网民尤其是青少年用户营造一个清朗的网络空间。

7.4　网络舆情报告的要素

作为一种应用文体，网络舆情报告并没有非常严格的格式要求，只要便于阅读，对实践有指导性和参考价值即可。

从形式上看，网络舆情报告必不可少的要素有标题、导语、正文、结尾。标题用于概括全篇的大致内容或作者的主要观点；导语用于介绍事件的核心内容，表明写作原因与必要性；正文展开分析内容，介绍网友、媒体等对事件或话题的关注情况及各方观点等；结尾给出结论和趋势预警，给出应对建议，或者总结经验教训。

从逻辑上来讲，根据各种客户的不同需求，以及各种网络舆情报告不同的作用，网络舆情报告的内容和形式可以较为灵活。本节介绍几种常见的网络舆情报告所需具备的要素。

7.4.1　网络舆情专报

网络舆情专报通常是针对特定的热点事件或话题，分析其受关注的情况、发生及成为热点的原因、各方的观点等，有时还会包括舆情发展的形势预测、应对策略建议等。网络舆情专报应具备的要素有事件或话题概述、背景信息、舆情概况、舆情发展形势预测、应对策略建议。

7.4.2　网络舆情日报/周报

相对网络舆情专报而言，网络舆情日报/周报一般并非针对某个特定的事件，而是需要涵盖一天或者一周之内某个地区或领域内的热点事件。其作用在于，让政府或企业客户能够比较方便地监测本地区或本领域的舆情。因此，网络舆情日报/周报包括以下几个基本要素。

1. 舆情概述

介绍本日/本周之内，本地区或本领域的几项热点事件或话题。可以概括地列举这些事件的基本情况。需要注意的是，一定要注明信息源，即事件最初被报道或曝光的地方，如某媒体或某论坛等。

2. 传播情况

可以用数据说明问题，交代本周期内关于某一事件的新增网络信息数量、转载情况等。

3. 舆情观点

归纳和列举媒体、网友、专家等方面关于某一事件的主要观点。可以将每一类群体的主要观点分门别类地列出，并引用 1 ～ 3 条附在该类之后。

4. 舆情评价

对舆情事件的爆发力、持续时间、影响力等做出评价，总结一定的经验与教训。

5. 预警信息

在未来一段时间内，本领域或本地区有什么事件或话题有可能成为舆情热点，尤其是形成负面舆情？这种预警信息往往来自一些尚未引起广泛关注和讨论的新闻报道，或尚未引起媒体关注、跟进或网友转发的“爆料帖”等。

在网络舆情日报/周报中，还有以下两个要素可以根据实际需要决定是否添加。

（1）热点舆情事件关注度排行。在介绍一段时间内的舆情热点时，单纯概述和列举热点事件可能不够直观，尤其是当一段时间内的舆情热点较多时，为了更清晰地呈现所有事件的热度，以及互相之间的比较关系，可以制作出热点舆情事件关注度排行，用递增或者递减的顺序排列事件的相关信息或者转载情况，让人一目了然。

（2）综合分析。可以根据舆情的传播情况、各方观点等内容对舆情进行综合分析和点评。

7.4.3　网络舆情预警专报

舆情监测中，一个相当重要的功能是预警和监测危机，为危机管理提供依据和参考。用于提示网络舆情预警的网络舆情预警专报直接针对某条有可能形成负面舆情的网络信息，非常简洁明了，其包含以下几个要素。

1. 信息时间

信息时间是指该条网络信息初次出现在网络上的时间。如果是新闻网站转载或原创的新闻，则是指信息初次上网时间；如果是网友在论坛、博客或贴吧等平台发帖，则是指发帖时间或发微博时间。时间应具体到时、分、秒。

2. 信息地址

可以是网帖或者网络新闻地址，附上链接、媒体名称或发帖 ID 即可。

3. 信息主题

即新闻或者网帖的主题，用一句话概括即可。

4. 内容概要

用 1～2 段话简明扼要地概括信息的主要内容，以及事件中有可能引发矛盾的关键内容。

5. 回应情况

撰写网络舆情报告时，新闻报道或网帖中反映的情况是否得到了有关部门或者单位的回应？回应的情况如何？事件当事人、媒体或利益相关方是否满意？是否提出了新的、进一步的质疑？

6. 信息影响

从该信息发布到撰写网络舆情报告时，信息的影响如何？有多少人阅读了该信息？回复、转发情况如何？是否有媒体跟进或其他平台转载？网友，尤其是有一定号召力的意见领袖有何相关的态度和评价？

7. 应对建议

应从解决问题和应对舆论两方面提出。首先，信息中反映的问题是否存在？存在的话，是否不合理甚至违规？如果违规，应该如何整改？什么部门或者人员应该负责？对当事人是否应该有赔偿或道歉？如果不违规，应该怎样向当事人、媒体和网友说明情况？如果信息中反映的问题不存在或者存在一定程度的失实，应该怎样迅速与当事人沟通，并向媒体或网友澄清情况？

7.4.4　行业网络舆情报告

对一些企业来说，除了了解企业自身的相关舆情，还需要关注本行业内的重大事件，如政策的变化、市场形势的变化，以及同类企业，尤其是业内龙头和竞争对手的相关舆情。所以，提供给企业的网络舆情报告可以增加两个要素。

1. 行业趋势

简要说明本行业内近期的重大政策变化、市场形势变化等，或者对未来变化的预期，以及这些变化已经带来或者有可能带来的舆情变化。

2. 同类企业近期的舆情

交代近期发生了哪些关于同类企业的热点事件，形成了怎样的舆情及这些企业是如何应对的等，可以为本企业的决策提供参考和借鉴。

案例 "李某琴经历直播带货造假"事件舆情

2020 年 11 月 11 日，李某琴受邀参与某产品直播带货，直播结束时显示观看人数达311 万。后经工作人员揭秘，其中只有不到 11 万人是真实存在的。随着直播电商市场愈发火热，数据造假、流量刷单等问题也频频曝出，商家应避免盲目跟风，提防虚假繁荣。

1. 舆情概况

2020 年 11 月 11 日，李某琴受邀参与某产品直播带货，直播结束时显示观看人数达311 万。后经工作人员揭秘，其中只有不到 11 万人是真实存在的。随后，一篇《一场李某琴亲历的直播带货造假现场：311 万观众真实数不到 11 万》文章被广泛转载，引起网友热议。

1）网传李某琴直播间 311 万观众超 300 万为机器人

数据显示，2020 年"双 11"晚李某琴直播结束时数据显示观看总人数为 311 万，但据内部工作人员透露，直播间内仅有 11 万人真实存在，其余 300 万都是花钱购买的机器人，且互动的观众主要是机器人。

2）直播数据造假事件频发

随着直播带货的热度增加，刷成交量、刷观众在线数量等业务愈发多样，从直播间观看人数、点赞到互动和下单，都曾曝出过造假问题。不少商家在邀请网红主播带货后被骗、亏本等现象频频发生。有分析师认为，直播带货的大热带动了一条灰色产业链用以制造虚假数据，虚假繁荣现象容易让许多商家盲目跟风，进而损害自身利益。

3）大部分网民对直播电商带货数据表示不信任

在直播数据造假相关公众号文章下，大部分网民表示出对直播带货数据及直播电商行业的不信任和质疑。网民观点普遍认为直播带货成为劣质产品直销地，商家盲目跟风，市场虚假繁荣等，评论以负面评价为主。

2. 舆情监测数据

1）"李某琴直播"网络热度及口碑分析

根据舆情数据监测系统显示，"李某琴直播"相关网络热度从"双 11"直播起便开始走高，随着直播间数据造假问题被曝出后，热度维持在较高区间。系统监测期间，其网络口碑指数为 36.4，网络评价较差，如图 7-6 所示。

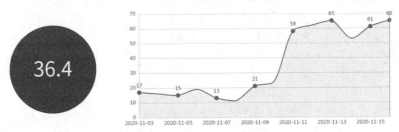

图 7-6　"李某琴直播"网络热度及口碑

2）"李某琴直播"媒体传播渠道分析

根据舆情数据监测系统显示，"李某琴直播"事件的媒体传播渠道主要为网页（61.91%）和微博（29.25%），如图 7-7 所示。

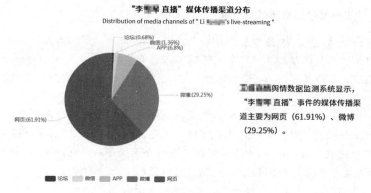

图 7-7　"李某琴直播"媒体传播渠道

3）"直播带货"网络口碑指数

根据舆情数据监测系统显示，系统监测期间，"直播带货"网络口碑仅为 21.8，网络评价较差。其网络热度则一直维持在较高水平，并在"双 11"期间实现提升，如图 7-8 所示。分析师认为，直播带货模式在市场上的热度较高，但频频传出的数据造假和主播"翻车"事件，影响着外界的评价。

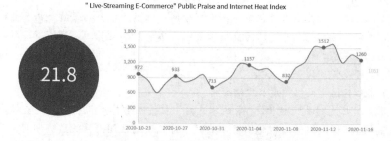

图 7-8　"直播带货"网络口碑指数

4）"直播带货"主题词云与刷单、造假相关

根据舆情数据监测系统显示，系统监测期间，直播带货主题词云以带货、电商直播为主，同时"刷单""造假"等关键词也与其较高关联。

5）"直播带货造假"网络热度在"双 11"期间飙升

根据舆情数据监测系统显示，系统监测期间，"直播带货造假"相关热度在"双 11"促销节日周期内快速攀升，如图 7-9 所示。"双 11"期间各大平台及商家都跟进直播电商投放，提升市场关注的同时，关于其造假的相关言论也不断增多。

6）"直播带货造假"网络热度集中在沿海及西南地区

根据舆情数据监测系统显示，系统监测期间，"直播带货造假"网络热度集中在沿海及西南地区，广东、浙江、四川等 MCN 机构发展发达地区关于直播带货和造假的讨论也更多。

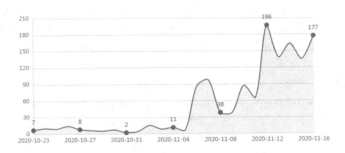

图 7-9　"直播带货造假"网络热度指数

3. 直播电商行业数据造假问题分析

1）2020 年中国直播电商市场发展进一步提速

数据显示，2020 年中国直播电商市场规模有望达到 9610 亿元。在疫情催化下，直播带货模式进一步刺激消费市场。艾媒咨询分析师认为，2020 年中国直播电商市场得到引爆，疫情、政府及企业入局、政策助力等因素，均推动其规模快速增长。直播电商行业的火爆也使更多平台、商家、消费者聚焦于该领域，同时也吸引着更大规模的主体跟风关注。

2）2020 年"双 11"直播电商在平台间引爆

2020 年"双 11"期间各大电商平台积极布局直播电商，无论从直播场次、播放时长、直播主播、带货 GMV 等方面均创新高。直播电商模式已经渗透到电商行业的各个方面，并成为助力商家开拓市场的重要手段。但在越来越多商家投入直播带货的同时，也需要警惕其发展的隐患。

3）高速发展背后直播电商存在的三大误区

中国直播电商行业在快速发展的同时，也存在发展隐患。特别是由于缺乏权威机构对于直播带货数据进行监测，容易造成行业虚假繁荣，从而引起更多商家投放增加，并对消费市场造成干扰。

直播电商存在的三大误区如图 7-10 所示。

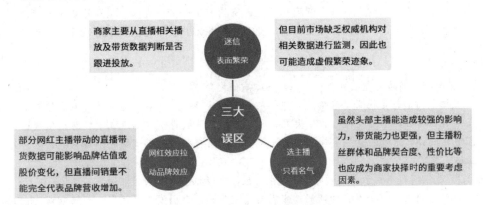

图 7-10　直播电商存在的三大误区

4）直播带货投诉量大，肩腰部主播流量刷单问题大

目前中国直播电商行业头部主播数量较少。数据显示，2019年中国直播电商行业肩腰部占比高达97.9%。面对火爆的直播带货市场，商家倾向选择头部主播，肩腰部主播希望通过增加流量来提升自身知名度，从而跻身头部主播，也因此引发大量问题。2020年"6.18"期间，直播带货方面消费者维权信息合计达到112384条，主要集中在直播带货商家未能充分履行证照信息公示义务，部分主播使用极限词等违规宣传，产品质量货不对板等方面。

5）直播带货销量刷单问题助推市场虚假繁荣

除了流量刷单，带货销量刷单同样扰乱了市场秩序。目前直播带货的刷单主要有两种操作手法：一种是下单后退款；另一种则是真实下单、"制造"销售额。艾媒咨询分析师认为，销量刷单行为一方面误导商家，让商家做出错误的投放抉择；另一方面，虚假的销售战绩也使直播电商市场泡沫进一步增大，虽然能造成繁荣假象，但无法为上商家带来实际利益，促进消费，长此以往不利于行业发展。

6）约七成用户对直播电商数据的真实性存在怀疑

调查数据显示，68.6%的受访直播电商用户认为直播电商相关数据掺假，仅31.4%的受访直播电商用户相信直播电商相关数据真实。分析师认为，直播电商的相关数据由于缺乏权威机构监测，其真实性无法令大部分消费者信服，而由虚高数据堆砌的带货市场也存在坍塌风险。

4. 媒体观点

针对"直播数据造假破坏市场"一事，不少媒体从不同角度发表相关评论。

1）人民网

据商务部统计，今年一季度，全国电商直播超过400万场，网络零售对消费的促进作用进一步提升。同时，虚假宣传、主播责任不明晰、数据造假等问题未见断绝。当下，夸大宣传、数据造假及直播带货诚信评价机制亟须完善。

2）新华网

今年"双11"，直播带货的促销方式愈发流行。直播带货如火如荼的背后，存在观看人数吹牛、销售数据"注水"问题，很多被蒙骗的商家最终赔钱，同时一些只认钱不看品质的"无底线"带货也直接坑害了消费者，为整个行业的发展敲响了警钟。

3）中国新闻网

11月13日，国家互联网信息办公室发布通知，就《互联网直播营销信息内容服务管理规定》向社会公开征求意见。征求意见稿规定，直播间运营者、直播营销人员从事互联网直播营销信息内容服务，不得发布虚假信息，欺骗、误导用户；不得虚构或者篡改关注度、浏览量、点赞量、交易量等。

5. 舆情点评

1）直播电商市场发展机会大，但需当心虚假繁荣

直播电商通过主播带货的形式，能够有效实现商品展示并利用主播构建私域流量池，其模式具有优越性，市场发展潜力巨大。但迅速引爆的直播电商市场也需要提防虚假繁荣，如商家盲目投放、销量流量刷单等问题将扰乱市场正常秩序，其迅速膨胀形成的泡沫有可能对行业造成伤害。

2）造假问题不利于直播电商行业长久发展，呼吁权威数据监测机构

目前直播电商市场存在的数据造假问题愈发突出，也引发各界质疑。直播电商存在的各类刷单造假问题影响了外界对于行业的印象，容易引起商家对投放对象、消费者对销售热度

的不信任，长期发展将造成优质带货主播、MCN 机构的市场流失。因此，市场需要具备资质的权威数据机构对带货数据进行监测，为商家市场决策提供帮助。

3）商家投放直播带货需保持谨慎，选择主播应考虑商品契合度

面对具备较高热度的直播电商市场，商家进行投放选择时需要保持谨慎态度，不能盲目跟风、过分迷信头部主播的带货能力。带货主播覆盖的消费者群体及品牌商品之间的契合度应成为商家投放的重要考虑因素；另一方面，根据品牌市场发展策略或发展阶段，选择不同主播进行搭配投放，对于商家开拓市场而言将更具性价比。

7.5　网络舆情报告撰写要求

网络舆情报告的重要性不言而喻，那么应该如何撰写网络舆情报告呢？一直以来，这都是令很多舆情工作者头疼的地方，因为在复杂的网络舆情环境下，面对海量化的信息数据和多样化的传播媒介，要写出一份满意的高质量网络舆情报告并不容易。本节将介绍网络舆情报告撰写的一些要求。

课堂讨论：　简单说说你认为在撰写网络舆情报告时需要注意什么？

7.5.1　选题要求

1. 关注度

在撰写网络舆情报告时，最重要的选题标准是关注度。有关注度才会形成舆情热点。无论是出于研究需要还是服务于政府或企业客户，都需要在相应的范围内筛选出关注度较高的事件，研究相关舆情。

2. 矛盾性和利益性

矛盾性是网络舆情报告选题的重要标准。许多事件和话题反映的其实是一些常见的矛盾，比如企业或商家的行为和消费者权益的矛盾、城管和小贩的矛盾、地方政府行为和中央精神的矛盾、经济发展与环境保护之间的矛盾等，网友和媒体对这些事件的关注也源于这些问题的长期存在与矛盾的难解。

3. 趋势性和倾向性

网络舆情的变化非常复杂，政府部门和企业所要应对的正是其中的"变"。因此，在撰写网络舆情报告时，要关注事件和舆情发展的趋势和倾向，以及问题的苗头，做出一定的预测、预警和预防。

7.5.2　内容要求

1. 主题明确，层次清晰

网络舆情复杂多变，网络舆情信息繁杂无序，网络舆情报告又是一种非常灵活的文体，所以，在撰写网络舆情报告时，撰写者首先自己要明确撰写的主题，做到主题明确。其次，要根据不同的撰写目的，确定每一篇网络舆情报告的要素、结构等，并根据时间、地域、事件或话题的类型等做出合理的归纳，做到层次清晰。由于网络舆情的复杂多变，在撰写网络舆情报告时，可以根据舆情的发展归纳不同时期的主题，划分不同时期的层次。

2. 真实客观，理性判断

网络舆情报告要如实地反映舆情，但是为了更加直观地传递信息，便于读者接受，提高传播效率，网络舆情报告的撰写者往往需要做出一定的判断，并将自己的判断体现在文中。这种判断和体现是必要的，但是，在文中要注意，观点与判断需要在舆情信息的基础上做出，而且要避免个人观点影响舆情信息的真实客观。

3. 语言流畅，通俗易懂

网络舆情报告服务于实际工作，讲求的是真实与效率，因此语言必须简明流畅，通俗易懂，文中要避免出现过多、过深的专业术语，如果必须出现，要加以注释。

7.5.3 材料要求

在阐明舆情时，往往需要配合一些材料，如事件发生的背景、对某一语言表达的解释说明，以及关于舆情传播情况的数据等。对于这些资料和数据的要求主要有以下两点。

（1）背景资料可靠，解释说明权威。

（2）数据准确。

7.5.4 格式要求

网络舆情报告没有严格的格式要求，但是在一些方面应该做到基本的规范，不可太过随意。比如，文中所用序号层次应依次为：一、（一）、1、（1）。避免低级错误，也是网络舆情报告和舆情分析人员专业性的体现。

案例　户外搭讪式直播乱象频出

近期，一种户外搭讪式网络直播正出现在各大网络平台。具体表现为，路人在没有同意的情况下，成为网络主播的拍摄素材，其真实反应被拍下供直播间内的网友们"围观"。此外，还有主播在与未成年人搭讪过程中进行肢体接触，以"为网友相亲"为噱头搭讪异性，甚至还会偷拍路人。有法律专家表示，像上述这些在户外对陌生路人进行语言、肢体骚扰，跟拍甚至偷拍，并在没有经过对方允许甚至是不知情的情况下，将对方的视频放到网络上等行为，已经涉嫌违法。根据不同情形，侵犯了个人隐私权、肖像权、名誉权等多项权利。被拍者有权拒绝拍摄，如果对方有过分骚扰行为可以直接原地报警。目前，该信息引发网民讨论。

1. 舆情爆点

以 2021 年 11 月 20 日 0 时至 2021 年 11 月 25 日 11 时为周期，通过中国文化传媒集团舆情系统进行信息检索发现，舆情高点出现于 11 月 22 日，如图 7-11 所示。

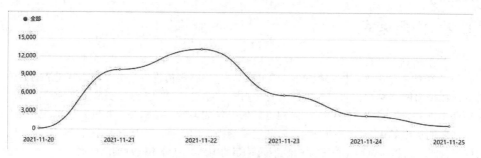

图 7-11　舆情关注走势

11月21日，央视新闻发文《偶遇主播搭讪并被网友围观？这种户外搭讪式直播或构成违法》，舆情发酵。随后，@央视网微博先后发文"转！#户外搭讪式直播或构成违法#""#男子开播40分钟搭讪七八位女孩#"，引发诸多媒体评论和网民讨论，舆情迅速升温。

11月22日，@每日经济新闻微博发文"#户外搭讪式直播或构成违法#""#被户外主播过分骚扰可原地报警#"；北京晚报发文《搭讪式直播，别把路人当成工具人》；中国青年网发文《央视曝光户外直播搭讪乱象，不知情下被拍成素材，甚至尾随性骚扰》，引发诸多媒体转载和网民热评，舆情达到高点，信息量超12000篇。

截至11月25日11时，相关舆情信息已形成"#男子开播40分钟搭讪七八位女孩#""#户外搭讪式直播底线在哪#""#未经同意拍搭讪视频属违法行为#""#户外搭讪式直播或构成违法#""#被户外主播过分骚扰可原地报警#""#骚扰跟拍等户外直播涉嫌违法#""#如何看待搭讪跟拍类户外直播现象#"等微博话题。

截至2021年11月25日11时，相关舆情信息量共计32061篇，微博10771篇，客户端9014篇，视频4855篇，论坛4123篇，微信2792篇，新闻252篇，网站231篇，报刊10篇，政务7篇。其中，微博为本次舆情信息的主要来源，占比为33.6%。

2. 媒体观点

针对"户外搭讪式直播乱象频出"一事，不少媒体从不同角度发表相关评论。

1）央广网发表评论《户外直播搭讪引流？向低俗"围观"伤人说"不"！》

互联网不是法外之地，"围观"网络狂欢不该也不能殃及无辜路人。自媒体时代，人人都是"麦克风"，一些人嗅到商机，借助网络直播和短视频赚取流量，进而变现，为了吸引粉丝眼球，不惜无底线"创新"。针对这种与法律规范和道德价值相违背的户外搭讪直播，相关平台要严格履行主体责任，主动作为，进一步加强信息内容审核管理，对屡教屡犯的主播"限流封号"。作为主播，更要尊重他人隐私、遵守公序良俗，推动营造良好的网络生态。

2）工人日报发文《向镜头骚扰和数字侵害大声说"不"》

面对这些错误的行为和示范，必须要通过法律的重拳出击予以纠正。如果人们遇到此类不怀好意的镜头，在及时说"不"之外，还应拿起法律武器予以反击，让偷拍、造谣者就地"凉凉"。时下，很多平台禁止主播对路人进行言语、肢体骚扰。但颇为讽刺的是，有些平台一边明令禁止，一边暗搓搓地设置相关视频分类，热搜榜单上还会时不时跳出一些带有诱导性质的关键词，吸引用户点击。这是"禁止"该有的操作和样子吗？近年来，我国先后出台了《网络安全法》《网络信息内容生态治理规定》等，推动各网络平台、自媒体等严格履行主体责任，进一步加强信息内容的审核管理；针对屡次违规的账号和主播，也要求平台加大处罚力度，将监督责任落到实处。平台应该清醒地认识到，自己不仅是内容的孵化者，也是信息的直接监督者，低俗流量短期内或许能够为平台带来一些关注，但长此以往，恐将给平台口碑造成不可逆的损伤，也增大了平台可能承担的法律风险。

3. 网民观点

图7-12所示为网民观点统计。

对"户外搭讪式直播乱象频出"话题的网民观点进行汇总后发现。

（1）对户外搭讪直播行为表示强烈反感，占比36.67%，典型网友评论如下。

网友"@一个努力减肥的大胖杰"评论：现在有些主播真的是没下限，为了流量什么事情都做得出来！遇到类似视频的街头搭讪情况可以选择报警处理！

网友"@自由自在的花路"评论：这都什么恶臭行为，低俗话语，还直播，太畸形了。

网友"@杨澄夫人"评论：观音桥一大片，骂都骂不走。

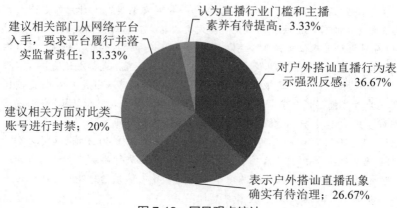

建议相关部门从网络平台入手，要求平台履行并落实监督责任；13.33%

认为直播行业门槛和主播素养有待提高；3.33%

对户外搭讪直播行为表示强烈反感；36.67%

建议相关方面对此类账号进行封禁；20%

表示户外搭讪直播乱象确实有待治理；26.67%

图 7-12 网民观点统计

（2）表示户外搭讪直播乱象确实有待治理，占比 26.67%，典型网友评论如下。

网友"@通哥 forever"评论：央视终于报道出来了，早就该管一管了。尤其虎牙这种软件，还有涉嫌套路卖淫的，进入第三方软件有偿服务的，等等！

网友"@罗伯馅·鲍兹"评论：为了博眼球赚流量，现在某些直播和自媒体什么事都能干出来，真是该治理了。

网友"@孕期囤货清单分享"评论：该管管了。

（3）建议相关方面对此类账号进行封禁，占比 20%，典型网友评论如下。

网友"@雨季落笔"评论：建议封号，身份证明，入各直播平台黑名单。网络不是法外之地。

网友"@Step_3501"评论：建议相关部门给予封号处理。

网友"@咔咔咔咔咧"评论：支持官方封杀。

（4）建议相关部门从网络平台入手，要求平台履行并落实监督责任，占比 13.33%，典型网友评论如下。

网友"@泡饭大大大大哥"评论：打击主播不如打击平台，釜底抽薪。

网友"@ieasyiseek"评论：平台要流量要人气要话题，但是平台也要承担社会责任。当然平台应该先做出响应！

网友"@pr孔雀鱼"评论：整治各种乱七八糟的直播平台。

（5）认为直播行业门槛和主播素养有待提高，占比 3.33%，典型网友评论如下。

网友"@王癫"评论：主播能不能考个证持证上岗。

网友"@Geohoo5"评论：提高直播博主门槛！！！速度封掉这些违法违规的账号！！

4.舆情点评

近日，"户外搭讪式直播乱象频出"一事引发众多网民热议，网友纷纷反感户外搭讪直播行为，并认为此类乱象确实有待治理，也建议相关部门从网络平台入手，要求平台履行并落实监督责任，封禁此类账号。此外，也有网民认为目前网络直播行业的门槛和主播的整体素养有待提高。

当下，线上流媒体迅速崛起，许多自媒体主播嗅到网络直播和短视频商机纷纷进入，但其中也不乏有一些主播为获取流量，靠搭讪、偷拍等低俗行为骚扰他人，污染网络空间，破坏网络风气。目前，该乱象已有愈演愈烈之象，并受到广大网友的极力声讨。

据悉，为治理各类网络直播和短视频乱象，多部门先后联合出台《中华人民共和国网络安全法》《网络信息内容生态治理规定》《网络表演经纪机构管理办法（征求意见稿）》等法律法规，并针对行业内违规主播建立网络主播黑名单，抵制惩戒直播乱象。

显然，在户外搭讪式直播等低俗乱象的治理问题上，并不能仅靠法律法规与相关执法行动，各网络直播平台作为信息的直接监督者，也具有不可推脱的责任，应严格把控平台内容，履行并落实主体责任，维护网络环境。若平台置若罔闻，任由此类低俗信息传播，长此以往，必将会损失平台口碑，增加不必要的法律风险。

此外，网络并非法外之地，各主播也应明确自己的法律责任，加强法律意识，自觉遵守网络平台秩序，共同营造并维护清朗的网络环境。

7.6 网络舆情报告撰写技巧

在某个事件发生后，广大群众会通过各种途径了解到事情的真相，随后而来的便是各种评论，各种情绪夹杂其中。当一种论调得到大家的认同后，舆情甚至可以对事件的走向产生重大影响。舆情分析报告可以帮助分析者做出正确的决定，它就是一个风向标。

课堂讨论： 一个完整的网络舆情报告应包含标题、概述、正文、数据等多部分内容，那么应该如何合理组织相应的报告内容呢？

7.6.1 如何撰写高质量的舆情报告

舆情报告的产生必定是根据舆情事件的逻辑撰写的，舆情事件虽不尽相同，但都要及时发现、及时控制、及时处理。一份高质量的舆情报告能够起到至关重要的作用。

1. 全面了解整个舆情事件

一个舆情事件的爆发必定会经历 4 个阶段：发酵期、发展期、高潮期和消退期。舆情事件到达每一阶段都有不同的处理方式。例如，在发酵期，最重要的是第一时间掌握信息，追溯根源，把舆情事件尽快尽早控制下来。而到了发展期，就应该追踪导向，掌握主动权，及时处理。如果发展到了高潮期，应根据网友正负面评价、网友情绪、媒体观点等维度全数据做研判。到了消退期，要做的就是修复措施，重塑形象。

2. 各个维度深度数据

整个舆情事件都离不开数据支持。那么，如何获得全面的数据呢？大数据时代，靠人工不停地在计算机前守着挖数据，实在是浪费人力物力，而且效率极慢，可能已经错过了处理预警的最佳时间。一个舆情事件会有哪些维度的数据是必须知道的，如事件趋势、热点词、核心传播人、主流媒体观点、热门信息、传播途径、网友情绪、网友主要观点及占比等，这些都是一个舆情事件的核心数据，也是后续做研判的主要参考标准。

小贴士： 舆情监测系统能满足舆情分析工作人员对全数据的需求，是一个很好的辅助工具，能够大大提高处理舆情的效率。24 小时监测，全网数据采集，能够做到对舆情事件及时察觉、及时发现、及时处理。

3. 对重要数据的分析

有了全面数据是第一步也是最重要的一步，第二步就是专业分析。有了数据但不会解读也没有用，就像千里马和伯乐。有些人看了数据也不会做处理，是因为他们没明白需要这些数据是为了干嘛，舆情分析是要把背后有价值的内容呈现出来，是针对问题进行深层次的思维加工和分析研究得到相关结论的过程，挖掘出问题的最重要的关键点。

拥有以上 3 点的舆情报告，才能称得上是一份高质量的舆情报告。

7.6.2　网络舆情报告的常用结构

1. 并列式结构

并列式结构常见于网络舆情周报、月报等常规监测性报告，此类报告往往涵盖一条以上舆情热点内容，每条之间可以采用并列式的结构，条理清晰，便于写作与阅读。

并列式结构也可用于网络舆情专报等针对性较强的网络舆情报告，将某一事件或问题的几个方面并列排布。

并列式结构使用的前提是几个事件之间，或者某一事件的几个方面之间重要性差别不大，相对一致。

2. 倒金字塔形结构

和新闻报道中的消息写作一样，倒金字塔形结构也是网络舆情报告写作常用的结构。倒金字塔形结构的好处在于，可以按重要性递减的顺序排列要写的内容。对读者来说，开门见山，一目了然。

这种按重要性递减的排列既可以是不同事件之间的，也可以是一个事件或问题的多个方面。在处理媒体和网友的观点时，也可以采取这种排列方法。

7.6.3　网络舆情报告的标题

标题是整篇网络舆情报告的首要部分，其作用主要体现在：一是凝练主题；二是凸显价值；三是便于检索。因此，网络舆情报告的标题需要精练、醒目、准确，应尽可能采用客观直述的方式，且应涵盖尽可能多的信息亮点。

1. 准确、客观，忌"标题党"

作为向用户反映真实情况的舆情报告标题，基本原则就是要客观地审视和尊重网络舆情信息的内容，要直叙其事，切忌为吸引眼球而夸大其词、断章取义、耸人听闻。它不同于一些追求轰动和关注效应的新闻标题，而是提倡鲜明、朴实、简练，力图达到"一语道破天机"的效果，而不是"一语引万人追捧"的标题党效应。

> 🖌 **小贴士：**　网络舆情报道的标题应准确概括或引用舆情要点，切忌武断、夸张、片面、断章取义的"标题党"，总结、判断、结论性的标题一定要有扎实的材料和数据做支撑。

例如，新闻或论坛帖文标题经常会使用设置悬念、修辞等手法，有时还带有明显的倾向和强烈的情绪，这种标题似乎更能引起受众的共鸣，从而会采用诸如"深度解密""到底孰是孰非"等旨在吸引人们眼球的字词。但是，网络舆情报告作为为决策者提供参考的资料，需要对上述网民的强烈情绪做一些客观的处理，从而应采用诸如"××事件受网民高度关注""网民对××问题反应不一""×问题激发网民非理性情绪高涨"等标题。

> 🖌 **小贴士：**　对于舆情原文报告（尤其是外文舆情）的标题，还应注意在标题中简要注明文章的来源，如"日本《朝日新闻》发文称'若美国继续内向，中国将统治亚洲'"；"俄《独立军事周刊》发文称美部署反导系统'令人担忧'"等。

2. 直接明确, 信息饱满

信息量是标题制作的关键考量之一。以尽量简练的语言提供最大的信息量, 是网络舆情报告标题制作的最佳选择, 而并非仅从标题的长短来考虑。通常, 用户接收到的舆情报告可能不止一份, 甚至是上百份, 这样一来, 对于舆情报告的初步筛选就主要通过标题来判断, 因此在舆情报告的标题中应尽量将"亮点"标出, 以便用户更准确地衡量报告的价值。

例如, "××事件网络舆情报告"或"××事件网民反应"等标题都较为笼统, 舆情中潜藏的一些重要因素并不能得到体现, 从而使得舆情报告的重要性和紧迫性得不到应有的评估。相对而言, 如"网民认为××问题亟待解决""××事件引发网民对××问题的广泛质疑"等标题, 则重点更为突出。

此外, 通过凝练关键词, 同样能够较好地达到信息饱满而简练的目的, 这些关键词还有利于对信息的按标签索引。

小贴士: 新闻标题有吸引阅读的作用, 有时会制造悬念, 但网络舆情报告的标题以直接明确为宜, 忌生造"悬念"。在简练的前提下, 网络舆情报告的标题应该包含尽可能大的信息量。

网络舆情报告常用标题的类型包括动态类、观点类和对策建议类 3 种, 如图 7-13 所示。

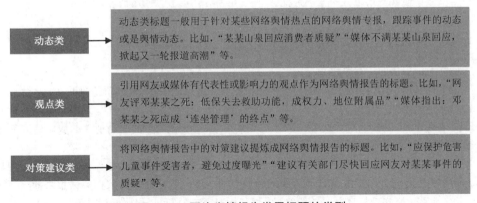

图 7-13 网络舆情报告常用标题的类型

7.6.4 网络舆情报告的摘要

网络舆情报告的摘要应当精炼、全面, 而不是简单的摘要, 尽量用最精简的言语来进行整个舆情事件的概述, 不用太长, 一个段落即可。

网络舆情报告的摘要主要有两种类型, 如图 7-14 所示。

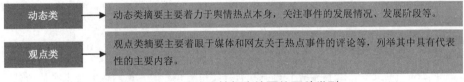

图 7-14 网络舆情报告摘要的两种类型

7.6.5　网络舆情报告的数据

当前，基于海量信息的网络舆情分析离不开数据统计分析的有力支撑，这一点在舆情报告的撰写中同样应得到体现。网络舆情报告的编写要适时、适量地使用数据统计和数量规模描述，以避免分析过于宏观甚至模糊不清。所使用的数据既可以是报告人自行获得的统计分析结果，也可以是援引自专业机构、主流媒体公布的权威数据。

需要注意的问题主要是：一是把握好数据的权威性、客观性和代表性，注重宏观数据与微观数据之间的平衡，这一点应从分析过程的科学性来把握；二是合理使用数据，切忌满篇数据，同对标题精练的要求一样，数据的使用应恰到好处，主要目的在于将问题表述得更清楚、更直观；三是不可只有数据而无描述、解释，数据只是一个状态，至于造成该状态的原因及其中隐藏的规律和未来可能的走势，均需要报告人给予更为清晰、深入阐释，方能充分实现数据使用的价值。总之，对于网络舆情报告中数据的使用，既要重视通过数据来说话，还要重视利用数据来说真话、实话，以及把话说清楚。

🔖 **小贴士：**　在网络舆情报告中，可以通过图表的形式来表现数据。适当使用图表可以提高效率，但应注意不要过分使用图表，不能为了使用图表而使用图表，而应该根据报告的需求决定是否使用。过多、过杂、过滥地使用图表只会频繁打断正文，添加无用信息，增加阅读负担。

7.6.6　网络舆情报告的语言

网络舆情报告的语言既讲求精练，又讲求原汁原味。

语言精练要求围绕大量网民的态度抽取出核心关注点，包括网民的价值判断和基本主张，将之归纳和提炼成一些总结性的内容。在此过程中，对于围绕同一问题或相似主题及散布于不同地域、不同平台的舆情，应进行观点的分类及相近观点的"合并"，从而达到简化的目的。

而所谓原汁原味，是指要客观地反映网民的心态，切忌掺杂舆情工作人员个人的主观喜好，更不能为了迎合用户的喜好而歪曲网民原有的态度。原汁原味要求在舆情报告的撰写过程中除了要客观真实地描述网民的情绪、思想和行为倾向，还可以引用网民言论原文加以陈述，甚至在有些情况下引用原文更为可取。

例如，在撰写外媒涉华舆情报告时，对于一些外媒涉及我国敏感问题或重要问题的负面言论，一方面要采用加引号的引用方式表明报告撰写者的政治立场，避免带来不必要的困扰；另一方面，原汁原味的言论更能反映舆情主体最真实的情感，并可作为外交交涉的重要依据。

🔖 **小贴士：**　在引用原文的过程中，一是不宜过多地引用原文，要保证适量适度的原则，若通篇都是原文引用，则会导致重点不突出、不明朗；二是应避免引用一些不文明、充满暴力倾向、牢骚式的不良言论，而应尽量选择一些具有代表性、能反映问题、有具体内容指向的言论。

案例　**直播售假频现，罗某浩危机公关可圈可点**

随着互联网的发展，直播带货作为一种新兴的销售模式，正逐渐成为网上主流的销售模式。国内直播电商市场规模从 2017 年的 190 亿元迅速增长至 2019 年的 4338 亿元，2020 年预计规模将达 9610 亿元，同比增长 121.53%。直播带货日益火爆，行业问题也逐渐暴露。近日，罗某浩自爆在直播售卖的"羊毛衫"是假货后，其有理有据的回应、负责任的态度再次成为舆论焦点。

1. 舆情形成过程

1）舆情潜伏期

2020 年 11 月 4 日，消费者质疑辛某徒弟直播间售卖的燕窝是糖水，围绕"辛某假燕窝事件"有关的"消费者权益"等相关问题引发舆论关注。

11 月 20 日，中消协发布《"双 11"消费维权舆情分析报告》，其中列举了李某某直播间"买完不让换"及李某琴亲历的直播带货涉嫌机器刷量数据造假等案例。"直播带货"现存的"消费者权益"话题再一次出现在公共舆论场。

2）舆情发酵

11 月 28 日，罗某浩在"交个朋友直播间"销售了某品牌的羊毛衫，有消费者在收到货后怀疑衣服不是纯羊毛，而是假冒伪劣产品。罗某浩方并未回应，舆情开始发酵。

3）舆情高潮

12 月 15 日下午 4 时，"@罗某浩"微博（粉丝量 17 276 057）、微信同步转发"@交个朋友"（罗某浩旗下直播间，粉丝量 188 100）发布《关于 11 月 28 日交个朋友直播间所销售某品牌羊毛衫为假冒伪劣产品的声明》，声明承认其 11 月 28 日在"交个朋友直播间"销售的某品牌羊毛衫部分送检后鉴定为非羊毛制品，供货方包括上海某科技有限公司和桐乡市某电子商务有限公司涉嫌伪造文书、涉嫌伪造假冒伪劣商品、涉嫌蓄意欺诈，称将和渠道贸易商一起向公安机关报案，向两家公司索赔。罗某浩团队向公安机关报案的同时联系购买羊毛衫的消费者进行"三赔付"。"#罗某浩方承认所售羊毛衫为假货#"登上微博热搜榜单，截至目前，该话题阅读量 3.3 亿，讨论量 1.4 万。舆情达到第一次波峰。

在发布声明后，"@罗某浩"发布视频声明，斥责羊毛衫的供货方恶意欺诈，称已经报警并联系消费者三倍赔付。"#罗某浩发视频称供货方蓄意欺诈#"再次登上热搜，截至目前，该话题阅读量 1.3 亿，讨论量 8274。12 月 16 日，其中一家涉事公司上海某科技有限公司回应称，事件系因仓库出错，发出的不是某品牌产品，将全力配合"交个朋友直播间"，承担该承担的责任。舆情达到第二次波峰。

12 月 17 日，《IT 时报》记者调查发现，罗某浩所售卖羊毛衫的代理商授权书是经过图像后期处理的，而介绍这家供应商的中间商是阿里前高管的公司。相关话题"#罗某浩售假案中间商是阿里前高管#"阅读量 7565.8 万，讨论量 3817。舆情达到第三次波峰。

4）舆情消退

12 月 21 日，"@交个朋友"发布质控体系整改升级计划，计划包括成立"质控实验室"，与第三方专业检测机构 SGS 开展合作等方面，规范商品审核等问题，罗某浩在这场"直播翻车"的舆论中，以其负责任的态度与处理事件的及时性和可信性，再次赢得了消费者的谅解，舆论渐渐消退。

2. 媒体聚焦

1）直播带货要注重品质与信用

新华网发表评论，认为直播带货，品质是条生命线。既然靠广大粉丝的信任引流做生意，就不能辜负这份信任，必须尽到应尽的责任。直播带货不是"割韭菜"，带货方要把品控放在首位，确保消费者获得货真价实的产品和服务。带货时夸上天，一较真就"翻车"，如此不讲诚信，砸的是自己饭碗，毁的是行业形象，绝不能听之任之。

2) 直播带货流量与责任并重

《钱江晚报》小时新闻评论员魏某某认为流量越大，责任越大。面对众多消费者的信任，越是有流量担当的带货主播，越要感受这份沉甸甸的责任。信任是直播带货的生命线，责任意识是直播带货的底线。直播带货可不是什么货都可以带，罗某浩、辛某等人直播带货翻车，对这个新兴行业来讲，是一个让人警醒的教训。

3) 治理直播带货，推动直播经济的健康发展需要各方努力

《经济日报》发表评论，提醒网红主播、头部主播们应爱惜自己的信誉羽毛，严格履行相关商品或服务的全面核验义务，更好地维护消费者权益和直播从业者的合法权益。监管部门、行业协会等也有必要进一步明确直播带货的查验责任，给直播查验和监管维权提供更规范的标准，这样才能规范直播行为，带动直播全行业商品查验规则的完善升级。

3. 网友观点倾向

图 7-15 所示为网民观点统计。

网民观点

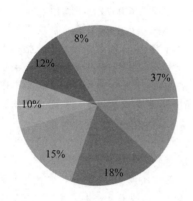

- 认为罗▨▨公开承认售假很负责任，诚信、坦荡的态度值得信赖
- 认为供应商的回复是借口，质疑罗▨▨"严格选品"的不到位
- 认为直播带货行业需以此为"警醒"提升企业自身选品质理要求
- 认为罗▨▨作为主播带带货要谨慎，需对消费者负责
- 希望有关部门通信对相关现象进行整治，保障消费者权益
- 其他

图 7-15　网民观点统计

有 37% 的网友认为罗某浩能公开承认所售羊毛衫为假货很负责任，诚信、坦荡的态度值得信赖，就罗某浩主动承认、主动赔付、主动取证的公关回应持赞赏态度，网民总体态度倾向呈正面积极状态。18% 的网友认为供应商的回复是借口，质疑罗某浩"严格选品"的不到位。职业打假人王某认为罗某浩方在直播售货中没有选品，对选品的严谨态度、严格把关都是空话套话大话，不具备可执行性。15% 的网友认为直播带货行业此类事件层出不穷，需以已经出现的问题为"警醒"，提升企业自身选品质量要求。10% 的网友认为罗某浩作为主播带货要谨慎，要对消费者负责，不能用自己的信誉与流量砸了自己"诚信"的招牌。还有 12% 的网友希望有关部门能够对相关现象进行整治，消费者维权本就困难，希望能规范法律法规，保障消费者权益。另有 8% 的网友持其他观点。

4. 舆情点评

1) 诚恳是最有效的危机公关

罗某浩团队在发现有消费者质疑时，第一时间选择用同样的渠道购买"羊毛衫"并将其送往权威专业质检机构进行检测。在拿到检测质量报告之后，发现确实不是纯羊毛后，仅在 5分钟之内发布声明，同时联系消费者进行赔付。罗某浩保持坦诚，面对危机不逃避，敢于承

担责任的态度赢得了消费者的心。通过这件事情，要进一步认识到"直播翻车"后主播道歉的态度，决定了翻车事件平息的程度。翻车发生后要重塑消费者的信任，就要站在消费者的角度去看待并解决问题。

2）做好公关不如把好产品关

"流量越大，责任越大"，主播要把握带货的"主体责任"观，明确带货的责任主体意识。主播要认识到在直播带货过程中迎合消费者的消费心理，吸引消费者购买商品，在本质上已经成为了商家的商业伙伴，所以更应该对自己销售的产品负责，对消费者负责。无论是哪一个环节，都需要实时跟进，确认品质保证，商家、消费者、主播才能"共赢"。其次，平台要认真把控主播的"品质"关，在利用主播流量变现的过程中也需要强化监督意识，引导其他主播规范言行，营造良好直播带货氛围。最后，相关部门也应该把握好"监管"关，要建立起完善的网络主播诚信机制、平台监管机制，不断规范主播的言行，把控平台的良性竞争，不断形成良好的行业氛围，更好地为消费者服务。

7.7　本章小结

网络舆情报告是在网络舆情监测和分析基础之上产生的一种信息产品。本章介绍了网络舆情报告的目的与作用、分类、原则、要素、写作要求、写作技术等。在实际应用中，网络舆情报告是一种服务于实践的文体，非常灵活，各种要素可以根据需要组合与调整，一切以客户需要和真实准确为原则。

7.8　案例分析——利用精神残疾女子做低俗直播，3人被刑拘

2021年12月22日，湖南长沙天心公安分局就网传"精神残疾女子被利用做低俗直播"一事进行通报，公布了事件初步调查结果。经查，网络主播胡某振、邢某壮、靳某彭在明知小辉身患疾病的情况下，以打赏分成为条件，安排其在某直播平台网络直播中喝啤酒、亲吻、过量食用含糖饮料等，制造低俗直播效果，吸引网民观看打赏，违背公序良俗，妨害社会管理秩序，损害他人身体健康。目前，3人已被公安机关依法刑事拘留，案件正在进一步侦办中，涉事账号也已受到封禁处理。目前，该信息已引发众多网民热议。

1. 舆情概述

湖南长沙的解放西路以酒吧一条街而闻名，大约两年前，23岁的精神残疾女孩小辉开始游荡于此。因外形特别，她被各路短视频平台的网红主播争相围观，并带走直播。

镜头中，小辉身型微胖，稀疏的头发总是乱蓬蓬的，不时冲着镜头翻白眼或傻笑。她被主播们昵称为"海公主"，和其中一名男性主播"十二少"上演"浪漫爱情"。

残酷的现实却是，有网友发现，"海公主"疑曾被剃去头顶的碎发，在冬日夜晚的街头被摘去帽子打趣。更有多次直播中，她和不同的男性主播亲吻，甚至被摸隐私部位。直到今年12月9日，本就有糖尿病的她在对着镜头喝下5瓶酸奶后被送进ICU。

湖南中医药大学第二附属医院12月11日的CT诊断报告显示，小辉可能患有急性水肿性胰腺炎，同时伴有腹膜炎和腹腔及盆腔积液。

早在此前的 12 月 4 日，已经有用户以低俗等为由向直播平台举报。

12 月 11 日，小辉母亲以涉事主播涉嫌猥亵为由，向长沙市公安局天心分局书院路派出所报案。

2. 舆情爆点

以 12 月 20 日 0 时至 12 月 24 日 14 时为周期，通过舆情系统进行信息检索发现，舆情高点出现于 12 月 21 日，如图 7-16 所示。

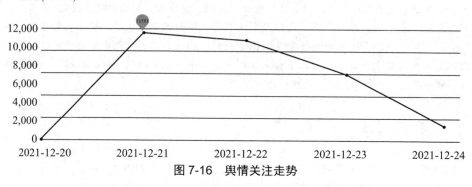

图 7-16　舆情关注走势

12 月 21 日，澎湃新闻发文"#精神残疾女孩被主播利用做低俗直播#，家属质疑其遭猥亵"，搜狐新闻发文"#主播利用精神残疾女孩做低俗直播#：剃头、猥亵、强迫"接安排"直至女孩被送进 ICU"，引发众多新闻媒体和网民转发评论，舆情迅速进入传播高点，传播信息量近 1.2 万条。

12 月 22 日，头条新闻发文"长沙#警方通报精神残疾女孩被利用做低俗直播#：刑拘 3 人"。截至 12 月 24 日 14 时，相关舆情信息已形成"#精神残疾女孩被主播利用做低俗直播#""#警方回应精神残疾女孩做直播疑遭猥亵#""#警方通报精神残疾女孩被利用做低俗直播#"等多个微博话题。

截至 2021 年 12 月 24 日 14 时，相关舆情信息量共计 31297 篇，微博 14599 篇，客户端 9770 篇，视频 3879 篇，网站 1669 篇，微信 903 篇，互动论坛 456 篇，数字报 21 篇。其中，微博、客户端和视频为本次舆情信息的主要来源，占比为 90.26%。

3. 媒体观点

针对"精神残疾女孩被主播利用做低俗直播"一事，不少媒体也发表相关评论。

1）央视网发文《让"低俗"没有舞台 对"病态"网络流量说不！》

无底线直播能够出现甚至长期存在，不仅在于主播的法律意识淡薄，很大程度上还在于平台的包容乃至纵容。整治直播风气，离不开有关部门的重拳出击。监管部门应当加大对此类低俗直播的处罚力度，提高违法成本。与此同时，残联、妇联等保障残疾人权益、妇女权益的组织也应该及时介入，帮助支持维权。涉事主播之举是否涉嫌违法犯罪，也需要警方进一步严肃调查。该追责的追责，该处罚的处罚，只有从源头上强化监管，加大处罚力度，"低俗"才没有舞台，网络流量才不会呈现"病态"。

2）中国青年报发文《利用"精残"患者做低俗直播，法律绝不允许》

要保护精神残疾患者的合法权益不受侵害，既要确保其监护人切实履行责任，也要在制度层面上组织起社会性的"防护网"，起到"兜底"作用。一方面，对于不具备独立行为能力的精神残疾患者，其法定监护人必须扮演好"第一道防线"的角色。另一方面，面对监护人缺位、失责等特殊情况，由政府、社会团体、志愿者组成的社会救助体系也要及时补位，为精神残疾患者提供必要的帮助。保护弱势群体利益不受损害，既是维护社会公平的必要条件，也有利于防止各种极端问题滋生。如今，面对小辉的遭遇，社会不仅要有共情，更要采取行动，避免更多精神残疾患者的人身权利受到伤害。

3）北京青年报发文《利用精神残疾女孩做低俗直播既无德又违法》

任何网络活动都不该突破社会底线，无视公序良俗，侵犯他人合法权益。这种刻意利用精神残疾人，靠羞辱、恶搞挑逗残疾人来吸引流量的行为必须被禁止。网络平台不该再为这种畸形、病态的丑行提供温床，而应及时删除、封禁相关账号。相关职能部门则应尽到力所能及的保护，惩处那些侵犯残疾人的恶行，让欺凌弱势群体的伤天害理者付出切切实实的代价，让网络空间少些乌烟瘴气。

4. 网民观点

对"精神残疾女孩被主播利用做低俗直播"话题网民的观点进行汇总后发现，主要分为如图 7-17 所示的几类。

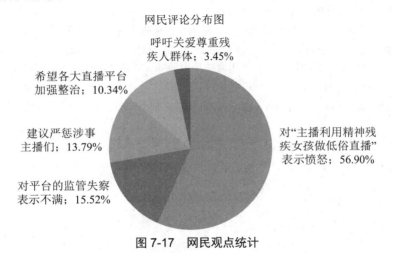

图 7-17　网民观点统计

1）对"主播利用精神残疾女孩做低俗直播"表示愤怒，占比 56.90%

网友"@pangzi2k"评论：现在人为了赚钱什么都敢干！

网友"@ 多雀多雀"评论：还是人吗？不知道怎么骂了，下地狱吧！

网友"@ 非雨晓鹤"评论：真是可恶至极。

2）对平台的监管失察表示不满，占比 15.52%

网友"@ 路人伯川"评论：平台责任很大，监管失位，无耻推流，助长这种风气和噱头直播，人性弱点的温床。

网友"@ 木木 LittleJerry"评论：@ 虎牙直播，别为了流量纵容这些丧良心的事情！

3）建议严惩涉事主播们，占比 13.79%

网友"@ 用户 379116912211"评论：净化网络环境，严惩不良主播！

网友"@ 用户 3909218763146"评论：严打不法行为，网络不是法外之地。

4）希望各大直播平台加强整治，占比 10.34%

网友"@ 不争不吵不反驳"评论：主播行业参差不齐，需要大力整顿一下。

网友"@ 用户 gmge6s_"评论：网络乱象，该大力整治。

5）呼吁关爱尊重残疾人群体，占比 3.45%

网友"@ 连空气也过敏"评论：残疾人也是人，也有人格尊严。

网友"@ 奇怪怪怪怪兽 _"评论：应该保障残疾人活着的尊严。

5. 舆情点评

近日，"精神残疾女孩被主播利用做低俗直播"一事引发众多网民热议，多数网民对此表示愤怒，建议相关部门严惩涉事主播，并不断加强对各大网络直播平台的监管；还有部分网民则表示残疾人需要社会的关爱，呼吁关爱尊重残疾人群体。

近年来，网络直播市场发展迅猛，由于其准入门槛低，缺乏监管，网络主播存在过度炒作、恶搞、暴力、色情等问题，严重干扰了网络秩序，甚至违反了国家法律法规。此次事件中，涉事主播们为了收割流量，无所不用其极，刻意利用精神残疾女孩从事低俗直播的行为不仅突破人伦道德，更是逾越了法律底线，令人发指。

《残疾人保障法》明确规定，禁止侮辱、侵害残疾人，禁止通过大众传播媒介或者其他方式贬低损害残疾人人格。与此同时，互联网直播服务也有管理规定，对扰乱网络传播秩序，造成社会不良影响的低俗直播，予以严厉打击。

对此，监管部门首先要严查严惩，对"三俗"直播露头就打，从源头上进行预防和遏制；各大直播平台也应对直播内容严加审核，通过"人工智能＋人工"的手段，对直播内容进行审核把关，双重保障，提高对违法有害内容的处置效率，并营造积极向上的网络平台。此外，广大网民也应摆正三观，要消除"看客"心理，摒弃"审丑"风气，自觉抵制并积极举报不良内容，共同努力营造清朗的网络空间。